基金从业人员资格考试新版辅导教材

私募股权投资基金基础知识

基金从业人员资格考试辅导教材编写组 编著

中国财经出版传媒集团

经济科学出版社

Economic Science Press

图书在版编目（CIP）数据

私募股权投资基金基础知识／基金从业人员资格考试辅导教材编写组编
著. --北京：经济科学出版社，2016.10
基金从业人员资格考试新版辅导教材
ISBN 978-7-5141-7370-3

Ⅰ.①私… Ⅱ.①基… Ⅲ.①股权-投资基金-资格考试-自学参考教材 Ⅳ.
①F830.59

中国版本图书馆 CIP 数据核字（2016）第 254144 号

责任编辑：王东萍
责任校对：靳玉环
技术编辑：李　鹏

私募股权投资基金基础知识

基金从业人员资格考试辅导教材编写组　编著
经济科学出版社出版、发行　新华书店经销
社址：北京市海淀区阜成路甲 28 号　邮编：100142
教材分社电话：010-88191344　发行部电话：010-88191522
网址：www.esp.com.cn
电子邮件：espbj3@esp.com.cn
天猫网店：经济科学出版社旗舰店
网址：http://jjkxcbs.com.cn
北京密兴印刷厂印装
787×1092　16 开　11.5 印张　279000 字
2016 年 10 月第 1 版　2016 年 10 月第 1 次印刷
ISBN 978-7-5141-7370-3　定价：32.00 元
（图书出版印刷问题，本社负责调换。电话：010-88191502）

编委会成员名单

主 编：刘晓磊

编 委 组：(排名不分先后)

王一静	汪钟灵	吕秀华	方　林
张玉珍	张　迪	李国光	金　剑
王丹婷	李夏林	赵　敏	黄　宁

责任编校：陈　亚

编 校 组：(排名不分先后)

董凤利	周玉芹	张莎莎	费婷婷
胡　军	刘云兰		

前言

根据《基金法》规定，基金从业人员应当具备基金从业资格，并授权基金行业协会组织基金从业人员的从业考试、资质管理和业务培训。为进一步完善基金从业资格考试体系，中国证券投资基金业协会于2016年9月增设科目三《私募股权投资基金基础知识》考试，并编制了科目三《私募股权投资基金（含创业投资基金）基础知识考试大纲（2016年度）》。自2016年9月起，新基金从业人员资格考试包含三个科目：科目一《基金法律法规、职业道德与业务规范》、科目二《证券投资基金基础知识》和科目三《私募股权投资基金基础知识》，通过"科目一＋科目二或科目三"的考生，均具备基金从业人员资格及基金销售资格注册条件。基金从业考试题型均为单项选择题，共100题。

为了适应这一新变化、新要求，更好地帮助广大考生顺利通过基金从业人员资格考试，我们组织国内优秀的基金金融领域名师及专家，精心分析新大纲及新题库真题，编写了本书，旨在帮助考生更好的备考。

本书具有以下3大特色。

1. 紧扣考试大纲，明确学习要点，提高复习效率

全书完全依据新版考试大纲编写。在编写过程中，编委会成员精心研究考试真题，总结出命题规律，为考生提供了最具概括性、目标性和专业性的考点知识讲解，从而帮助考生缩短学习时间，提高复习效率，增强备考信心。

2. 文中真题示例，章后真题自测，考生可边学边练

本书在考点的讲解过程中穿插了典型真题示例，既可以帮助考生巩固所学知识，又能帮助考生熟悉考试题型。同时，在每章后面配有真题自测，方便考生检测学习效果。每道题均有正确的答案及解析。

3. 配套题库软件，功能强大，为复习全面提速

本书配套题库软件提供更多增值服务，主要有4大模块："学习主页"模块，考生可设置考试时间，查看学习进度及正确率，并可通过艾宾浩斯理想记忆曲线科学练习；"模拟考试"模块，完全模拟基金从业资格考试的真实机考环境，并提供成套模拟题，方便考生练习；"章节练习"模块，按照考试大纲各章考点提供同步练习，方便考生针对薄弱章节各个击破；"错题库"模块，收录考生做错的试题，帮助考生通过重复练习错题，查漏补缺，提高复习效率。

尽管教材编写组成员精益求精，但书中难免存在不足和错漏之处，敬请广大读者批评指正。联系邮箱为 weilaijiaoyucaijing@foxmail.com。

祝所有应考人员考试成功！

基金从业人员资格考试辅导教材编写组

目 录

第一章　股权投资基金概述

本章主要从股权投资基金的概念、股权投资基金的起源和发展、股权投资基金的基本运作模式和特点以及股权投资基金在经济发展中的作用四个方面比较详细地对股权投资基金做了阐述。本章内容比较简单,主要是了解性的知识。

■ 考点概览

考试大纲	考点内容	学习要求
股权投资基金的概念	股权投资基金	理解
	股权投资基金在资产配置中的地位和作用	了解
股权投资基金的起源和发展	股权投资基金的起源与发展历程	了解
	国际股权投资基金的发展现状	了解
	我国股权投资基金发展及监管的主要阶段	了解
	我国股权投资基金发展的现状	了解
股权投资基金的基本运作模式和特点	股权投资基金的基本运作模式及特点	理解
	股权投资基金的收益分配方式	理解
	股权投资基金生命周期的关键要素	了解
	股权投资基金现金流模式的关键要素	了解
股权投资基金在经济发展中的作用	股权投资行业的社会经济效益	了解
	我国股权投资行业的发展趋势	了解

第一节　股权投资基金的概念

≫ 本节导读 ≪

本节要求考生理解股权投资基金的基本概念,了解其在资产配置中的地位和作用,内容较为简单,考生识记即可。

一、股权投资基金

(一)股权投资基金的概念

在国际市场上,股权投资基金既有以非公开方式募集(私募)的,也有以公开方式募集(公募)的。在我国,目前股权投资基金只能以非公开方式募集。因此,所谓"私募股权投资基金"的准确含义应为"私募类私人股权投资基金"。

私募股权投资基金(Private Equity Fund,即通常所称的 PE 基金),是指主要投资于"私人股权"(Private Equity),即企业非公开发行和交易股权的投资基金。私人股权包括未上市企业和上市企业非公开发行和交易的普通股、依法可转换为普通股的优先股和可转换债券。

从投资方式角度看,私募股权投资是指通过私募形式对私有企业,即非上市企业进行的权益性投资,在交易实施过程中附带考虑了将来的退出机制,即通过上市、并购或管理层回购等方式,出售持股获利。

【例题·单选题】在我国,目前股权投资基金( )募集。

A. 以公开或非公开方式 　　　　B. 只能以公开方式

C. 只能以非公开方式 　　　　D. 只能以半公开方式

【答案】C

【解析】在我国,目前股权投资基金只能以非公开方式募集。

(二)股权投资基金的特点

与货币市场基金、固定收益证券等"低风险、低期望收益"资产相比,股权投资基金这一资产类别在投资者的资产配置中通常具有"高风险、高期望收益"的特点。

二、股权投资基金在资产配置中的地位和作用

国内的股权投资基金经过多年的发展,已经成为"中国大众富裕阶层和高净值人士资产包之中的标准配置"。

一方面,经济转型期以"互联网+"、智能制造、消费升级、医疗健康等为代表的新经济催生了大量投资机会,对股权投资基金影响巨大;另一方面,多层次资本市场的构建,包括注册制的提速、"新三板"的发展,为股权投资基金的投资与退出营造了更宽广的空间。这些都增强了股权投资基金的吸引力。

适量配置私募股权投资基金对于资产增值有着不可估量的作用。私募股权可以进行长期投资,并且可以分散风险,显著提高投资者的收益。

股权投资基金专业化的管理可以帮助投资者更好地分享中国的经济成长。股权基金的发展拓宽了投资渠道,促进了多层次资本市场的发展,可以为股票市场培育好的企业。股权投资基金壮大以后,可以推动国内创业板和中小企业板市场的发展。

第二节　股权投资基金的起源和发展

≫ 本节导读 ≪

本节主要介绍了股权投资基金的起源与发展、国际股权投资基金的发展现状及我国股权投资基金的发展历史和现状。考生在学习时作相应的了解即可。

一、股权投资基金的起源与发展历程

股权投资基金起源于美国,其前身是帮助美国的富裕家庭进行理财投资的办公室,后来这些办公室逐渐发展成为专门的私募股权投资机构。1946 年成立的美国研究与发展公司(ARD),被公认为全球第一家以公司形式运作的创业投资基金。

早期的股权投资基金主要以创业投资基金形式存在。1953 年,美国小企业管理局(SBA)成立,该机构直接向美国国会报告,专司促进小企业发展职责。1958 年,美国小企业管理局设立"小企业投资公司计划"(SBIC),以低息贷款和融资担保的形式鼓励成立小企业投资公司,通过小企业投资公司增加对小企业的股权投资。从此,美国的创业投资市场开始迅速发展。

1973 年美国创业投资协会(NVCA)成立,标志着创业投资在美国发展成为专门行业。

20 世纪 50 年代至 70 年代,创业投资基金主要投资于中小成长型企业,此时的创业投资基金为经典的狭义创业投资基金。20 世纪 70 年代以后,创业投资基金开始将其领域拓展到对大型成熟企业的并购投资,相应地,"创业投资"概念从狭义发展到广义。

1976 年科尔伯格—克拉维斯集团(KKR)成立以后,开始出现了专业化运作的并购投资基金,即经典的狭义意义上的私人股权投资基金。特别是在 20 世纪 80 年代美国第四次并购浪潮中催生了黑石(1985 年)、凯雷(1987 年)和德太投资(1992 年)等著名并购基金管理机构的成立,极大地促进了并购投资基金的发展。

过去,并购基金管理机构都是作为美国创业投资协会会员享受相应的行业服务并接受行业自律。但随着并购基金数量的增多及所管理资产规模的扩大,2007 年,KKR、黑石、凯雷、德太投资等并购基金管理机构脱离美国创业投资协会,发起设立了主要服务于并购基金管理机构,即狭义股权投资基金管理机构的美国私人股权投资协会(PEC)。

虽然狭义上的股权投资基金特指并购投资基金,但是后来的并购投资基金管理机构往往也兼做创业投资,加之市场上还出现了主要从事定向增发股票投资的股权投资基金、不动产投资基金等新的股权投资基金品种,因此股权投资基金的概念也从狭义发展到广义。本书除非特指,一般语境下股权投资基金是指广义股权投资基金。

【例题·单选题】(　　　)被公认为全球第一家以公司形式运作的创业投资基金。

A.美国创业投资协会(NVCA)

B.美国小企业管理局(SBA)

C."小企业投资公司计划"(SBIC)

D.美国研究与发展公司(ARD)

【答案】D

【解析】1946 年成立的美国研究与发展公司(ARD),被公认为全球第一家以公司形式运作的创业投资基金。早期的股权投资基金主要以创业投资基金形式存在。

二、国际股权投资基金的发展现状

国际私募是指股权投资基金在全球范围内寻找有潜力的投资目标,以及需要融资的未上市企业在全球范围内寻求股权投资基金的投资。简而言之,国际私募是指私募基金在全球范围内进行运作。国际股权投资基金行业经过 70 年的发展,成为仅次于银行贷款和 IPO 的重要融资手段。国际股权投资基金规模庞大,投资领域广阔,资金来源广泛,参与机构多样。

在监管方面,2008 年国际金融危机之后,西方主要国家普遍加强了对股权投资基金行业的监管。美国于 2010 年出台了《多德—弗兰克法案》,对原有的法律体系作出了进一步修订与补充,提升了股权投资基金监管的审慎性。在基金及投资管理人注册方面,新法严格了投资管理人的注册制度,收紧了股权投资基金注册的豁免条件,要求一定规模以上的并购基金在联邦或州注册,创业投资基金可以有条件豁免注册。在信息披露方面,新法不仅加强了对股权投资业务档案底稿的审查制度,还通过修改认可投资者和合格买家的定义,提高了对股权投资基金的信息披露要求。

在欧洲,欧洲议会于2010年9月通过了《泛欧金融监管改革法案》,2011年6月通过了《另类基金管理人指引》,从而建立了针对股权投资基金行业的新的监管体系。新体系主要包括五个方面的内容:①对股权投资基金实行统一监管;②监管的重点是基金管理人而不是基金本身;③抓大放小,重点监管大型基金的管理人;④建立和强化信息披露机制;⑤强化对杠杆的规制。

2013年4月,鉴于创业投资基金通常不会导致风险外溢,为建立对创业投资基金的差异化监管安排,欧盟另行发布了《创业投资基金管理人指引》。

【例题·单选题】股权投资基金行业的新的监管体系主要包括(　　)方面的内容。

Ⅰ.对股权投资基金实行统一监管

Ⅱ.监管的重点是基金本身

Ⅲ.抓大放小,重点监管大型基金的管理人

Ⅳ.建立和强化信息披露机制

Ⅴ.强化对杠杆的规制

A.Ⅰ、Ⅱ、Ⅲ、Ⅳ　　　　　　　　　　B.Ⅰ、Ⅲ、Ⅳ、Ⅴ

C.Ⅱ、Ⅲ、Ⅳ、Ⅴ　　　　　　　　　　D.Ⅰ、Ⅱ、Ⅲ、Ⅳ、Ⅴ

【答案】B

【解析】新体系主要包括五个方面的内容:①对股权投资基金实行统一监管;②监管的重点是基金管理人而不是基金本身;③抓大放小,重点监管大型基金的管理人;④建立和强化信息披露机制;⑤强化对杠杆的规制。

三、我国股权投资基金发展及监管的主要阶段

我国股权投资基金行业发展在很大程度上体现了我国作为新兴加转轨经济形态的基本特点,政府推动对促进早期股权投资基金发展起着关键性的作用。在国务院各有关部门和地方政府的推动下,我国股权投资基金行业发展经历了三个历史阶段。

(一)探索与起步阶段(1985~2004年)

此阶段的探索与起步主要沿着两条主线进行。

1.科技系统对创业投资基金的最早探索

1985年中共中央发布的《关于科学技术改革的决定》中提到了支持创业风险投资的问题,随后由原国家科学技术委员会(简称国家科委)和财政部等部门筹建了我国第一个风险投资机构——中国新技术创业投资公司(简称中创公司)。1992年,国务院下发《国家中长期科学技术发展纲领》,明确要求开辟风险投资等多种资金渠道,支持科技发展。随后,上海、江苏、浙江、广东、重庆等地分别由地方政府出资设立了以科技风险投资公司为名的创业投资机构。特别是在1995年,中共中央、国务院发布了《关于加速科学技术进步的决定》,首次提出在全国实施科教兴国战略。此后,原国家科委进一步加强对创业投资的研究。1998年1月,原国家科委牵头原国家计划委员会(简称国家计委)等多部委组织成立"国家创业投资机制研究小组",研究推动创业投资发展的政策措施。

2. 国家财经部门对产业投资基金的探索

鉴于当时在全球范围内"股权投资基金"概念还没有流行起来,人们使用较多的概念是"创业投资基金",而创业投资基金与证券投资基金的显著区别是"证券投资基金投资证券,创业投资基金直接投资产业",20世纪90年代国内财经界也将创业投资基金称为"产业投资基金"。

1993年8月,为支持淄博作为全国农村经济改革试点示范区的乡镇企业改革,原国家经济体制改革委员会(简称国家体改委)和中国人民银行支持原中国农村发展信托投资公司率先成立了淄博乡镇企业投资基金,并在上海证券交易所上市,这是我国第一只公司型创业投资基金。

1996年6月,在总结淄博基金运作经验的基础上,原国家计委向国务院上报《关于发展产业投资基金的现实意义、可行性分析与政策建议》,提出了"借鉴创业投资基金运作机制,发展有中国特色产业投资基金"的设想。国务院领导高度重视并责成原国家计委和有关部门尽快制定管理办法后,原国家计委开始系统研究发展"产业投资基金"的有关问题,并推动有关制度建设。

此外,1998年中国主建国会中央委员会(简称民建中央)向当年全国政协会议提交了后来被称为"政协一号提案"的《关于加快发展我国风险投资事业的提案》。该提案对于促进社会各界对创业投资的关注和重视,起到了积极作用。

1999年《中共中央关于加强技术创新、发展高科技、实现产业化的决定》的出台,为我国私募股权投资的发展作出了制度上的安排,极大鼓舞了发展私募股权投资的热情。国内相继成立了一大批由政府主导的风险投资机构,其中具有代表性的是深圳市政府设立的深圳创新投资集团公司和中国科学院(简称中科院)牵头成立的上海联创、中科招商。

2000年年初出台的《关于建立我国风险投资机制的若干意见》,是我国第一个有关风险投资发展的战略性、纲领性文件,为风险投资机制建立了相关的原则。同时,我国政府也积极筹备在深圳开设创业板,一系列政策措施极大地推动了我国私募股权投资的发展。但当时由于还没有建立中小企业板,基金退出渠道仍不够畅通,一大批投资企业无法收回投资而倒闭。

2004年,我国资本市场出现了有利于私募股权投资发展的制度创新——深圳中小企业板正式启动,这为私募股权投资在国内资本市场提供了IPO的退出方式,私募股权投资成功的案例开始出现。2004年6月,美国著名的新桥资本以12.53亿元人民币从深圳市政府手中收购深圳发展银行17.89%的控股股权,这也是国际并购基金在中国的第一起重大案例,同时也诞生了第一家有国际资本控股的中国商业银行。

(二)快速发展阶段(2005～2012年)

2005年11月,国家发展和改革委员会(简称国家发改委)等十部委联合颁布了《创业投资企业管理暂行办法》。在随后的2007年、2008年和2009年,先后出台了针对公司型创业投资(基金)企业的所得税优惠政策、《国务院办公厅关于促进创业投资引导基金规范设立与运作的指导意见》,并推出创业板。《创业投资企业管理暂行办法》及三大配套性政策措施的出台,极大地促进了创业投资基金的发展。

2007年,受美国主要大型并购基金管理机构脱离美国创业投资协会并发起设立美国股权投资协会等事件影响,"股权投资基金"的概念在我国很快流行开来。特别是2007年6月,新的《中华人民共和国合伙企业法》(以下简称《合伙企业法》)开始实施,各级地方政府为鼓励设立合伙型股权投资基金,出台了种类繁多的财税优惠政策,此后各类"股权投资基金"迅速发展起来。与此同时,以合伙型股权投资基金为名的非法集资案也从2008年开始在天津等地发生并蔓延。为此,国家发改委于2011年11月发布了《关于促进股权投资企业规范发展的通知》。

(三)统一监管下的制度化发展阶段(2013年至今)

2013年6月,中央机构编制委员会办公室(简称中央编办)发出《关于私募股权基金管理职责分工的通知》,明确由中国证券监督管理委员会(以下简称中国证监会)统一行使股权投资基金监管职责。2014年8月,中国证监会发布《私募投资基金监督管理暂行办法》,对包括创业投资基金、并购投资基金等在内的私募类股权投资基金以及私募类证券投资基金和其他私募投资基金实行统一监管。

中国证券投资基金业协会从2014年年初开始,对包括股权投资基金管理人在内的私募金管理人进行登记,对其所管理的基金进行备案,并陆续发布相关自律规则,对包括股权投资基金在内的各类私募基金实施行业自律。

【例题·单选题】我国股权投资基金的发展经过哪几个历史阶段?(　　　)

Ⅰ.探索与起步阶段　　　　　　　　　　Ⅱ.快速发展阶段

Ⅲ.多元化发展阶段　　　　　　　　　　Ⅳ.统一监管下的制度化发展阶段

A. Ⅰ、Ⅱ、Ⅲ　　　　B. Ⅰ、Ⅱ、Ⅳ　　　　C. Ⅰ、Ⅲ、Ⅳ　　　　D. Ⅰ、Ⅱ、Ⅲ、Ⅳ

【答案】B

【解析】我国股权投资基金发展的历史阶段包括:①探索与起步阶段(1985～2004年);②快速发展阶段(2005～2012年);③统一监管下的制度化发展阶段(2013年至今)。

四、我国股权投资基金发展的现状

经过多年探索,我国的股权投资基金行业获得了长足的发展,主要体现为三个方面。

(1)市场规模增长迅速,当前我国已成为全球第二大股权投资市场。

(2)市场主体丰富,行业从发展初期阶段的政府和国有企业主导逐步转变为市场化主体主导。

(3)有力地促进了创新创业和经济结构转型升级,股权投资基金行业有力地推动了直接融资和资本市场在我国的发展,为互联网等新兴产业在我国的发展发挥了重大作用。

第三节　股权投资基金的基本运作模式和特点

微信扫描

≫ 本节导读 ≪

本节要求考生理解股权投资基金的运作模式及特点和收益分配方式,并了解股权投资基金生命周期的关键要素和运作中的现金流。

一、股权投资基金的基本运作模式及特点

(一)股权投资基金的基本运作模式

股权投资基金的运作流程是其实现资本增值的全过程。从资本流动的角度出发,股权投

资基金运作的四个阶段是募资、投资、管理和退出。具体内容如表 1 – 1 所示。

表 1 – 1　　　　　　　　　　　股权投资基金运作的四个阶段

阶段	从资本流动的角度出发
第一阶段:募资	资本从投资者流向股权投资基金
第二阶段:投资	资本经过基金管理人的投资决策再流入被投资企业
第三阶段:管理	资本经过基金管理人的投资决策再流入被投资企业
第四阶段:退出	待企业经过一定时期的发展之后,选择合适的时机再从被投资企业退出

(二)股权投资基金的特点

相对于证券投资基金,股权投资基金具有投资期限长、流动性较差;投后管理投入资源多;专业性较强;投资收益波动性较大等特点。

1. 投资期限长、流动性较差

由于股权投资基金主要投资于未上市企业股权或上市企业的非公开交易股权,通常需要 3 ~ 7 年才能完成投资的全部流程实现退出,股权投资因此被称为"耐心的资本",股权投资基金也因而具有较长的封闭期。此外,股权投资基金的基金份额流动性较差,在基金清算前,基金份额的转让或投资者的退出都具有一定难度。

2. 投后管理投入资源较多

股权投资是"价值增值型"投资。基金管理人通常在投资后管理阶段投入大量资源,一方面,为被投资企业提供各种商业资源和管理支持,帮助被投资企业更好发展;另一方面,也通过参加被投资企业股东会、董事会等形式,对被投资企业进行有效监管,以应对被投资企业的信息不对称和企业管理层的道德风险。

3. 专业性较强

股权投资基金的投资决策与管理涉及企业管理、资本市场、财务、行业、法律等多个方面,其高收益与高期望风险的特征也要求基金管理人必须具备很高的专业水准,特别是要有善于发现具有潜在投资价值的独到眼光,具备帮助被投资企业创立、发展、壮大的经验和能力。因此,股权投资基金对于专业性的要求较高,需要更多投资经验积累、团队培育和建设,体现出较明显的智力密集型特征,人力资本对于股权投资基金的成功运作发挥决定性作用。由于股权投资基金管理对专业性的高要求,因此,一方面,市场上的股权投资基金通常委托专业机构进行管理,并在利益分配环节对基金管理人的价值给予更多的认可;另一方面,在基金管理机构内部,也需要建立有效和充分地针对投资管理团队成员的激励约束机制。

4. 投资收益波动性较大

股权投资基金在整个金融资产类别中,属于高风险、高期望收益的资产类别。高风险主要体现为不同投资项目的收益呈现较大的差异性。创业投资基金通常投资于处于早中期的成长性企业,投资项目的收益波动性较大,有的投资项目会发生本金亏损,有的投资项目则可能带来巨大收益。并购基金通常投资于价值被低估但相对成熟的企业,投资项目的收益波动性相对要小一些。

高期望收益主要体现为在正常的市场环境中,股权投资基金作为一个整体,其能为投资者实现的投资回报率总体上处于一个较高的水平。从不同国家的平均和长期水平来看,股权投资基金的期望回报率要高于固定收益证券和证券投资基金等资产类别。

【例题·单选题】下列不属于股权投资基金特点的是(　　)。

　　A. 投资期限长、流动性较差　　　　　　B. 投后管理投入资源较多

　　C. 专业性较强　　　　　　　　　　　　D. 投资收益稳定

【答案】D

【解析】股权投资基金特点有:①投资期限长、流动性较差;②投后管理投入资源较多;③专业性较强;④投资收益波动性较大。

二、股权投资基金的收益分配方式

　　股权投资基金的市场参与主体主要包括投资者、管理人和第三方服务机构。就收益分配而言,则主要在投资者与管理人之间进行。

　　股权投资基金的收入主要来源于所投资企业分配的红利以及实现项目退出后的股权转让所得。基金的收入扣除基金承担的各项费用和税收之后,首先用于返还基金投资者的投资本金。全部投资者获利本金返还之后,剩余部分即为基金利润。

　　由于股权投资基金具有前述专业性的特点,对基金管理的专业性要求较高,因此,作为一个基本做法,股权投资基金的管理人通常参与基金投资收益的分配。通常情况下,管理人因为其管理可以获得相当于基金利润一定比例的业绩报酬(Carry)。

　　根据股权投资基金与基金管理人的约定,有时候管理人需要先让基金投资者实现某一门槛收益率(Hurdle Rate)之后才可以参与利润的分成。

【例题·单选题】股权投资基金的收益分配主要在(　　)与(　　)之间进行。

　　A. 投资者;第三方服务机构　　　　　　B. 管理人;第三方服务机构

　　C. 投资者;管理人　　　　　　　　　　D. 投资者;股东

【答案】C

【解析】股权投资基金的收益分配主要在投资者与管理人之间进行。

三、股权投资基金生命周期的关键要素

　　股权投资基金生命周期的关键要素包括基金期限、投资期与管理退出期、项目投资周期和滚动投资。具体内容如表 1-2 所示。

表 1-2　　　　　　　　　　　　　　　股权投资基金生命周期的关键要素

关键要素	内容
基金期限	基金期限也称为基金存续期,是基金投资者约定的基金存续时长。通常情况下,基金存续达到了约定的期限,就应该进行基金的清算。在实践中,各方投资者和基金管理人可能会约定,虽然基金达到了存续期限,但是基金所投资的项目仍有一些尚未实现退出时,基金的存续期限可以进行一次或数次延长,通常每次延长不超过 1 年
投资期与管理退出期	基金期限分为投资期与管理退出期,基金管理人通常需要在投资期内完成基金的全部投资,在管理退出期内,基金管理人主要负责进行投资后管理及退出投资项目的工作。根据约定,基金管理人在投资期与管理退出期内所收取的基金管理费可能实行不同的费率
项目投资周期	项目投资周期(Time Horizon)是指股权投资基金对某个投资项目从投资进入到投资退出所花的时间

关键要素	内容
滚动投资	滚动投资也称为循环投资,是指对前期投资项目退出所获利的收入,再次投入到新的项目中去。多数股权投资基金对滚动投资会进行一定的限制,比较常见的是限制在基金存续期的后期阶段进行滚动投资,也有的股权投资基金干脆限制在整个基金期限内的滚动投资行为

【例题·单选题】下列说法中,错误的是(　　)。

　　A. 基金期限也称为基金存续期,是基金投资者约定的基金存续时长

　　B. 在管理退出期内,基金管理人主要负责进行投资后管理及退出投资项目的工作

　　C. 根据约定,基金管理人在投资期与管理退出期内所收取的基金管理费必须是相同的费率

　　D. 多数股权投资基金对滚动投资会进行一定的限制,比较多见的是限制在基金存续期的后期阶段进行滚动投资

【答案】C

【解析】根据约定,基金管理人在投资期与管理退出期内所收取的基金管理费可能实行不同的费率。

四、股权投资基金现金流模式的关键要素

与其他投资基金相比,股权投资基金的现金流模式也具有一定的特点。

(一)缴款安排(承诺资本制等)

在基金募集过程中,股权投资基金通常采用承诺资本制。投资者在设立基金的合同文件中承诺将向基金出资,并在合同中约定缴款的条件,并在条件达到时实际履行缴款出资义务。投资者承诺向基金投资的总额度称为认缴资本,投资者在某一时间内实际已经完成的出资称为实缴资本。

(二)未投资资本

基金成立后,通常需要一段时间来完成投资计划,在此期间,投资者实缴资本中尚未投资出去的部分称为未投资资本。多数股权投资基金会约定,暂时闲置的未投资资本只能投资于低风险、高流动性的资产。

(三)收益分配约定

基金从被投资企业实现退出后,依退出方式不同,可能会通过公开或私下股权转让、企业清算等渠道实现投资退出,获得退出现金流。退出投资项目后实现的收益,按投资者与管理人的约定进行分配。

【例题·单选题】私募股权投资基金现金流模式的关键要素包括(　　)。

　　Ⅰ. 缴款安排　　　　　　Ⅱ. 未投资资本　　　　　Ⅲ. 收益分配约定　　　　Ⅳ. 投资利润

　　A. Ⅰ、Ⅱ、Ⅲ　　　　　B. Ⅰ、Ⅱ、Ⅳ　　　　　C. Ⅰ、Ⅲ、Ⅳ　　　　　D. Ⅰ、Ⅱ、Ⅲ、Ⅳ

【答案】A

【解析】私募股权投资基金现金流模式的关键要素包括:缴款安排、未投资资本和收益分配约定。

第四节　股权投资基金在经济发展中的作用

>> **本节导读** <<

本节介绍了我国私募股权投资行业的社会经济效益和发展趋势,内容较少,考生只需了解即可。

一、股权投资行业的社会经济效益

股权投资行业对社会经济有着重要的贡献。研究表明,创业投资可以更有效地应对创业企业,特别是中小科技企业信息不对称、不确定性高、资产结构以无形资产为主、融资需求呈现阶段性等特征。因此,相对于一般社会资本,创业投资对创新和创业有着更重要的作用。

股权投资基金是投资基金领域的重要组成部分,对于解决中小企业融资难、促进创新创业、支持企业重组重建、推动产业转型升级具有重要作用。当前,我国经济发展进入新常态,实体经济增长趋缓,金融业亟须创新发展,以更好地支持实体经济发展。

> **拓展课堂:**并购基金的投资运作模式与创业投资基金存在较为明显的区别:创业投资基金投资于有巨大发展潜力的早期企业,通过帮助企业发展壮大获利;而并购基金则投资于价值被低估的企业,通过对被投资企业进行重整而获利。基于这样的区别,并购基金通常有利于产业的转型和升级,除财务型的并购基金外,也有一些大型企业把并购基金作为产业转型升级的工具。

二、我国股权投资行业的发展趋势

从发展趋势来看,未来我国经济的增长将由过去的要素驱动转向创新驱动,与此相适应,金融市场也将逐步由间接融资为主转向直接融资为主。股权投资基金的运作模式和发展方式与创新驱动的内在要求高度一致,面临着广阔的发展机遇。随着我国股权投资基金行业专业化、市场化程度不断提高,政府监管和行业自律不断规范,我国的股权投资基金行业必将进入新的跨越式发展阶段。

【例题·单选题】股权投资基金是投资基金领域的重要组成部分,对于(　　)具有重要作用。

Ⅰ.解决中小企业融资难　　　　　　　　Ⅱ.促进创新创业

Ⅲ.支持企业重组重建　　　　　　　　　Ⅳ.推动产业转型升级

A.Ⅰ、Ⅱ、Ⅲ　　　　B.Ⅰ、Ⅱ、Ⅳ　　　　C.Ⅰ、Ⅲ、Ⅳ　　　　D.Ⅰ、Ⅱ、Ⅲ、Ⅳ

【答案】D

【解析】股权投资基金是投资基金领域的重要组成部分,对于解决中小企业融资难、促进创新创业、支持企业重组重建、推动产业转型升级具有重要作用。

真题自测

(所有题型均为单选题,每题只有1个正确答案)

1. 下列不属于私人股权的是(　　)。

    A. 未上市企业非公开发行和交易的普通股　　　　B. 上市企业公开发行和交易的普通股

    C. 依法可转换为普通股的优先股　　　　　　　　D. 可转换债券

2. 在实践中,各方投资者和基金管理人可能会约定,虽然基金达到了存续期限,但是基金所投资的项目仍有一些尚未实现退出时,基金的存续期限可以进行一次或数次延长,通常每次延长不超过(　　)。

    A.3 个月　　　　　　B.6 个月　　　　　　C.1 年　　　　　　D.2 年

3. 我国股权投资基金探索与起步阶段主要沿着(　　)主线进行。

    Ⅰ.科技系统对创业投资基金的最早探索

    Ⅱ.科技系统对产业投资基金的最早探索

    Ⅲ.国家财经部门对产业投资基金的探索

    Ⅳ.国家财经部门对创业投资基金的探索

    A. Ⅰ、Ⅳ　　　　　　B. Ⅰ、Ⅲ　　　　　　C. Ⅱ、Ⅲ　　　　　　D. Ⅱ、Ⅳ

4. 关于我国股权投资基金发展现状说法错误的是(　　)。

    A. 市场规模增长迅速,当前我国已成为全球第二大股权投资市场

    B. 市场主体丰富,行业从发展初期阶段的政府和国有企业主导逐步转变为市场化主体主导

    C. 有力地促进了创新创业和经济结构转型升级

    D. 股权投资基金行业有力地推动了间接融资和资本市场在我国的发展,为互联网等新兴产业在我国的发展发挥了重大作用

5. 下列不属于股权投资基金现金流模式关键要素的是(　　)。

    A. 缴款安排　　　　　B. 未投资资本　　　　C. 缴款细则　　　　D. 收益分配约定

6. 股权投资基金在投资者的资产配置中通常具有(　　)的特点。

    A. 低风险,低期望收益　　　　　　　　　　　B. 低风险,高期望收益

    C. 高风险,高期望收益　　　　　　　　　　　D. 高风险,低期望收益

7. 关于私募股权投资基金的起源与发展历程的说法中,错误的是(　　)。

    A. 股权投资基金起源于英国

    B. 早期的股权投资基金主要以创业投资基金形式存在

    C.20 世纪 50 年代至 70 年代的创业投资基金为经典的狭义创业投资基金

    D.20 世纪 70 年代以后,"创业投资"概念从狭义发展到广义

8. 关于我国私募股权投资基金发展及监管的主要阶段与年代对应错误的是(　　)。

    A. 探索与起步阶段(1985～2004 年)

    B. 快速发展阶段(2005～2012 年)

    C. 发展完成阶段(2013 年至今)

    D. 统一监管下的制度化发展阶段(2013 年至今)

9.我国的股权投资基金行业获得了长足的发展,主要体现在( )。

    Ⅰ.市场规模增长迅速,当前我国已成为全球第二大股权投资市场

    Ⅱ.市场主体丰富,行业从发展初期阶段的政府和国有企业主导逐步转变为市场化主体主导

    Ⅲ.成为仅次于银行贷款和IPO的重要融资手段

    Ⅳ.有力地促进了创新创业和经济结构转型升级

    A.Ⅰ、Ⅱ、Ⅲ   B.Ⅰ、Ⅱ、Ⅳ   C.Ⅰ、Ⅲ、Ⅳ   D.Ⅰ、Ⅱ、Ⅲ、Ⅳ

10.相对于证券投资基金,股权投资基金具有( )特点。

    Ⅰ.投资期限长、流动性较差   Ⅱ.投资收益波动性较大

    Ⅲ.投后管理投入资源较多   Ⅳ.专业性较强

    A.Ⅰ、Ⅱ、Ⅲ   B.Ⅰ、Ⅱ、Ⅳ   C.Ⅰ、Ⅲ、Ⅳ   D.Ⅰ、Ⅱ、Ⅲ、Ⅳ

11.私募股权投资基金生命周期的关键要素包括( )。

    Ⅰ.基金期限   Ⅱ.滚动投资

    Ⅲ.项目投资周期   Ⅳ.投资期与管理退出期

    A.Ⅰ、Ⅱ、Ⅲ   B.Ⅰ、Ⅱ、Ⅳ   C.Ⅰ、Ⅲ、Ⅳ   D.Ⅰ、Ⅱ、Ⅲ、Ⅳ

第二章 股权投资基金的参与主体

本章主要介绍了股权投资基金的参与主体,包括股权投资基金的投资者、管理人、服务机构和监管机构。本章内容很少,考生学习时注意理解相关的概念。

■■ 考点概览

考试大纲	考点内容	学习要求
股权投资基金的基本架构	基金投资者	理解
	基金管理人	理解
	基金服务机构	理解
	基金监管机构	理解
	行业自律组织	理解
股权投资基金的投资者	——	了解
股权投资基金的管理人	股权投资基金管理人的主要职责和义务	理解
	股权投资基金管理人的激励机制和分配制度	了解
股权投资基金的服务机构	基金托管机构	了解
	基金销售机构	了解
	律师事务所和会计师事务所	了解
股权投资基金的监管机构和自律组织	政府监管机构——中国证监会	了解
	行业自律组织——基金业协会	理解

第一节 股权投资基金的基本架构

≫ 本节导读 ≪

本节主要介绍了股权投资基金的参与主体,考生理解即可。

股权投资基金的参与主体主要包括基金投资者、基金管理人、基金服务机构、监管机构和行业自律组织。

一、基金投资者

股权投资基金投资者是基金的出资人、基金资产的所有者和基金投资回报的受益人。

按照《中华人民共和国证券投资基金法》(以下简称《证券投资基金法》)的规定,我国基金投资者享有以下权利:分享基金财产收益,参与分配清算后的剩余基金财产,依法转让或者申请赎回其持有的基金份额,依据规定要求召开基金份额持有人大会,对基金份额持有人大会

13

审议事项行使表决权,查阅或者复制概况披露的基金信息资料,对基金管理人、基金托管人、基金份额发售机构损害其合法权益的行为依法提出诉讼。

二、基金管理人

股权投资基金管理人是基金产品的募集者和管理者,并负责基金资产的投资运作。

在我国,基金管理人只能由依法设立的基金管理公司担任。基金管理人在基金运作中具有核心作用,最主要的职责就是按照基金合同的约定,负责基金资产的投资运作,在有效控制风险的基础上为基金投资者争取最大的投资收益。

三、基金服务机构

股权投资基金服务机构是面向股权投资基金提供各类服务的机构,主要包括基金托管机构、基金销售机构、律师事务所、会计师事务所等。具体内容如表2-1所示。

表2-1 基金服务机构

分类	内容
基金托管机构	在我国,基金托管机构只能由依法设立并取得基金托管资格的商业银行或其他金融机构担任
基金销售机构	①基金销售机构是指受基金管理公司委托从事基金销售业务活动的机构,包括基金管理人以及经中国证监会认定的可以从事基金销售的其他机构 ②目前可申请从事基金代理销售的机构主要包括商业银行、证券公司、保险公司、证券投资咨询机构、独立基金销售机构
律师事务所和会计师事务所	律师事务所和会计师事务所作为专业、独立的中介服务机构,为基金提供法律、会计服务

四、基金监管机构

基金监管机构通过依法行使审批权或核准权,依法办理基金备案,对基金管理人、基金托管人以及其他从事基金活动的服务机构进行监督管理,对违法违规行为进行查处,从而保护基金投资者的利益。

在我国,国务院证券监督管理机构即中国证监会,是我国基金市场的监管主体,依法对基金市场主体及其活动实施监督管理。

五、行业自律组织

行业的自律组织主要包括证券行业的自律管理者——证券交易所和基金行业自律组织——中国证券投资基金业协会。具体内容如表2-2所示。

表2-2 行业自律组织

分类	内容
证券交易所	(1)证券交易所是基金的自律管理机构之一。中国证监会及其派出机构依照《证券投资基金法》和中国证监会的其他有关规定,对私募基金业务活动实施监督管理。我国的证券交易所是依法设立的,不以营利为目的,为证券的集中和有组织的交易提供场所和设施,履行国家有关法律法规、规章、政策规定的职责,实行自律性管理的法人

续表

分类	内容
证券交易所	(2)证券交易所的作用主要体现在两个方面： ①封闭式基金、上市开放式基金和交易型开放式指数基金等需要通过证券交易所募集和交易，必须遵守证券交易所的规则 ②经中国证监会授权，证券交易所对基金的投资交易行为还承担着重要的一线监控职责
基金自律组织	基金自律组织是由基金管理人、基金托管人及基金市场服务机构共同成立的行业协会。我国的基金自律组织是2012年6月7日成立的中国证券投资基金业协会（以下简称基金业协会）。基金业协会依照《证券投资基金法》、中国证监会其他有关规定和基金业协会自律规则，对私募基金业开展行业自律，协调行业关系，提供行业服务，促进行业发展

【例题·单选题】私募股权投资基金的主要参与主体包括(　　　)。

Ⅰ.基金服务机构

Ⅱ.基金投资者

Ⅲ.基金管理人

Ⅳ.监管机构

Ⅴ.行业自律组织

A.Ⅰ、Ⅱ、Ⅲ　　　　　　　　　　　　B.Ⅰ、Ⅱ、Ⅲ、Ⅳ

C.Ⅰ、Ⅲ、Ⅳ、Ⅴ　　　　　　　　　　　D.Ⅰ、Ⅱ、Ⅲ、Ⅳ、Ⅴ

【答案】D

【解析】私募股权投资基金的主要参与主体包括：基金投资者、基金管理人、基金服务机构、监管机构和行业自律组织。

第二节　股权投资基金的投资者

≫ 本节导读 ≪

本节介绍股权投资基金的投资者，内容很少，要求考生了解股权投资基金的投资人类型。

股权投资基金的投资者应当为具备相应风险识别能力和风险承担能力的合格投资者。合格投资者的相关概念内容在第四章的第二节"股权投资基金的募集对象"有具体介绍。

股权投资基金的投资者主要包括个人投资者、工商企业、金融机构、社会保障基金、企业年金、社会公益基金、政府引导基金、母基金等。

(1)个人投资者。我国个人或家庭的储蓄存款规模巨大，并且始终保持增长态势，同时，随着国家整体经济增长，个人收入也相应提高，富有的个人投资者是股权和创业投资基金的重要力量。

注意：由于私募股权投资具有高风险、高回报、监管宽松的特点，为了保护个人投资者，《创业投资企业管理暂行办法》要求，单个投资者对创业投资企业的投资不得低于100万元；而国家发展改革委员会《股权投资企业资本招募说明书指引》规定，单个投资者对股权投资企业的最低出资金额不低于1000万元。

（2）工商企业。

（3）金融机构。金融机构主要包括商业银行、证券公司、保险公司等。

（4）社会保障基金是指根据国家有关法律、法规和政策的规定，为实施社会保障制度而建立起来、专款专用的资金。

（5）企业年金是指企业及其职工在依法参加基本养老保险的基础上，依据国家政策和本企业经济状况，经过必要的民主决策程序建立的，享受国家税优支持的养老保障计划。

（6）社会公益基金是指将收益用于指定的社会公益事业的基金，如慈善基金、福利基金、科技发展基金、教育发展基金、文学奖励基金等。社会公益基金属于基金性质的机构投资者。

（7）政府引导基金是由政府财政出资设立并按市场化方式运作的、在投资方向上具有一定导向性的政策性基金，通常通过投资于创业投资基金，引导社会资金进入早期创业投资领域。政府引导基金本身不直接从事股权投资业务。

（8）私募股权投资母基金（基金中的基金）是以股权投资基金为主要投资对象的基金。

【例题·单选题】股权投资基金的投资者应当为具备(　　　　)的合格投资者。

Ⅰ.风险识别能力

Ⅱ.风险承担能力

Ⅲ.风险转嫁能力

A. Ⅰ、Ⅱ   B. Ⅰ、Ⅲ   C. Ⅱ、Ⅲ   D. Ⅰ、Ⅱ、Ⅲ

【答案】A

【解析】股权投资基金的投资者应当为具备相应风险识别能力和风险承担能力的合格投资者。

第三节　股权投资基金的管理人

》本节导读《

本节要求考生理解股权投资基金管理人的主要职责和义务并了解股权投资基金管理人的激励机制和分配制度。

一、股权投资基金管理人的主要职责和义务

股权投资基金管理人在基金运作中具有核心作用，基金产品的设计、基金份额的销售与备案、基金资产的管理等重要职能多半由基金管理人或基金管理人选定的其他服务机构承担。

股权投资基金管理人最主要的职责就是按照基金合同的约定，负责基金资产的投资运作，在有效控制风险的基础上为基金投资者争取最大的投资收益。

二、股权投资基金管理人的激励机制和分配制度

股权投资基金管理人有权获得业绩报酬。业绩报酬按投资收益的一定比例计付。

常见做法是，投资者在获得约定的门槛收益率后，管理人才能获得业绩报酬。

【例题·单选题】在基金运作中，(　　　　)等重要职能多半由基金管理人或基金管理人选定的其他服务机构承担。

Ⅰ.基金产品的设计　　　　　　　　　　　　　Ⅱ.基金运作的监管

Ⅲ.基金份额的销售与备案　　　　　Ⅳ.基金资产的管理

A.Ⅰ、Ⅱ、Ⅲ　　　　B.Ⅰ、Ⅱ、Ⅳ　　　　C.Ⅰ、Ⅲ、Ⅳ　　　　D.Ⅰ、Ⅱ、Ⅲ、Ⅳ

【答案】C

【解析】股权投资基金管理人在基金运作中具有核心作用,基金产品的设计、基金份额的销售与备案、基金资产的管理等重要职能多半由基金管理人或基金管理人选定的其他服务机构承担。

第四节　股权投资基金的服务机构

≫ 本节导读 ≪

本节介绍了股权投资基金的主要服务机构,考生只需了解即可。

基金管理人、基金托管人既是基金的当事人,又是基金的主要服务机构。除基金管理人与基金托管人外,基金市场还有许多面向基金提供各类服务的其他机构。这些机构主要包括基金销售机构、销售支付机构、份额登记机构、估值核算机构、投资顾问机构、评价机构、信息技术系统服务机构以及律师事务所、会计师事务所等。股权投资基金的服务机构主要包括基金托管机构、基金销售机构、律师事务所、会计师事务所等。

一、基金托管机构

除基金合同另有约定外,股权投资基金应当由基金托管机构托管。基金合同约定基金不进行托管的,应当在基金合同中明确保障基金财产安全的制度措施和纠纷解决机制。

基金托管是指商业银行接受基金管理人的委托,代表基金持有人的利益,保管基金资产,监督基金管理人日常投资运作。基金托管人独立开设基金资产账户,依据管理人的指令进行清算和交割,保管基金资产,在有关制度和基金契约规定的范围内对基金业务运作进行监督,并收取一定的托管费。

在我国,基金托管机构只能由依法设立并取得基金托管资格的商业银行或其他金融机构担任。

二、基金销售机构

股权投资基金可以由基金管理人自行募集,也可委托基金销售机构募集。股权投资基金销售机构,应当为在中国证监会注册取得基金销售业务资格并已成为中国证券投资基金业协会会员的机构。

基金销售是指基金宣传推介、基金份额发售或者基金份额的申购、赎回,并收取以基金交易(含开户)为基础的相关佣金的活动。

基金销售机构是指受基金管理公司委托从事基金销售业务活动的机构,包括基金管理人以及经中国证监会认定的可以从事基金销售的其他机构。目前我国可申请从事基金代理销售的机构主要包括商业银行、证券公司、保险公司、证券投资咨询机构、独立基金销售机构。

《证券投资基金法》第九十八条规定,基金销售机构应当向投资人充分揭示投资风险,并根据投资人的风险承担能力销售不同风险等级的基金产品。

三、律师事务所和会计师事务所

律师事务所和会计师事务所作为专业、独立的中介服务机构,为基金提供法律、会计服务。

《证券投资基金法》第一百零六条规定,律师事务所、会计师事务所接受基金管理人、基金托管人的委托,为有关基金业务活动出具法律意见书、审计报告、内部控制评价报告等文件,应当勤勉尽责,对所依据的文件资料内容的真实性、准确性、完整性进行核查和验证。其制作、出具的文件有虚假记载、误导性陈述或者重大遗漏,给他人财产造成损失的,应当与委托人承担连带赔偿责任。

【例题·单选题】股权投资基金的服务机构主要包括(　　　)。

Ⅰ.基金托管机构　　　　　　　　Ⅱ.基金销售机构

Ⅲ.律师事务所　　　　　　　　　Ⅳ.会计师事务所

A.Ⅰ、Ⅱ、Ⅲ　　　　　　　　　B.Ⅰ、Ⅱ、Ⅳ

C.Ⅰ、Ⅲ、Ⅳ　　　　　　　　　D.Ⅰ、Ⅱ、Ⅲ、Ⅳ

【答案】D

【解析】股权投资基金的服务机构主要包括基金托管机构、基金销售机构、律师事务所、会计师事务所等。

第五节　股权投资基金的监管机构和自律组织

➤➤ 本节导读 ◄◄

本节要求考生理解我国股权投资基金的政府监管和行业自律机构。

基金监管体制,是指基金监管活动主体及其职权的制度体系。依据《中华人民共和国证券法》(以下简称《证券法》)和《证券投资基金法》的规定,国务院证券监督管理机构即中国证监会是我国基金市场的监管主体,依法对基金市场主体及其活动实施监督管理。基金业协会作为行业自律性组织,对基金业实施行业自律管理。证券交易所负责组织和监督基金的上市交易,并对上市交易基金的信息披露进行监督。

一、政府监管机构——中国证监会

中国证监会及其派出机构是我国股权投资基金的监管机构,依法对股权投资基金业务活动实施监督管理。

(一)中国证监会对基金市场的监管职责

中国证监会依法担负国家对证券市场实施集中统一监管的职责。证券投资基金活动是证券市场活动的重要组成部分,对证券市场的监管包括对证券投资基金活动的监管。中国证监会内部设有证券基金机构监管部门,具体承担基金监管职责。中国证监会派出机构即各地方证监局是中国证监会的内部组成部门,依照中国证监会的授权履行职责。

中国证监会依法履行下列职责:①制定有关证券投资基金活动监督管理的规章、规则,并行使审批、核准或者注册权;②办理基金备案;③对基金管理人、基金托管人及其他机构从事证券投资基金活动进行监督管理,对违法行为进行查处,并予以公告;④制定基金从业人员的资格标准和行为准则,并监督实施;⑤监督检查基金信息的披露情况;⑥指导和监督基金业协会的活动;⑦法律、行政法规规定的其他职责。

依据《证券投资基金监管职责分工协作指引》的规定,基金监管职责分工的目的是在集中统一监管体制下,进一步明确监管系统各单位的基金监管职责,落实监管责任制,形成各部门、各单位各司其职、各负其责、密切协作的基金监管体系。总体要求是职责清晰、分工明确、反应快速、协调有序。

证券基金机构监管部主要负责:①涉及证券投资基金行业的重大政策研究;②草拟或制定证券投资基金行业的监管规则;③对有关证券投资基金的行政许可项目进行审核;④全面负责对基金管理公司、基金托管银行及基金代销机构的监管;⑤指导、组织和协调证监局、证券交易所等部门对证券投资基金的日常监管;⑥对证监局的基金监管工作进行督促检查;⑦对日常监管中发现的重大问题进行处置。

各证监局负责对经营所在地在本辖区内的基金管理公司进行日常监管,主要包括公司治理和内部控制、高级管理人员、基金销售行为、开放式基金信息披露的日常监管;负责对辖区内异地基金管理公司的分支机构及基金代销机构进行日常监管。

(二)中国证监会对基金市场的监管措施

基金市场的违法犯罪行为具有智商高、电子化、行为隐蔽、手段多样、涉案金额高、社会危害大等特点,因此,必须强化基金监管机构的行政执法权限,丰富调查手段,才能有效打击基金违法行为,规范证券投资基金活动,切实保护投资人的合法权益。依据《证券投资基金法》的规定,中国证监会依法履行职责,有权采取下列监管措施:

1. 检查

检查是基金监管的重要措施,属于事中监管方式。检查可分为日常检查和年度检查,也可分为现场检查和非现场检查。要实现对基金市场的有效监管,仅有事后处置是不够的,更应该强化事中监管。加强日常的现场检查,可以及时发现问题,消除风险隐患,督促基金机构守法合规地进行证券投资基金活动。中国证监会可以根据实际情况,定期或不定期地对基金机构的合规监控、风险管理、内部稽核、行为规范等方面进行检查。中国证监会有权对基金管理人、基金托管人、基金服务机构进行现场检查,并要求其报送有关的业务资料。现场检查是指基金监管机构的检查人员亲临基金机构业务场所,通过现场察看、听取汇报、查验资料等方式进行实地检查。

2. 调查取证

查处基金违法案件是中国证监会的法定职责之一,而调查取证是查处基金违法案件的基础,是进行有效基金监管的保障。为便于查明事实、获取和保全证据,《证券投资基金法》赋予中国证监会以下职权:①进入涉嫌违法行为发生场所调查取证;②询问当事人和与被调查事件有关的单位和个人,要求其对与被调查事件有关的事项做出说明;③查阅、复制与被调查事件有关的财产权登记、通信记录等资料;④查阅、复制当事人和与被调查事件有关的单位和个人的证券交易记录、登记过户记录、财务会计资料及其他相关文件和资料;⑤对可能被转移、隐匿或者毁损的文件和资料,可以予以封存;⑥查询当事人和与被调查事件有关的单位和个人的资金账户、证券账户和银行账户;⑦对有证据证明已经或者可能转移或者隐匿违法资金、证券等涉案财产或者隐匿、伪造、毁损重要证据的,经中国证监会主要负责人批准,可以冻结或者查封。

3. 限制交易

当事人操纵证券市场等行为可能会引起证券市场价格的巨大波动,如果任其继续进行交易,极有可能会破坏正常的证券市场秩序,损害投资者的合法权益,因此,《证券投资基金法》赋予中国证监会限制证券交易权。中国证监会在调查操纵证券市场、内幕交易等重大证券违法行为时,经中国证监会主要负责人批准,可以限制被调查事件当事人的证券买卖,但限制的期限不得超过 15 个交易日;案情复杂的,可以延长 15 个交易日。

4. 行政处罚

中国证监会发现基金机构以及基金机构的董事、监事、高级管理人员和其他从业人员、基金机构的股东和实际控制人等在基金活动中存在违法违规行为的,应当对相关机构和人员或者相关机构对违法违规行为直接负责的主管人员和其他责任人员依法进行行政处罚。中国证监会可以采取的行政处罚措施主要包括:没收违法所得、罚款、责令改正、警告、暂停或者撤销基金从业资格、暂停或者撤销相关业务许可、责令停业等。

中国证监会依法履行职责时,被调查、检查的单位和个人应当配合,如实提供有关文件和资料,不得拒绝、阻碍和隐瞒。中国证监会依法履行职责,发现违法行为涉嫌犯罪的,应当将案件移送司法机关处理。

(三)中国证监会工作人员的义务和责任

中国证监会工作人员依法履行职责,进行调查或者检查时,不得少于 2 人,并应当出示合法证件;对调查或者检查中知悉的商业秘密负有保密的义务。中国证监会工作人员应当忠于职守,依法办事,公正廉洁,接受监督,不得利用职务谋取私利。中国证监会工作人员玩忽职守、滥用职权、徇私舞弊或者利用职务上的便利索取或者收受他人财物的,应当承担相应的法律责任。

中国证监会工作人员在任职期间,或者离职后在《中华人民共和国公务员法》(以下简称《公务员法》)规定的期限内,不得在被监管的机构中担任职务。依据《公务员法》以及中国证监会制定的《中国证监会工作人员任职回避和公务回避规定(试行)》《中国证监会工作人员行为准则》等规范性文件的规定,中国证监会领导干部离职后 3 年内,一般工作人员离职后 2 年内,不得到与原工作业务直接相关的机构任职。但经过中国证监会批准,可以在基金管理公司、证券公司、期货公司等机构担任督察长、合规总监、首席风险官等职务。

二、行业自律组织——基金业协会

中国证券投资基金业协会是我国股权投资基金的自律组织,依法对股权投资基金业开展行业自律,协调行业关系,提供行业服务,促进行业发展。

(一)我国基金业协会的发展

我国基金行业最初是以相对松散的基金业联席会议的形式开展行业自律工作的。随着基金管理公司的增加和基金市场的发展,2001 年 8 月,中国证券业协会基金公会成立。2004 年12 月,中国证券业协会证券投资基金业委员会成立。该委员会作为基金专业人士组成的议事机构,承接了原基金公会的职能和任务,在中国证券业协会的领导下开展工作。2007 年,中国证券业协会设立了基金公司会员部,负责基金管理公司和基金托管银行特别会员的自律管理。该会员部有基金管理公司、托管银行、基金代销机构等 90 余家会员,并成立了基金业委员会、基金销售专业委员会、基金托管专业委员会等专业委员会,在制定和完善行业自律规则、加强行业自律管理、反映行业呼声和建议、组织行业培训和交流、强化投资者教育等方面做了大量工作。

为适应基金行业快速发展的需要,回应基金行业要求成立独立的行业协会的呼声,促进基金行业自律和服务功能的发挥,2012年6月,中国证券投资基金业协会正式成立,原中国证券业协会基金公司会员部的行业自律职责转入中国证券投资基金业协会。在此基础上,2013年《证券投资基金法》专门增设"基金行业协会"一章,详细规定了基金业协会的性质、组成以及主要职责等内容,为确定基金业协会的地位和规范基金业协会的职责权限提供了基本的法律依据。

（二）基金业协会的性质和组成

基金业协会是证券投资基金行业的自律性组织,是社会团体法人。基金管理人、基金托管人和基金服务机构,应当依法成立基金业协会,进行行业自律,协调行业关系,提供行业服务,促进行业发展。基金管理人、基金托管人应当加入基金业协会,基金服务机构可以加入基金业协会。会员分为三类:普通会员、联席会员、特别会员。基金管理人和基金托管人加入协会的,为普通会员;基金服务机构加入协会的,为联席会员;证券期货交易所、登记结算机构、指数公司、地方基金业协会及其他资产管理相关机构加入协会的,为特别会员。

基金业协会的权力机构为全体会员组成的会员大会,协会章程由会员大会制定,并报中国证监会备案。基金业协会设理事会,理事会是基金业协会的执行机构。理事会成员依章程的规定由会员大会选举产生。在会员大会闭会期间,理事会依据章程的规定执行会员大会决议,组织和领导基金业协会开展日常工作,其会议机制、决议程序、具体职权等由协会章程规定。

（三）基金业协会的职责

依据《证券投资基金法》的规定,基金业协会的职责包括:

（1）教育和组织会员遵守有关证券投资的法律、行政法规,维护投资人合法权益;

（2）依法维护会员的合法权益,反映会员的建议和要求;

（3）制定和实施行业自律规则,监督、检查会员及其从业人员的执业行为,对违反自律规则和协会章程的,按照规定给予纪律处分;

（4）制定行业执业标准和业务规范,组织基金从业人员的从业考试、资质管理和业务培训;

（5）提供会员服务,组织行业交流,推动行业创新,开展行业宣传和投资人教育活动;

（6）对会员之间、会员与客户之间发生的基金业务纠纷进行调解;

（7）依法办理非公开募集基金的登记、备案;

（8）协会章程规定的其他职责。

【例题·单选题】中国证券投资基金业协会是我国股权投资基金的自律组织,依法对股权投资基金业（　　）。

Ⅰ.开展行业自律　　　Ⅱ.提供行业服务　　　Ⅲ.促进行业发展　　　Ⅳ.协调行业关系

A. Ⅰ、Ⅱ、Ⅲ　　　B. Ⅰ、Ⅱ、Ⅳ　　　C. Ⅰ、Ⅲ、Ⅳ　　　D. Ⅰ、Ⅱ、Ⅲ、Ⅳ

【答案】D

【解析】中国证券投资基金业协会是我国股权投资基金的自律组织,依法对股权投资基金业开展行业自律,协调行业关系,提供行业服务,促进行业发展。

真题自测

（所有题型均为单选题，每题只有1个正确答案）

1. 股权投资基金管理人是基金产品的(　　)和(　　)，并负责基金资产的投资运作。

    A. 募集者，管理者　　　　　　　　　　B. 出资人，所有者

    C. 募集者，受益人　　　　　　　　　　D. 服务机构，管理者

2. 下列不属于股权投资基金的投资者的是(　　)。

    A. 个人投资者　　　　　B. 工商企业　　　　C. 社会保障基金　　　　D. 创业投资基金

3. 下列说法有误的是(　　)。

    A. 股权投资基金管理人在基金运作中具有核心作用

    B. 股权投资基金管理人有权获得业绩报酬，业绩报酬按投资收益的一定比例计付

    C. 除基金合同另有约定外，股权投资基金应当由基金托管机构托管

    D. 股权投资基金只能由基金管理人自行募集

4. (　　)是我国股权投资基金的监管机构，依法对股权投资基金业务活动实施监督管理。

    A. 中国证监会及其派出机构　　　　　　B. 基金业协会

    C. 中国发展改革委员会　　　　　　　　D. 中国人民银行

5. 股权投资基金管理人有权获得业绩报酬，业绩报酬通常是(　　)。

    A. 按合同约定金额计付　　　　　　　　B. 按投资收益的一定比例计付

    C. 按基金管理人的级别计付　　　　　　D. 按投资总额的一定比例计付

第三章　股权投资基金的分类

本章主要介绍了股权投资基金的分类。第一节介绍了创业投资基金、并购基金、不动产基金、基础设施基金、定增基金的基本概念。第二节重点介绍了公司型基金、合伙型基金和契约型基金的概念、参与主体和法律依据等。第三节介绍了人民币股权投资基金的定义和分类,外币股权投资基金的定义和基本运作方式。第四节介绍了母基金的概念和特点等。本章需要掌握和理解的内容较多,属于考试中的重点章节,考生在学习时可以通过对比掌握相关知识点。

考点概览

考试大纲	考点内容	学习要求
按投资领域分类	狭义创业投资基金	掌握
	并购基金	掌握
	不动产基金	掌握
	基础设施基金	掌握
	定向增发投资基金	掌握
按组织形式分类	公司型基金	掌握
	合伙型基金	掌握
	契约型基金	理解
按资金性质分类	人民币股权投资基金	了解
	外币股权投资基金	理解
	人民币股权投资基金和外币股权投资基金的发展趋势	了解
母基金	股权投资母基金	理解
	政府引导基金	理解

第一节　按投资领域分类

≫ 本节导读 ≪

本节要求考生掌握创业投资基金、并购基金、不动产基金、基础设施基金、定增基金的概念和特点。考生需注意不同类型基金的区别。

根据投资领域不同,股权投资基金可以分为狭义创业投资基金、并购基金、不动产基金、基础设施基金、定向增发投资基金等。

一、狭义创业投资基金

狭义创业投资基金是指投资于处于各个创业阶段的未上市成长性企业的股权投资基金。一些机构所俗称的"成长基金",按照美国创业投资协会、欧洲股权和创业投资协会的统计口径,以及国内外有关政策法规的界定,属于狭义创业投资基金范畴。

需要指出的是,广义股权投资基金中的各类投资基金其实都是狭义创业投资基金在20世纪70年代以后的新发展。从广义创业投资基金层面看,创业投资基金和股权投资基金是两个等同的概念,均是对创建企业和重建企业等广义创业活动(包括创建基础设施类企业、房地产项目类企业)的财务性投资。

创业投资基金具有以下特点:

(1)创业投资基金的主要投资对象是一般投资者或银行不愿提供资金的企业,具有高科技、产品新、成长快、风险高的特点。

(2)创业投资基金的投资目的是获取股利与资本利得,而不是被投资公司的所有权;创业投资者甘愿承担较高的风险,以追求较大的投资回报。

(3)创业投资基金虽然不以控制被投资公司的所有权为目的,但也包含创业投资者的股权参与,包括直接购买股票、认股权证、可转换债券等方式。

(4)创业投资基金的投资者并不直接参与产品的研究与开发、生产与销售等经营活动,而是间接地扶持被投资企业的发展,提供必要的财务监督与咨询,使所投资的公司能够在最快的时间里实现价值增值。

(5)创业投资属于长期性的投资,流动性较差,一般需要5～10年方能有显著的投资回报。

二、并购基金

并购基金,是指主要对企业进行财务性并购投资的股权投资基金。狭义的股权投资基金是指并购基金。

并购基金具有以下特点:

(1)投资行业不特定,既投资于上市公司也投资于非上市的企业。

(2)所投资企业一般具有稳定现金流、相对成熟,或成为已经上市的公司。

(3)可根据投资企业或项目的具体情况参股或控股被投资企业。

(4)交易方案相对复杂,退出渠道多样化(IPO、并购、售出、管理层回购等)。

三、不动产基金

不动产基金,是指主要投资于土地以及建筑物等土地定着物的股权投资基金,也叫做房地产投资基金。

不动产基金具有以下特点:

(1)收益主要来源于租金收入和房地产升值。

(2)收益的大部分将用于发放分红。

(3)长期回报率较高,与股市、债市的相关性较低。

四、基础设施基金

基础设施基金,是指主要投资于基础设施项目的股权投资基金。

基础设施基金具有以下特点：

（1）基础设施投资符合产业投资基金的投向要求，而且目前扩大基础设施投资的整体环境很好。

（2）基础设施建设具有资金需求量大、建设期长的特点，与产业投资基金中长期投资的特点相符合。而诸如高科技产业的行业资金体量不大，并不一定适合大规模的投资基金。

（3）国内机构投资者的投资需求旺盛。以社保基金为代表的一批机构投资者，面临着结余数额越来越大，需要寻找一个风险可控、收益稳定、长期投资的渠道，以实现保值增值的要求。而由于基础设施行业资产一般质地优良，收益稳定，投资风险具有可控性，这一特点对机构投资者长期投资具有吸引力。

（4）上市退出保障较好。由于基础设施企业具有规模大、质地好、收益稳定的优势，容易满足在主板上市的要求，流动性较好，产业投资基金退出保证高。同时，从外部环境看，各地都在酝酿国有企业并购重组，集体上市，其中也不乏基础设施企业，与基金一拍即合。

五、定向增发投资基金

定向增发投资基金（简称定增基金），是指主要投资于上市公司非公开发行股票的授权投资基金。定增基金的特点如表 3－1 所示。

表 3－1　　　　　　　　　　　　　　　定增基金的特点

特点	内容
参与门槛高	①定向增发项目众多，需要优中选优的专业能力 ②单个项目平均规模在 15 亿元左右，对应一个投资者需要 1.5 亿元才能参与 ③定向增发具有非公开性质，获取优质项目并不完全靠资金实力
有限售锁定期	从取得标的股票到解禁抛售，一般需锁定 1 年
批量买入	一次性买入股票占到总股本比例 0.2% ~ 15.2%，相比在通过二级市场增持，定向增发具有一次性、大规模、低成本的优势
一般情况下折价发行	——

【例题·单选题】（　　　　）是指投资于处于各个创业阶段的未上市成长性企业的股权投资基金。

  A.狭义创业投资基金　　　　　　　　　　B.并购基金

  C.不动产基金　　　　　　　　　　　　　D.定向增发投资基金

【答案】A

【解析】狭义创业投资基金，是指投资于处于各个创业阶段的未上市成长性企业的股权投资基金。

【例题·单选题】根据投资领域不同，股权投资基金可以分为（　　　　）。

  Ⅰ.狭义创业投资基金　　　　　　　　　　Ⅱ.并购基金

  Ⅲ.不动产基金　　　　　　　　　　　　　Ⅳ.基础设施基金

  Ⅴ.定向增发投资基金

  A.Ⅰ、Ⅱ、Ⅲ　　　　　　　　　　　　　B.Ⅰ、Ⅱ、Ⅲ、Ⅳ

  C.Ⅰ、Ⅲ、Ⅳ、Ⅴ　　　　　　　　　　　D.Ⅰ、Ⅱ、Ⅲ、Ⅳ、Ⅴ

【答案】D

【解析】根据投资领域不同,股权投资基金可以分为狭义创业投资基金、并购基金、不动产基金、基础设施基金、定向增发投资基金等。

第二节 按组织形式分类

>> **本节导读** <<

本节介绍了公司型基金、合伙型基金和契约型基金的架构和特点。本节内容比较重要,考生要学会通过对比法理解掌握相关知识点。

根据组织形式的不同,股权投资基金可以分为公司型基金、合伙型基金和契约型基金。

一、公司型基金

(一)公司型基金的架构

公司型基金是指投资者依据公司法,通过出资形成一个独立的公司法人实体,由公司法人实体自行或委托专业基金管理人进行管理的股权投资基金。在我国,公司法人实体可采取有限责任公司或股份有限公司的形式。公司型基金的参与主体和法律依据如表3-2所示。

表3-2 公司型基金的参与主体和法律依据

项目	内容
参与主体	公司型基金的参与主体主要为投资者和基金管理人 ①投资者既是基金份额持有者又是公司股东,按照公司章程行使相应权力、承担相应义务和责任 ②从投资者权力角度看,投资者作为公司的股东,可通过股东大会(股东会)和董事会委任并监督基金管理人 ③公司型基金可以由公司管理团队自行管理,或者委托专业的基金机构担任基金管理人
法律依据	我国公司型基金的法律依据为《中华人民共和国公司法》(以下简称《公司法》),基金按照公司章程来运营

(二)公司型基金的特点

(1)公司型基金的设立程序类似于一般股份公司,公司型基金本身为独立法人机构。但不同于一般股份公司的是,它委托基金管理公司作为专业的财务顾问或管理人来经营、管理基金资产。

(2)公司型基金的组织结构与一般股份公司类似,设有董事会和股东大会。基金资产归公司所有,投资者则是这家公司的股东,也是该公司资产的最终持有人。股东按其所拥有的股份大小在股东大会上行使权力。

二、合伙型基金

(一)合伙型基金的组织架构

合伙型基金是指投资者依据《合伙企业法》成立有限合伙企业,由普通合伙人对合伙债务承担无限连带责任,由基金管理人具体负责投资运作的股权投资基金。合伙型基金的参与主体(组织架构)和法律依据如表3-3所示。

表3-3　　　　　　　　　　　　合伙型基金的参与主体和法律依据

项目	内容
参与主体	合伙型基金的参与主体主要为普通合伙人、有限合伙人及基金管理人 ①普通合伙人对基金(合伙企业)债务承担无限连带责任,有限合伙人以其认缴的出资额为限对基金(合伙企业)债务承担责任 ②普通合伙人可自行担任基金管理人,或者委托专业的基金管理机构担任基金管理人。有限合伙人不参与投资决策
法律依据	我国合伙型基金的法律依据为《中华人民共和国合伙企业法》(以下简称《合伙企业法》),基金按照合伙协议来运营

(二)合伙型基金的特点

(1)合伙型私募股权投资基金的所有权与管理权相互分离,实现了资源的合理配置。

(2)合伙型私募股权投资基金具有有效的激励机制与约束机制,能够确保基金的高效运作,实现利益最大化。

(3)合伙型私募股权投资基金的融资结构较为灵活。私募股权投资基金如果采用有限合伙制成立,与一般公司的设立一样采取准则制,无须国家行政机关的审批,只需向相应的企业登记机关申请登记即可,这有别于私募证券投资基金,它的设立需经过证监会的严格审批。

(4)避免"双重"赋税。合伙企业不具有法人资格,不属于纳税主体。对于基金取得的收益,仅须在合伙人层面纳税即可。

《合伙企业法》第六条规定:"合伙企业的生产经营所得和其他所得,依照国家有关税收规定,由合伙人分别缴纳所得税。"据此,实行有限合伙制的私募股权投资基金也就不需要缴纳企业所得税,只从投资者层面缴税,减少了投资者的纳税负担,增加了其投资回报,使得以有限合伙形式设立企业具有了少纳税的优势。

三、契约型基金

(一)契约型基金的组织架构

契约型基金是指通过订立信托契约的形式设立的股权投资基金,其本质是信托型基金。契约型基金不具有法律实体地位。契约型基金的参与主体和法律依据如表3-4所示。

表3-4　　　　　　　　　　　　契约型基金的参与主体和法律依据

项目	内容
参与主体	契约型基金的参与主体主要为基金投资者、基金管理人及基金托管人 ①基金投资者通过购买基金份额,享有基金投资收益 ②基金管理人依据法律、法规和基金合同负责基金的经营和管理操作 ③基金托管人负责保管基金资产,执行管理人的有关指令,办理基金名下的资金往来
法律依据	契约型基金的法律依据为《中华人民共和国信托法》(以下简称《信托法》)和《证券投资基金法》,基金按照基金合同来运营

(二)契约型基金的特点

(1)契约型基金不具备独立的法律资格,无法以基金的名义进行借贷或为他人提供担保。

基金管理人作为委托人可以代持其对于被投资企业的股权,可以以自己的名义申请过桥贷款或者为被投资企业进行担保,但同时承担相应的债务。

(2)契约型基金可以有效避免双重税负,其所得税由受益人直接承担,降低税收成本。

(3)契约型基金无须注册专门组织实体,不需要大量独占性不动产、动产及人员投入,运营成本低廉。

(4)信托财产具有相对独立性,基金的投资管理和运行不受委托人和受益人的干预。

【例题·单选题】在我国,公司法人实体可采取(　　)形式。

Ⅰ.有限责任公司

Ⅱ.无限责任公司

Ⅲ.股份有限公司

A.Ⅰ、Ⅱ　　　　　　B.Ⅱ、Ⅲ　　　　　　C.Ⅰ、Ⅲ　　　　　　D.Ⅰ、Ⅱ、Ⅲ

【答案】C

【解析】在我国,公司法人实体可采取有限责任公司或股份有限公司的形式。

【例题·单选题】下列说法中,错误的是(　　)。

A.合伙型基金由普通合伙人对合伙债务承担无限连带责任

B.合伙型基金的参与主体中,有限合伙人参与投资决策

C.契约型基金不具有法律实体地位

D.契约型基金的本质是信托型基金

【答案】B

【解析】普通合伙人可自行担任基金管理人,或者委托专业的基金管理机构担任基金管理人。有限合伙人不参与投资决策。

第三节　按资金性质分类

>> **本节导读** <<

本节要求考生理解外币股权投资基金的基本运作方式,了解人民币股权投资基金和外币股权投资基金的发展情况,注意人民币股权投资基金的分类。

根据资金性质的不同,股权投资基金可以分为人民币股权投资基金和外币股权投资基金。

一、人民币股权投资基金

人民币股权投资基金是指依据中国法律在中国境内设立的主要以人民币对中国境内非公开交易股权进行投资的股权投资基金。人民币股权投资基金分为内资人民币股权投资基金和外资人民币股权投资基金。具体内容如表3-5所示。

表 3－5　　　　　　　　　　　人民币股权投资基金的分类

分类	内容
内资人民币股权投资基金	内资人民币股权投资基金,是指中国国籍自然人或根据中国法律注册成立的公司、企业或其他经济组织依据中国法律在中国境内发起设立的主要以人民币对中国境内非公开交易股权进行投资的股权投资基金
外资人民币股权投资基金	外资人民币股权投资基金,是指外国投资者(外国投资者指外国公司、企业和其他经济组织或者个人)或外国投资者与根据中国法律注册成立的公司、企业或其他经济组织依据中国法律在中国境内发起设立的主要以人民币对中国境内非公开交易股权进行投资的股权基金

【例题·单选题】人民币股权投资基金分为(　　　)。

　　Ⅰ.内资人民币股权投资基金　　　　　　　Ⅱ.外资人民币股权投资基金

　　Ⅲ.合资人民币股权投资基金

　　A.Ⅰ、Ⅱ　　　　　　B.Ⅰ、Ⅲ　　　　　　C.Ⅱ、Ⅲ　　　　　　D.Ⅰ、Ⅱ、Ⅲ

【答案】A

【解析】人民币股权投资基金分为内资人民币股权投资基金和外资人民币股权投资基金。

二、外币股权投资基金

外币股权投资基金是相对于人民币股权投资基金而言的,是指依据中国境外的相关法律在中国境外设立,主要以外币对中国境内非公开交易股权进行投资的基金。

外币股权投资基金的基本运作方式:"两头在外"的方式。

(1)外币股权投资基金无法在国内以基金名义注册法人实体,其经营实体注册在境外。

(2)外币股权投资基金在投资过程中,通常在境外设立特殊目的公司作为受资对象,并在境外完成项目的投资退出。

三、人民币股权投资基金和外币股权投资基金的发展趋势

我国股权投资基金业在发展早期以外资人民币股权投资基金和外币股权投资基金为主。2008 年国际金融危机后,全球股权投资基金募资额屡创新低,而中国市场则逐步升温,内资人民币股权投资基金开始崛起。2009 年以后,内资人民币股权投资基金的数量超过外资人民币股权投资基金,人民币股权投资基金的规模超过外币股权投资基金,且领先优势越来越大。

【例题·单选题】关于外币股权投资基金基本运作方式,下列说法错误的是(　　　)。

　　A.外币股权投资基金无法在国内以基金名义注册法人实体

　　B.外币股权投资基金经营实体注册在境外

　　C.外币股权投资基金在投资过程中,通常在境外设立特殊目的公司作为受资对象

　　D.外币股权投资基金在境内完成项目的投资退出

【答案】D

【解析】外币股权投资基金在境外完成项目的投资退出。

第四节 母基金

>> **本节导读** <<

本节主要介绍了私募股权投资母基金的概念、运作模式、特点和作用以及政府引导基金的特点和作用,涉及内容较多,均需要考生理解。

一、股权投资母基金

(一)股权投资母基金的概念

股权投资母基金(基金中的基金)是以股权投资基金为主要投资对象的基金。

(二)股权投资母基金的运作模式

股权投资母基金的运作模式包括一级投资、二级投资和直接投资,具体内容如表3-6所示。

表3-6　　　　　　　　　　　　　股权投资母基金的运作模式

运作模式	内容
一级投资	一级投资是指母基金在股权投资基金募集时对基金进行投资,成为基金投资者。母基金发展初期,主要从事一级投资,一级投资是母基金的本源业务
二级投资	二级投资是指母基金在股权投资基金募集完成后对已有股权投资基金或其投资组合进行投资。其投资方式按投资标的不同,分为两种类型: ①购买存续基金份额及后续出资额 ②购买基金持有的所投组合公司的股权
直接投资	直接投资是指母基金直接进行股权投资。在实际操作中,母基金通常和其所投资的股权投资基金联合投资,母基金往往扮演被动角色,让股权投资基金来管理这项投资

(三)股权投资母基金的特点和作用

股权投资母基金的特点和作用如表3-7所示。

表3-7　　　　　　　　　　　　　股权投资母基金的特点和作用

特点和作用	内容
分散风险	母基金通常会投资于多只股权投资基金,这些股权投资基金投资的公司往往会达到一个较大的数量,这使母基金的投资实现多样性,如投资阶段、时间跨度、地域、行业、投资风格等,从而投资者可以有效地实现风险分散
专业管理	母基金管理人通常拥有全面的股权投资的知识、人脉和资源,在对股权投资基金进行投资时,有利于作出正确的投资决策
投资机会	大部分业绩出色的股权投资基金都会获得超额认购,因此,一般投资者难以获得投资机会。而母基金作为股权投资基金的专业投资者,通常与股权投资基金具有良好的长期关系,因此,有机会投资于这些优秀的基金。投资者通过投资于母基金而获得投资优秀基金的机会

续表

特点和作用	内容
规模优势	由于母基金拥有相当的规模,能够吸引、留住及聘用行业内最优秀的投资人才。中小投资者很少具有足够的资源来吸引类似规模及品质的投资团队
富有经验	在对股权投资基金进行投资时,经验非常重要。母基金作为专业投资者,富有经验,可以为缺乏经验的投资者提供投资股权投资基金的渠道
资产规模	在对股权投资进行投资时,投资规模的大小常常是一个问题,投资者常常由于资金太大或者太小以至于难以进行合适的投资。而母基金可以通过帮助投资者"扩大规模"或"缩小规模"来解决这一问题

【例题·单选题】下列不属于私募股权投资母基金特点的是(　　　)。

A.分散风险　　　　B.专业管理　　　　C.规模优势　　　　D.经验不足

【答案】D

【解析】私募股权投资母基金特点的有分散风险、专业管理、投资机会、规模优势、富有经验、资产规模。

二、政府引导基金

(一)政府引导基金的概念

政府引导基金是由政府财政出资设立并按市场化方式运作的、在投资方向上具有一定导向性的政策性基金,通常通过投资于创业投资基金,引导社会资金进入早期创业投资领域。政府引导基金本身不直接从事股权投资业务。

(二)政府引导基金的宗旨

政府引导基金的宗旨是发挥财政资金的杠杆放大效应,增加创业投资的资本供给,克服单纯通过市场配置创业投资资本的市场失灵问题。特别是通过鼓励创业投资基金投资处于种子期、起步期等创业早期的企业,弥补一般创业投资基金主要投资于成长期、成熟期的不足。

(三)政府引导基金对创业投资基金的支持方式

政府引导基金对创业投资基金的支持方式包括参股、融资担保和跟进投资,具体内容如表3-8所示。

表3-8　　　　政府引导基金对创业投资基金的支持方式

项目	内容
参股	参股是指政府引导基金主要通过参股方式,吸引社会资本共同发起设立创业投资企业
融资担保	融资担保是指政府引导基金对历史信用记录良好的创业投资基金提供融资担保,支持其通过债权融资增强投资能力
跟进投资	跟进投资是指产业导向或区域导向较强的政府引导基金,通过跟进投资,支持创业投资基金发展并引导其投资方向

【例题·单选题】政府引导基金对创业投资基金的支持方式不包括(　　　)。

A.参股　　　　B.融资担保　　　　C.控股　　　　D.跟进投资

【答案】C

【解析】政府引导基金对创业投资基金的支持方式包括参股、融资担保、跟进投资。

(四)政府引导基金的作用

创业风险投资中政府引导基金的作用有以下四点：

（1）支持阶段参股。引导基金向创业风险投资机构参股，并按事先约定的条件和规定的期限，支持设立新的创业风险投资机构，扩大对科技型中小企业的投资总量。

（2）支持跟进投资。引导基金与创业风险投资机构共同投资于初创期中小企业，以支持已经设立的创业风险投资机构，降低其投资风险。

（3）风险补助。对已投资于初创期高科技中小企业的创业风险投资机构予以一定的补助，增强创业投资机构抵御风险的能力。

（4）投资保障。创业引导基金对有投资价值、但有一定风险的初创期中小企业，在先期予以资助的同时，由创业投资机构向这些企业进行股权投资的基础上，引导基金再给予第二次补助，以解决创业风险投资机构因担心风险、想投而不敢投的问题，对于科技企业孵化器等中小企业服务机构尤其适用。

真题自测

（所有题型均为单选题，每题只有1个正确答案）

1.按（　　）分类，股权投资基金可以分为公司型基金、合伙型基金和契约型基金。
  A.资金规模　　　　　　B.组织形式　　　　　　C.资金性质　　　　　　D.投资对象

2.下列关于公司型基金的说法，错误的是（　　）。
  A.公司法人实体可采取有限责任公司或股份有限公司的形式
  B.公司型基金的参与主体主要为投资者和基金管理人
  C.公司型基金只能由公司管理团队自行管理，不能委托专业的基金机构担任基金管理人
  D.投资者既是基金份额持有者又是公司股东，按照公司章程行使相应权力、承担相应义务和责任

3.外资人民币股权投资基金，是指外国投资者或外国投资者与根据中国法律注册成立的公司、企业或其他经济组织依据中国法律在（　　）发起设立的主要以人民币对（　　）非公开交易股权进行投资的股权基金。
  A.中国境外，中国境内　　　　　　　　　　B.中国境外，中国境外
  C.中国境内，中国境外　　　　　　　　　　D.中国境内，中国境内

4.合伙型基金的参与主体不包括（　　）。
  A.普通合伙人　　　　　　B.有限合伙人　　　　　　C.基金管理人　　　　　　D.基金托管人

5.私募股权投资母基金的运作模式不包括（　　）。
  A.一级投资　　　　　　B.二级投资　　　　　　C.直接投资　　　　　　D.间接投资

6.股权投资母基金是以（　　）为主要投资对象的基金。
  A.股权投资基金　　　　　　B.公司型基金　　　　　　C.合伙型基金　　　　　　D.政府引导基金

7.下列关于契约型基金参与主体的说法，错误的是（　　）。
  A.契约型基金投资者通过购买基金份额，享有基金投资收益
  B.基金管理人依据法律、法规和基金合同负责基金的经营和管理操作
  C.基金托管人负责保管基金资产
  D.基金托管人负责执行投资者的有关指令，办理基金名下的资金往来

8. (　　)是指投资者依据公司法,通过出资形成一个独立的公司法人实体,由公司法人实体自行或委托专业基金管理人进行管理的股权投资基金。

　　A.公司型基金　　　　　　B.合伙型基金　　　　　　C.契约型基金　　　　D.信托型基金

9. (　　)是指投资者依据合伙企业法成立有限合伙企业,由普通合伙人对合伙债务承担无限连带责任,由基金管理人具体负责投资运作的股权投资基金。

　　A.公司型基金　　　　　　B.合伙型基金　　　　　　C.契约型基金　　　　D.信托型基金

10. 公司型基金的参与主体主要为(　　)。

　　Ⅰ.投资者　　　　　　Ⅱ.基金管理人　　　　　　Ⅲ.基金销售人

　　A.Ⅰ、Ⅱ　　　　　　　B.Ⅰ、Ⅲ　　　　　　　C.Ⅱ、Ⅲ　　　　　　D.Ⅰ、Ⅱ、Ⅲ

11. 合伙型基金的参与主体主要为(　　)。

　　Ⅰ.普通合伙人　　　　Ⅱ.有限合伙人　　　　　　Ⅲ.基金管理人

　　A.Ⅰ、Ⅱ　　　　　　　B.Ⅰ、Ⅲ　　　　　　　C.Ⅱ、Ⅲ　　　　　　D.Ⅰ、Ⅱ、Ⅲ

12. 契约型基金的参与主体主要为(　　)。

　　Ⅰ.基金投资者　　　　Ⅱ.基金管理人　　　　　　Ⅲ.基金托管人

　　A.Ⅰ、Ⅱ　　　　　　　B.Ⅰ、Ⅲ　　　　　　　C.Ⅱ、Ⅲ　　　　　　D.Ⅰ、Ⅱ、Ⅲ

13. 基金托管人负责保管基金资产,执行(　　)的有关指令,办理基金名下的资金往来。

　　A.投资者　　　　　　B.管理人　　　　　　　C.托管人　　　　　　D.合伙人

14. 下列说法中,错误的是(　　)。

　　A.公司型基金的法律依据为《公司法》,基金按照公司章程来运营

　　B.合伙型基金的法律依据为《合伙企业法》,基金按照合伙协议来运营

　　C.契约型基金的法律依据为《信托法》和《证券投资基金法》,基金按照基金合同来运营

　　D.合伙型基金的有限合伙人可以参与投资决策

15. (　　)是指依据中国法律在中国境内设立的主要以人民币对中国境内非公开交易股权进行投资的股权投资基金。

　　A.人民币股权投资基金　　　　　　　　　B.内资股权投资基金

　　C.外资股权投资基金　　　　　　　　　　D.外币股权投资基金

16. 关于外资私募股权投资基金的基本运作方式的说法,错误的是(　　)。

　　A.外币股权投资基金通常采取"两头在外"的方式

　　B.外币股权投资基金经营实体注册在境外

　　C.外币股权投资基金在境外完成项目的投资退出

　　D.外币股权投资基金可以在国内以基金名义注册法人实体

17. 股权投资母基金的特点包括(　　)。

　　Ⅰ.分散风险　　　　Ⅱ.专业管理　　　　　Ⅲ.利润丰厚　　　　Ⅳ.投资机会

　　Ⅴ.投资集中　　　　Ⅵ.规模优势　　　　　Ⅶ.富有经验　　　　Ⅷ.资产规模

　　A.Ⅰ、Ⅱ、Ⅲ、Ⅳ、Ⅴ、Ⅵ　　　　　　　B.Ⅲ、Ⅳ、Ⅴ、Ⅵ、Ⅶ、Ⅷ

　　C.Ⅰ、Ⅱ、Ⅳ、Ⅵ、Ⅶ、Ⅷ　　　　　　　D.Ⅰ、Ⅱ、Ⅲ、Ⅴ、Ⅵ、Ⅷ

18. (　　)是由政府财政出资设立并按市场化方式运作的、在投资方向上具有一定导向性的政策性基金。

　　A.政府债券　　　　　B.政府股份基金　　　　　C.政府投资基金　　　D.政府引导基金

19. 政府引导基金对创业投资基金的支持方式包括(　　)。

　　Ⅰ.参股　　　　　　Ⅱ.融资担保　　　　　Ⅲ.跟进投资

　　A.Ⅰ、Ⅱ　　　　　　　B.Ⅰ、Ⅲ　　　　　　　C.Ⅱ、Ⅲ　　　　　　D.Ⅰ、Ⅱ、Ⅲ

第四章　股权投资基金的募集与设立

本章主要介绍了股权投资基金募集与设立的相关内容。首先介绍了股权投资基金的募集机构、募集对象、募集方式及流程、设立等,其次介绍了基金投资者与基金管理人的基础法律关系和公司型基金、合伙型基金、契约型基金合同,最后介绍了外商股权投资基金募集与设立中的一些问题。本章学习重点是募集机构的相关内容、合格投资者、募集人数限制、募集流程与要求和股权投资基金的基本税负。本章属于重点章节,学习起来稍有难度,建议考生在理解的基础上加强记忆。

考点概览

考试大纲	考点内容	学习要求
股权投资基金的募集机构	股权投资基金的募集行为	掌握
	募集机构	掌握
	募集机构的资质要求	掌握
	募集机构的责任与义务	理解
股权投资基金的募集对象	合格投资者的概念和范围	掌握
	当然合格投资者	理解
股权投资基金的募集方式及流程	股权投资基金募集人数限制	掌握
	投资者非法拆分	理解
	禁止性募集行为	理解
	募集流程及要求	掌握
股权投资基金的设立	股权投资基金组织形式的选择	理解
	股权投资基金的设立流程	理解
	股权投资基金的基本税负	掌握
基金投资者与基金管理人的权利义务关系	基金投资者与基金管理人的基础法律关系	理解
	公司型基金合同	理解
	合伙型基金合同	理解
	契约型基金合同	理解
外商投资股权投资基金募集与设立中的特殊问题	跨境股权投资的历史沿革	了解
	QFLP 工作内容	了解
	外商投资创业投资企业	理解

第一节 股权投资基金的募集机构

≫ **本节导读** ≪

本节主要介绍了股权投资基金的募集行为,股权投资基金募集机构的基本概念、资质要求和责任义务。本节内容比较重要,需要考生理解并掌握。

一、股权投资基金的募集行为

股权投资基金的募集是指股权投资基金管理人或者受其委托的募集服务机构向投资者募集资金用于设立股权投资基金的行为。

(一)募集行为的内容

具体而言,募集行为包括推介基金、发售基金份额、办理投资者认/申购(认缴)、份额登记、赎回(退出)等活动。

1. 推介基金

私募基金推介材料应由私募基金管理人制作并使用。私募基金管理人应当对私募基金推介材料内容的真实性、完整性、准确性负责。

除私募基金管理人委托募集的基金销售机构可以使用推介材料向特定对象宣传推介外,其他任何机构或个人不得使用、更改、变相使用私募基金推介材料。

2. 发售基金份额

基金募集申请经注册后,方可发售基金份额。

基金份额的发售,由基金管理人或者其委托的基金销售机构办理。

3. 办理投资者认/申购(认缴)

投资者在私募基金存续期开放日购买私募基金份额的,首次购买金额应不低于 100 万元人民币(不含认/申购费)且符合合格投资者标准,已持有私募基金份额的投资者在资产存续期开放日追加购买基金份额的除外。视为合格投资者的情形不适用此规定。

4. 份额登记

基金管理人可以委托基金服务机构代为办理基金的份额登记。基金份额登记机构以电子介质登记的数据,是基金份额持有人权利归属的根据。基金份额持有人以基金份额出质的,质权自基金份额登记机构办理出质登记时设立。

基金份额登记机构应当妥善保存登记数据,并将基金份额持有人名称、身份信息及基金份额明细等数据备份至国务院证券监督管理机构认定的机构。其保存期限自基金账户销户之日起不得少于 20 年。基金份额登记机构应当保证登记数据的真实、准确、完整,不得隐匿、伪造、篡改或者毁损。

5. 赎回(退出)

投资者持有的基金资产净值高于 100 万元时,可以选择部分赎回基金份额,投资者在赎回后持有的基金资产净值不得低于 100 万元,投资者申请赎回基金份额时,其持有的基金资产净值低于 100 万元的,必须选择一次性赎回全部基金份额,投资者没有一次性全部赎回持有份额的,管理人应当将该基金份额持有人所持份额做全部赎回处理。视为合格投资者的情形不适用此规定。

(二)募集行为的分类

基金的募集分为自行募集和委托募集。所谓自行募集,就是由发起人自行拟定资本募集说明材料、寻找投资人的基金募集方式。委托募集是指基金发起人委托第三方机构代为寻找投资人或借用第三方的融资通道来完成资金募集工作,并支付相应服务费或者"通道费"。

二、募集机构

募集机构是指私募基金管理人在中国证监会注册取得基金销售业务资格并已成为中国证券投资基金业协会会员的机构。

基金募集机构主要分为两种:直接募集机构和受托募集机构。直接募集机构是指基金管理人,受托募集机构是指基金销售机构。

1. 直接募集机构

基金管理人应当履行受托人义务,承担基金合同、公司章程或者合伙协议的受托责任。

2. 受托募集机构

私募基金管理人委托基金销售机构募集私募基金的,应当以书面形式签订基金销售协议,并将协议中关于私募基金管理人与基金销售机构的权利义务划分以及其他涉及投资者利益的部分作为基金合同的附件。基金销售机构负责向投资者说明相关内容。基金销售协议与作为基金合同附件的关于基金销售的内容不一致的,以基金合同附件为准。

【例题·单选题】基金募集机构主要分为(　　　　)。

A. 直接募集机构和间接募集机构 　　　B. 直接募集机构和受托募集机构

C. 自行募集机构和受托募集机构 　　　D. 自行募集机构和委托募集机构

【答案】B

【解析】基金募集机构主要分为两种:直接募集机构和受托募集机构。直接募集机构是指基金管理人,受托募集机构是指基金销售机构,故选项B表述正确。

三、募集机构的资质要求

我国股权投资基金管理机构开展基金募集行为,需要在中国证券投资基金业协会登记成为基金管理人。

如拟采用自行募集方式募集,基金管理人只可以募集其自己发起设立的基金,不可以销售其他基金管理人的产品,即不允许基金管理人的代销行为。

销售机构参与股权投资基金募集活动,需满足以下三个条件:

(1)在中国证监会注册取得基金销售业务资格。

(2)成为中国证券投资基金业协会会员。

(3)接受基金管理人委托(签署销售协议)。

目前,具有基金销售业务资格的主体包括商业银行、证券公司、期货公司、保险机构、证券投资咨询机构、独立基金销售机构等。

如拟采用委托募集方式募集,基金管理人应与销售机构以书面形式签署基金销售协议。

从事股权投资基金募集业务的人员,应当具有基金从业资格,需遵守法律、行政法规和中国证券投资基金业协会的自律规则,恪守职业道德和行为规范。

四、募集机构的责任与义务

《私募投资基金募集行为管理办法》规定了募集机构的责任及其禁止性行为,具体内容如表4-1所示。

表4-1　　　　　　　　　　　　　募集机构的责任及禁止性行为

项目	内容
募集机构的责任	①募集机构应当对投资者的商业秘密及个人信息严格保密。除法律法规和自律规则另有规定的,不得对外披露 ②募集机构应当妥善保存投资者适当性管理以及其他与私募基金募集业务相关的记录及其他相关资料,保存期限自基金清算终止之日起不得少于10年 ③募集机构或相关合同约定的责任主体应当开立私募基金募集结算资金专用账户,用于统一归集私募基金募集结算资金、向投资者分配收益、给付赎回款项以及分配基金清算后的剩余基金财产等,确保资金原路返还 ④募集机构应当与监督机构签署账户监督协议,明确对私募基金募集结算资金专用账户的控制权、责任划分及保障资金划转安全的条款。监督机构应当按照法律法规和账户监督协议的约定,对募集结算资金专用账户实施有效监督,承担保障私募基金募集结算资金划转安全的连带责任 ⑤取得基金销售业务资格的商业银行、证券公司等金融机构,可以在同一私募基金的募集过程中同时作为募集机构与监督机构。符合前述情形的机构应当建立完备的防火墙制度,防范利益冲突
募集机构的禁止性行为	①募集机构及其从业人员不得从事侵占基金财产和客户资金、利用私募基金相关的未公开信息进行交易等违法活动 ②任何机构和个人不得为规避合格投资者标准,募集以私募基金份额或其收益权为投资标的的金融产品,或者将私募基金份额或其收益权进行非法拆分转让,变相突破合格投资者标准。募集机构应当确保投资者已知悉私募基金转让的条件 ③涉及基金募集结算资金专用账户开立、使用的机构不得将基金募集结算资金归入其自有财产。禁止任何单位或者个人以任何形式挪用基金募集结算资金。基金管理人、基金销售机构、基金销售支付机构或者基金份额登记机构破产或者清算时,基金募集结算资金不属于其破产财产或者清算财产

《私募投资基金募集行为管理办法》还规定了募集机构的相关义务,如表4-2所示。

表4-2　　　　　　　　　　　　　募集机构的相关义务

项目	内容
审查义务	股权投资基金的募集机构需要就合格投资者身份尽到审查义务,判断投资者是否具备承担相应投资风险的能力,应以一定的资产价值和收入作为衡量标准,并且对投资者所能承担的风险能力进行测试
说明义务	募集机构应当恪尽职守、诚实信用、谨慎勤勉,防范利益冲突,履行说明义务

续表

项目	内容
反洗钱义务	募集机构应当履行反洗钱义务,并承担特定对象确定、投资者适当性审查、私募基金推介及合格投资者确认等相关责任
受托义务	基金管理人应当履行受托人义务,承担基金合同、公司章程或者合伙协议约定的受托责任。委托基金销售机构募集私募基金的,不得因委托募集免除私募基金管理人依法承担的责任

【例题·单选题】下列关于募集机构的责任与义务说法错误的是( )。

A.募集机构应当对投资者的商业秘密及个人信息严格保密

B.募集机构应当妥善保存与私募基金募集业务相关的记录及其他相关资料,保存期限自基金清算终止之日起不得少于 10 年

C.禁止任何单位或者个人以任何形式挪用基金募集结算资金

D.基金募集结算资金属于其破产财产或者清算财产

【答案】D

【解析】基金管理人、基金销售机构、基金销售支付机构或者基金份额登记机构破产或者清算时,基金募集结算资金不属于其破产财产或者清算财产,故选项 D 表述错误。

第二节　股权投资基金的募集对象

≫ 本节导读 ≪

本节要求考生掌握合格投资者的概念和范围并理解当然合格投资者的类型与认定标准。注意准确记忆对投资者的资产要求。

在第二章中,本书中有介绍"股权投资基金的投资者应当为具备相应风险识别能力和风险承担能力的合格投资者",即股权投资基金的募集对象要求为"合格投资者"。

一、合格投资者的概念和范围

合格投资者是指达到规定资产规模或者收入水平,并且具备相应的风险识别能力和风险承担能力、其基金份额认购金额不低于规定限额的单位和个人。

合格投资者应符合三个条件:

(1)具备相应风险识别能力和风险承担能力;

(2)投资于单只私募基金的金额不低于 100 万元;

(3)单位投资者净资产不低于 1000 万元,个人投资者金融资产不低于 300 万元或者最近 3 年个人年均收入不低于 50 万元。

其中,金融资产包括银行存款、股票、债券、基金份额、资产管理计划、银行理财产品、信托计划、保险产品、期货权益等。

【例题·单选题】下列关于合格投资者的说法错误的是( )。

A.股权投资基金的合格投资者应具备相应风险识别能力和风险承担能力

B. 投资于单只股权投资基金的金额不低于 100 万元

C. 对于单位投资者,要求其净资产不低于 1000 万元

D. 对个人投资者,要求其金融资产不低于 300 万元或者最近 3 年个人年均收入不低于 100 万元

【答案】D

【解析】对个人投资者,要求其金融资产不低于 300 万元或者最近 3 年个人年均收入不低于 50 万元,故选项 D 表述错误。

二、当然合格投资者

以下投资者视为当然合格投资者:

(1)社会保障基金、企业年金等养老基金和慈善基金等社会公益基金。

(2)依法设立并在中国证券投资基金业协会备案的投资计划。

(3)投资于所管理基金的基金管理人及其从业人员。

(4)中国证监会和中国证券投资基金业协会规定的其他投资者。

以合伙企业、契约等非法人形式,通过汇集多数投资者的资金直接或者间接投资于私募基金的,私募基金管理人或者私募基金销售机构应当穿透核查最终投资者是否为合格投资者,并合并计算投资者人数。但是符合前述第(1)、(2)、(4)项内容规定的投资者投资于股权投资基金时,不再穿透核查最终投资者是否为合格投资者和合并计算投资者人数。

第三节 股权投资基金的募集方式及流程

≫ **本节导读** ≪

本节主要介绍了股权投资基金的募集方式及流程,学习重点是股权投资基金募集人数限制、募集流程与要求。此外,考生需理解投资者非法拆分和禁止性募集行为。注意准确记忆不同类型基金的投资者人数限制。

一、股权投资基金募集人数限制

基金应当向合格投资者募集,单只基金的投资者人数累计不得超过《证券投资基金法》《公司法》《合伙企业法》等法律规定的特定数量。

目前,我国股权投资基金投资者人数限制如下:

(1)公司型基金:有限公司不超过 50 人、股份公司不超过 200 人。

(2)合伙型基金:不超过 50 人。

(3)契约型基金:不超过 200 人。

以合伙企业、契约等非法人形式,通过汇集多数投资者的资金直接或者间接投资于基金的,基金管理人或者基金销售机构应当穿透核查最终投资者是否为合格投资者,并合并计算投资者人数。投资者转让基金份额的,受让人应当为合格投资者,且基金份额受让后投资者人数应当仍然符合相关法律规定的特定数量。

如果基金在募集中超过了上述的募集人数标准,无论募集机构与投资者沟通方式是否满

足"特定化"标准,都将构成公开发行。

【例题·单选题】根据《证券投资基金法》的规定,契约型基金投资者人数不得超过( )人。

A. 50 B. 100 C. 150 D. 200

【答案】D

【解析】根据《证券投资基金法》的规定,契约型基金投资者人数不得超过200人。

二、投资者非法拆分

基金拆分主要包括份额拆分和收益权拆分。两种拆分都会突破合格投资者的标准,因此被严格禁止。

1.份额拆分

私募基金份额拆分转让实质上是一种定向委托投资模式,尚不足以完全满足非法吸收公众存款的界定条件,但是向投资人承诺特定期限的收益兑付,以及承诺特定期限的投资回报率,则该种承诺将带有"还本付息"的特征,则符合非法集资的特征,因此是被严格禁止的。

2.收益权拆分

收益权拆分本质上是由法律技术创设的合同之债,由基金份额持有人与投资人之间签署收益权转让协议。一般情况下,收益权被认为是一种将来债权,是通过合同约定,使得受托人享有向融资方请求与其从公司取得的股权收益及转让股权获得的收益等额资金的权利。《私募投资基金监督管理暂行办法》中明确禁止这一行为,却未明确界定收益权。

根据规定,任何机构和个人不得为规避合格投资者标准,募集以基金份额或其收益权为投资标的的金融产品,或者将基金份额或其收益权进行非法拆分转让,变相突破合格投资者及其人数标准。募集机构应当确保投资者已知悉基金转让的条件。

投资者应当以书面方式承诺其为自己购买基金,任何机构和个人不得以非法拆分转让为目的购买基金。

三、禁止性募集行为

募集机构及其从业人员不得从事侵占基金财产和客户资金、利用基金相关的未公开信息进行交易等违法活动。

基金管理人如果委托未取得基金销售业务资格的机构募集基金的,中国证券投资基金业协会将不予办理基金备案业务。

募集机构及其从业人员推介私募基金时,禁止有以下行为:

(1)公开推介或者变相公开推介;

(2)推介材料虚假记载、误导性陈述或者重大遗漏;

(3)以任何方式承诺投资者资金不受损失,或者以任何方式承诺投资者最低收益,包括宣传"预期收益""预计收益""预测投资业绩"等相关内容;

(4)夸大或者片面推介基金,违规使用"安全""保证""承诺""保险""避险""有保障""高收益""无风险"等可能误导投资人进行风险判断的措辞;

(5)使用"欲购从速""申购良机"等片面强调集中营销时间限制的措辞;

(6)推介或片面节选少于6个月的过往整体业绩或过往基金产品业绩;

(7)登载个人、法人或者其他组织的祝贺性、恭维性或推荐性的文字;

(8)采用不具有可比性、公平性、准确性、权威性的数据来源和方法进行行业业绩比较,任意使用"业绩最佳""规模最大"等相关措辞；

(9)恶意贬低同行；

(10)允许非本机构雇佣的人员进行私募基金推介；

(11)推介非本机构设立或负责募集的私募基金；

(12)法律、行政法规、中国证监会和中国基金业协会禁止的其他行为。

四、募集流程及要求

股权投资基金的募集流程包括以下步骤：特定对象的确定、投资者适当性匹配、基金风险揭示、合格投资者确认、投资冷静期、回访确认。

(一)特定对象的确定

(1)募集机构应当向特定对象宣传推介基金。未经特定对象确定程序，不得向任何人宣传推介私募基金。

(2)在向投资者推介基金之前，募集机构应当采取问卷调查等方式履行特定对象确定程序，对投资者风险识别能力和风险承担能力进行评估。投资者应当以书面形式承诺其符合合格投资者标准。

募集机构应建立科学有效的投资者问卷调查评估方法，确保问卷结果与投资者的风险识别能力和风险承担能力相匹配。募集机构应当在投资者自愿的前提下获取投资者问卷调查信息。问卷调查主要内容应包括但不限于以下方面，具体内容如表4-3所示。

表4-3　　　　　　　　　　　　问卷调查主要内容

项目	内容
投资者基本信息	其中，个人投资者基本信息包括身份信息、年龄、学历、职业、联系方式等信息；机构投资者基本信息包括工商登记中的必备信息、联系方式等信息
财务状况	其中，个人投资者财务状况包括金融资产状况、最近3年个人年均收入、收入中可用于金融投资的比例等信息；机构投资者财务状况包括净资产状况等信息
投资知识	包括金融法律法规、投资市场和产品情况、对私募基金风险的了解程度、参加专业培训情况等信息
投资经验	包括投资期限、实际投资产品类型、投资金融产品的数量、参与投资的金融市场情况等
风险偏好	包括投资目的、风险厌恶程度、计划投资期限、投资出现波动时的焦虑状态等

(3)募集机构通过互联网媒介在线向投资者推介私募基金之前，应当设置在线特定对象确定程序，投资者应承诺其符合合格投资者标准。前述在线特定对象确定程序包括但不限于：

①投资者如实填报真实身份信息及联系方式；

②募集机构应通过验证码等有效方式核实用户的注册信息；

③投资者阅读并同意募集机构的网络服务协议；

④投资者阅读并主动确认其自身符合《私募投资基金监督管理暂行办法》第三章关于合格投资者的规定；

⑤投资者在线填报风险识别能力和风险承担能力的问卷调查；

⑥募集机构根据问卷调查及其评估方法在线确认投资者的风险识别能力和风险承担能力。

(二)投资者适当性匹配

1. 投资者适当性

投资者适当性是指金融机构所提供的产品和服务与投资者的财务状况、投资目标、风险承受能力、投资需求及知识和经验等的匹配程度。

投资者适当性的目标，简而言之，就是让金融机构了解你的客户，以便将适当的产品卖给适当的投资者。

2. 投资者适当性匹配

委托第三方机构对私募基金进行风险评级，建立科学有效的私募基金风险评级标准和方法。募集机构应当根据私募基金的风险类型和评级结果，向投资者推介与其风险识别能力和风险承担能力相匹配的私募基金。

(三)基金风险揭示

在投资者签署基金合同之前，募集机构应当向投资者说明有关法律法规，重点揭示私募基金风险，并与投资者签署风险揭示书。

风险揭示书的内容包括但不限于：

(1)私募基金的特殊风险，包括基金合同与中国证券投资基金业协会合同指引不一致所涉风险、基金未托管所涉风险、基金委托募集所涉风险、外包事项所涉风险、聘请投资顾问所涉风险、未在中国证券投资基金业协会登记备案的风险等；

(2)私募基金的一般风险，包括资金损失风险、基金运营风险、流动性风险、募集失败风险、投资标的风险、税收风险等；

(3)投资者对基金合同中投资者权益相关重要条款的逐项确认，包括当事人权利义务、费用及税收、纠纷解决方式等。

(四)合格投资者确认

在完成私募基金风险揭示后，募集机构应当要求投资者提供必要的资产证明文件或收入证明。募集机构应当合理审慎地审查投资者是否符合私募基金合格投资者标准，依法履行反洗钱义务，并确保单只私募基金的投资者人数累计不得超过法律规定的特定数量。

(五)投资冷静期

各方应当在完成合格投资者确认程序后签署私募基金合同。基金合同应当约定给投资者设置不少于 24 小时的投资冷静期，募集机构在投资冷静期内不得主动联系投资者。

(1)私募证券投资基金合同应当约定，投资冷静期自基金合同签署完毕且投资者交纳认购基金的款项后起算。

(2)股权投资基金、创业投资基金等其他私募基金合同关于投资冷静期的约定可以参照前款对私募证券投资基金的相关要求，也可以自行约定。

(六)回访确认

募集机构应当在投资冷静期满后，指令本机构从事基金销售推介业务以外的人员以录音电话、电邮、信函等适当方式进行投资回访。回访过程不得出现诱导性陈述。募集机构在投资

冷静期内进行的回访确认无效。回访应当包括但不限于以下内容:

(1)确认受访人是否为投资者本人或机构;

(2)确认投资者是否为自己购买了该基金产品以及投资者是否按照要求亲笔签名或盖章;

(3)确认投资者是否已经阅读并理解基金合同和风险揭示的内容;

(4)确认投资者的风险识别能力及风险承担能力是否与所投资的私募基金产品相匹配;

(5)确认投资者是否知悉投资者承担的主要费用及费率,投资者的重要权利、私募基金信息披露的内容、方式及频率;

(6)确认投资者是否知悉未来可能承担投资损失;

(7)确认投资者是否知悉投资冷静期的起算时间、期间以及享有的权利;

(8)确认投资者是否知悉纠纷解决安排。

基金合同应当约定,投资者在募集机构回访确认成功前有权解除基金合同。出现前述情形时,募集机构应当按合同约定及时退还投资者的全部认购款项。

未经回访确认成功,投资者交纳的认购基金款项不得由募集账户划转到基金财产账户或托管资金账户,基金管理人不得投资运作投资者交纳的认购基金款项。

【例题·单选题】基金合同应当约定给投资者设置不少于(　　　)小时的投资冷静期,募集机构在投资冷静期内不得主动联系投资者。

A.12　　　　　　　　B.24　　　　　　　　C.48　　　　　　　　D.72

【答案】B

【解析】基金合同应当约定给投资者设置不少于 24 小时的投资冷静期,募集机构在投资冷静期内不得主动联系投资者。

第四节　股权投资基金的设立

≫ 本节导读 ≪

本节需要考生理解股权投资基金组织形式的选择、设立流程,重点掌握公司型基金、合伙型基金及契约型基金基本税负的区别。

一、股权投资基金组织形式的选择

股权投资基金成为运作股权投资业务的主体,需要具备一定的组织形式。我国现行的股权投资基金组织形式主要为公司型、合伙型及契约型,影响组织形式选择的因素众多,主要包括法律依据、监管要求、与股权投资业务的适应度及基金运营实务的要求以及税负等。

(一)法律依据

在《合伙企业法》修订案和契约型基金相关法律法规生效前,早期的股权投资基金主要依据《公司法》设立公司型股权投资基金。

近年来,随着法律体系的不断完善,我国股权投资基金的组织形式逐步丰富。修订后的《合伙企业法》自 2007 年 6 月 1 日起施行,增加了"有限合伙"这种新的合伙企业形式。有限合伙是由普通合伙发展而来的一种合伙形式,通过相应制度创新,能够较好地适应股权投资基金运作。

广义契约型股权投资基金在我国涵盖信托计划、资产管理计划、契约型基金等多种形式。随着相关法律法规和行业指引的完善,信托制度与股权投资业务的结合度逐步提高,使契约型股权投资基金也在一定程度上有所发展。

(1)2001年正式施行的《信托法》和2007年中国银行业监督管理委员会(以下简称中国银监会)公布实施的《信托公司集合资金信托计划管理办法》明确了信托公司运作股权投资业务可以通过信托计划的形式,即信托计划项下资金可以投资于未上市企业股权、上市公司限售流通股或中国银监会批准可以投资的其他股权。

(2)2012～2013年中国证监会公布实施了一系列部门规章和规范性文件,对证券公司、基金管理公司的资产管理业务进行规范,从而将契约型股权投资基金的形式扩充到了资产管理计划中。

(二)监管要求

在我国,股权投资基金监管虽然经历了从国家发展改革委监管到中国证监会监管的演进过程,但是,无论是国家发展改革委监管时期的监管规则,还是现行中国证监会的监管法规,均依法由基金管理人自主选择基金及基金管理公司的组织形式。

(三)与股权投资业务的适应度

股权投资基金的运作模式、利益分配方式及基金生命周期中的现金流模式拥有鲜明特点,因此,组织形式的选择需要与基金的实际运作需求紧密相关,组织形式不同会产生不同的参与主体、主体间权利义务关系的安排、内部组织机构的设置,也会对基金运营实务(包括税收计缴、权益登记等)产生不同的要求。

1. 资金募集与出资安排

股权投资基金的资金来源主要为各类机构投资者和高净值个人客户,基金投向则以未上市企业的股权和已上市企业的非公开交易股权为主,基金的资金规模通常较大、投资周期相对较长,因此股权投资基金通常采用承诺资本制。公司型基金和契约型基金的资金募集与出资安排如表4-4所示。

表4-4　　　　　　　　　　　不同类型基金的资金募集与出资安排

项目	内容
公司型基金	对于公司型基金,现行的《公司法》对公司的注册资本限额、缴付安排及出资方式等方面不再由法律作强制性规定(除非法律、行政法规、国务院有另外规定),全部由公司章程进行规定,因此可根据基金情况进行适应性约定
合伙型基金	合伙型基金根据《合伙企业法》可以由合伙协议对出资方式、数额和缴付期限进行约定
契约型基金	契约型基金是通过契约的方式建立基金投资者基金出资、取得收益分配的规则,现行的法律法规未对契约型基金的出资安排有强制性规定,现行实务中多根据基金管理人募集资金的便利性和项目投资的安排等在基金合同中进行适应性约定

此外,股权投资基金从资金募集角度进行组织形式选择时,需要符合各组织形式法律法规要求的人数限制。

2.内部组织机构的设置与投资决策

股权投资基金的核心业务是投资实施与管理退出,与之密切相关的是各参与主体间的权利义务关系安排,特别是投资决策权的设置机制。公司型基金、合伙型基金和契约型基金内部组织机构的设置与投资决策如表4-5所示。

表4-5 不同类型基金内部组织机构的设置与投资决策

项目	内容
公司型基金	①公司型基金中,投资者出资成为公司股东,公司需依法设立董事会(执行董事)、股东大会(股东会)以及监事会(监事),通过公司章程对公司内部组织结构设立、监管权限、利益分配划分作出规定 ②公司型基金的最高权力机构是股东大会(股东会),在公司型基金中投资者权力较大,可以通过参与董事会直接参与基金的运营决策,或者在股东大会(股东会)层面对交由其决策的重大事项或重大投资进行决策 ③由公司内部的基金管理运营团队进行投资管理时,通常是在董事会之下设投资决策委员会,其成员一般由董事会委派;聘请外部管理机构进行投资运营管理时,董事会决定外部管理机构的选择并监督投资的合法、合规、风险控制和收益实现 ④在新的全球性"董事与经理分权"框架下,具体的项目投资决策等经营层面的决策也可通过公司章程约定,由经理或者第三方管理机构行使,只有涉及保护投资者权益的重大决策才必须由董事会之类的机构作出
合伙型基金	①基金的投资者以有限合伙人的身份存在,汇集股权投资所需的大部分资金,以其认缴的出资额为限对合伙企业债务承担责任,对外不可以代表合伙企业,仅在法律和监管约定的适当范围内参与的合伙企业事务可不被视为执行合伙事务 ②普通合伙人对合伙企业的债务承担无限连带责任,合伙企业投资与资产处置的最终决策权应由普通合伙人作出 ③合伙人会议是指由全体合伙人组成的、合伙企业合伙人的议事程序。在实务中,合伙协议中会对合伙人会议的召开条件、程序、职能或权力以及表决方式进行明确,合伙人会议并不对合伙企业的投资业务进行决策和管理
契约型基金	①基金合同当事人遵循平等自愿、诚实信用、公平原则订立基金合同,以契约方式订明当事人的权利和义务 ②在契约框架下,投资者通常作为"委托人",把财产"委托"给基金管理人管理后,由基金管理人全权负责经营和运作,通常不设置类似合伙型基金常见的投资咨询委员会或顾问委员会,即使有设置,投资者也往往不参与其人员构成,契约型基金的决策权归属基金管理人

【例题·单选题】下列关于合伙型基金内部组织机构的设置与投资决策说法,不正确的是( )。

A.基金的投资者以有限合伙人的身份存在

B.基金的投资者对外可以代表合伙企业

C.普通合伙人对合伙企业的债务承担无限连带责任

D.合伙企业投资与资产处置的最终决策权应由普通合伙人作出

【答案】B

【解析】基金的投资者以有限合伙人的身份存在,汇集股权投资所需的大部分资金,以其认缴的出资额为限对合伙企业债务承担责任,对外不可以代表合伙企业,仅在法律和监管约定的适当范围内参与的合伙企业事务可不被视为执行合伙事务。

3.收益分配安排

通常情况下,股权投资基金在较长的投资期限内实施项目投资,并对投资标的进行差异化的管理退出安排,因而股权投资基金如何进行收益分配是投资者和基金管理人需要约定的关键内容,其中包括分配的原则、时间和顺序等。公司型基金、合伙型基金和契约型基金的收益分配安排如表4-6所示。

表4-6 不同类型基金的收益分配安排

项目	内容
公司型基金	①公司型基金分配时为"先税后分",即按年度缴纳公司所得税之后,按照公司章程中关于利润分配的条款进行分配,收益分配的时间安排灵活性相对较低 ②公司型基金的税后利润分配,如严格按照《公司法》,需在亏损弥补(如适用)和提取公积金(如适用)之后,分配顺序的灵活性也相较低
合伙型基金	合伙型基金的分配为"先分后税",即合伙企业的"生产经营所得和其他所得"由合伙人按照国家有关税收规定分别缴纳所得税,在基金层面不缴纳所得税。在实务中,合伙型基金的收益分配原则、时点和顺序可在更大自由度内进行适应性安排
契约型基金	契约型基金的契约属性、收益分配安排均可通过契约约定,但在实务中相关约定同样需参照现行行业监管和业务指引的要求

4.基金运营实务的要求

在基金的运营实务中,三种组织形式因各自的法律主体地位不同,而产生了一系列差异,包括基本税负区别、权益登记流程区别等。

【例题·单选题】影响股权投资基金组织形式选择的因素主要包括( )。

Ⅰ.法律依据

Ⅱ.监管要求

Ⅲ.与股权投资业务的适应度

Ⅳ.基金运营实务的要求

Ⅴ.税负

A.Ⅰ、Ⅱ、Ⅲ B.Ⅰ、Ⅱ、Ⅲ、Ⅳ

C.Ⅰ、Ⅱ、Ⅳ、Ⅴ D.Ⅰ、Ⅱ、Ⅲ、Ⅳ、Ⅴ

【答案】D

【解析】影响股权投资基金组织形式选择的因素主要包括:法律依据、监管要求、与股权投资业务的适应度及基金运营实务的要求,以及税负等。

二、股权投资基金的设立流程

(一)公司型基金的设立与备案

1.设立条件

有限责任公司和股份有限公司的设立条件如表4-7所示。

表4-7　　　　　　　　　　　　　公司设立条件

公司类型	设立条件
有限责任公司	根据《公司法》的相关规定,设立有限责任公司,应当具备下列条件: ①股东符合法定人数 ②有符合公司章程规定的全体股东认缴的出资额 ③股东共同制定公司章程 ④有公司名称,建立符合有限责任公司要求的组织机构 ⑤有公司住所
股份有限公司	根据《公司法》的相关规定,设立股份有限公司,应当具备下列条件: ①发起人符合法定人数 ②有符合公司章程规定的全体发起人认购的股本总额或者募集的实收股本总额 ③股份发行、筹办事项符合法律规定;发起人制定公司章程,采用募集方式设立的经创立大会通过 ④有公司名称,建立符合股份有限公司要求的组织机构 ⑤有公司住所

2.设立步骤与备案

公司型基金的设立步骤与备案具体内容如表4-8所示。

表4-8　　　　　　　　　　　公司型基金的设立步骤与备案

项目	内容
名称预先核准	根据相关法律法规对企业名称的特别规定为企业准备名称,并根据所在地工商登记机构的流程要求进行名称预先核准
申请设立登记	①在名称核准通过后,需要依据《公司法》《公司登记管理条例》以及各地工商登记机构的要求提交一系列申请材料,进行设立登记事宜 ②有限责任公司型基金由全体股东指定的代表或者共同委托的代理人向公司登记机关申请设立登记,股份公司型基金则是由董事会向公司登记管理机关申请设立登记
领取营业执照	申请人提交的申请材料齐全,符合法定形式,登记机构能够当场登记的,应予当场登记,颁发营业执照。公司营业执照签发日期为公司成立日期。领取营业执照后,还应该刻制企业印章,申请纳税登记,开立银行基本账户等
基金备案	按照现行自律规则的要求,基金管理人应当在基金募集完毕后限定时间内通过中国证券投资基金业协会的产品备案系统进行备案,根据要求如实填报相关基本信息

(二)合伙型基金的设立与备案

1.设立条件

根据《合伙企业法》的相关规定,设立有限合伙企业,应当具备下列条件:

(1)有限合伙企业由2个以上50个以下合伙人设立,但是法律法规另有规定的除外,有限合伙企业至少应当有一个普通合伙人;

(2)有书面合伙协议;

(3)有限合伙企业名称中应当标明"有限合伙"字样;

(4)有限合伙人认缴或者实际缴付的出资;有限合伙人可以用货币、实物、知识产权、土地使用权或者其他财产权利作价出资(但有限合伙人不得以劳务出资,在股权投资基金领域,普通合伙人也通常只宜以货币形式出资);

(5)有生产经营场所;

(6)法律法规规定的其他条件。

2.设立步骤与备案

公司型基金与合伙型基金均由工商登记机构进行登记管理,因而设立步骤相同,分别为名称预先核准、申请设立登记、领取营业执照和基金备案。

【例题·单选题】关于公司型基金与合伙型基金的设立步骤,顺序正确的是(　　)。

　　A.申请设立登记——名称预先核准——领取营业执照——基金备案

　　B.名称确定——申请登记——领取执照——基金备案

　　C.名称申请登记——核准相关资料——领取营业执照——基金备案

　　D.名称预先核准——申请设立登记——领取营业执照——基金备案

【答案】D

【解析】公司型基金与合伙型基金均由工商登记机构进行登记管理,因而设立步骤相同,分别为:名称预先核准、申请设立登记、领取营业执照、基金备案。

(三)契约型基金的设立与备案

根据相关法律法规的规定,契约型基金的设立不涉及工商登记的程序,通过订立基金合同明确投资人、管理人及托管人在私募基金管理业务过程中的权力、义务及职责,确保委托财产的安全,保护当事人各方的合法权益。

契约型基金成立的有关事项,包括但不限于:①订明私募基金合同签署的方式;②私募基金成立的条件;③私募基金募集失败的处理方式。

基金备案要求与其他组织形式基金一致,应由管理人在基金成立日起限定日期内到中国证券投资基金业协会办理相关备案手续,基金在中国证券投资基金业协会完成备案后方可进行投资运作。

三、股权投资基金的基本税负

基金财产投资的相关税收,由基金份额持有人承担,基金管理人或者其他扣缴义务人按照国家有关税收征收的规定代扣代缴。

(一)公司型基金的税负分析

公司型基金的税负分析具体内容如表4-9所示。

表4-9　　　　　　　　　　　　　　　公司型基金的税负分析

项目	内容
流转税——增值税	(1)概念 流转税是对生产、销售商品或提供劳务过程中实现的增值额或对规定的盈利事业和经营行为以及规定的消费品或消费行为征收的税收,主要税种有增值税、消费税,统称为流转税

项目	内容
流转税——增值税	(2)征税情况 ①在股权投资业务中,项目股息、分红收入属于股息红利所得,不属于增值税征税范围 ②项目退出收入如果是通过并购或回购等非上市股权转让方式退出的,也不属于增值税征税范围 ③若项目上市后通过二级市场退出,则需按税务机关的要求,计缴增值税
所得税	①公司型基金从符合条件的境内被投企业取得的股息红利所得,无须缴纳企业所得税 ②股权转让所得,按照基金企业的所得税税率,缴纳企业所得税 ③公司型基金的投资者作为公司股东从公司型基金获得的分配是公司税后利润的分配,因此对于公司型投资者来说: •以股息红利形式获得分配时,根据现行税法的相关规定,不需再缴纳所得税,故不存在双重征税 •自然人投资者需就分配缴纳股息红利所得税并由基金代扣代缴,因而需承担双重征税(公司所得税与个人所得税)

【例题·单选题】在基金层面,根据税法的相关规定,公司型基金需要缴纳企业所得税的情况是(　　)。

　Ⅰ.股权转让所得

　Ⅱ.自然人投资者需就分配缴纳股息红利所得税并由基金代扣代缴

　Ⅲ.公司型基金从符合条件的境内被投企业取得的股息红利所得

　Ⅳ.以股息红利形式获得分配

A. Ⅰ、Ⅱ　　　　　　　B. Ⅱ、Ⅲ　　　　　　　C. Ⅰ、Ⅱ、Ⅲ　　　　　　　D. Ⅰ、Ⅱ、Ⅲ、Ⅳ

【答案】A

【解析】①公司型基金从符合条件的境内被投资企业取得的股息红利所得,无须缴纳企业所得税;②股权转让所得,按照基金企业的所得税税率,缴纳企业所得税;③以股息红利形式获得分配时,根据现行税法的相关规定,不需再缴纳所得税,故不存在双重征税;④自然人投资者需就分配缴纳股息红利所得税并由基金代扣代缴,因而需承担双重征税(公司所得税与个人所得税)。

(二)合伙型基金的税负分析

合伙型基金的流转税和所得税相关内容如表4-10所示。

表4-10　　　　　　　　　　　　合伙型基金的税负分析

项目	内容
流转税——增值税	①合伙企业层面的项目股息、分红收入属于股息红利所得,不属于增值税征税范围 ②项目退出收入如果是通过并购或回购等非上市股权转让方式退出的,也不属于增值税征税范围 ③若项目上市后通过二级市场退出,则需按税务监管机关的要求计缴增值税 ④普通合伙人或基金管理人作为收取管理费及业绩报酬的主体时,需按照适用税率计缴增值税和相关附加税费

项目	内容
所得税	①合伙企业生产经营所得和其他所得采取"先分后税"的原则 ②合伙企业合伙人是自然人的,缴纳个人所得税;合伙人是法人和其他组织的,缴纳企业所得税

合伙型基金的投资者作为有限合伙人,收入主要为两类:股息红利和股权转让所得。根据现行相关规定:

(1)如果有限合伙人为自然人,两类收入均按照投资者个人的"生产、经营所得",适用5%～35%的超额累进税率,计缴个人所得税;

(2)如果有限合伙人为公司,两类收入均作为企业所得税应税收入,计缴企业所得税。在实务中,有限合伙型基金通常根据税法的相关规定,由基金代扣代缴自然人投资者的个人所得税。

合伙型基金的普通合伙人通常情况下为公司法人,如果普通合伙人同时担任基金管理人,其收入大致包括两类:按投资额分得股息红利和股权转让所得、基金的管理费和业绩报酬,按照现行税务机关的规定,均应作为企业所得税应税收入,计缴企业所得税。如果普通合伙人本身为有限合伙企业,则同样按照"先分后税"的原则,在合伙制普通合伙人层面不缴纳企业所得税,需再往下一层由每一位合伙人作为纳税义务人。

【例题·单选题】合伙型基金的普通合伙人通常情况下为公司法人,如果普通合伙人同时担任基金管理人,其收入大致包括( )。

Ⅰ.按投资额分得股息红利 　　　　　　　Ⅱ.股权转让所得

Ⅲ.基金的管理费和业绩报酬 　　　　　　Ⅳ.基金的托管费用

A.Ⅰ、Ⅱ　　　　　　B.Ⅱ、Ⅲ　　　　　　C.Ⅰ、Ⅱ、Ⅲ　　　　　　D.Ⅰ、Ⅱ、Ⅲ、Ⅳ

【答案】C

【解析】合伙型基金的普通合伙人通常情况下为公司法人,如果普通合伙人同时担任基金管理人,其收入大致包括两类:按投资额分得股息红利和股权转让所得、基金的管理费和业绩报酬,按照现行税务机关的规定,均应作为企业所得税应税收入,计缴企业所得税。故选项C表述正确。

(三)契约型基金的税负分析

《证券投资基金法》第八条规定,"基金财产投资的相关税收,由基金份额持有人承担,基金管理人或者其他扣缴义务人按照国家有关税收征收的规定代扣代缴",但进行股权投资业务的契约型股权投资基金的税收政策有待进一步明确。《信托法》及相关部门规章中并没有涉及信托产品的税收处理问题,税务机构目前也尚未出台关于信托税收的统一规定。

实务中,信托计划、资管计划以及契约型基金通常均不作为课税主体,也无代扣代缴个税的法定义务,由投资者自行缴纳相应税收。由于相关税收政策可能最终明确,并与现行的实际操作产生影响,中国证券投资基金业协会要求私募基金管理人需通过私募投资基金风险揭示书等,对契约型基金的税收风险进行提示。

第五节　基金投资者与基金管理人的权利义务关系

≫ 本节导读 ≪

本节主要从基金投资者与基金管理人的基础法律关系、公司型基金合同、合伙型基金合同和契约型基金合同阐述了基金投资者与基金管理人的权利义务关系。在学习三种基金合同时,建议考生通过对比进行理解。

一、基金投资者与基金管理人的基础法律关系

(一)公司型基金投资者和基金管理人的基础法律关系

公司型基金的基金份额的持有方式是成为公司的股东,即投资人通过认缴出资或认购股份成为公司股东,从而依法享有相应的股东权利,同时承担在《公司法》中的各条款中约定的董事、股东、高级管理人员可能的民事、行政和刑事法律责任。根据《公司法》的规定,"公司以其全部财产对公司的债务承担责任。有限责任公司的股东以其认缴的出资额为限对公司承担责任;股份有限公司的股东以其认购的股份为限对公司承担责任"。公司型基金的组织形式更多体现资合的属性,股权转让通常不对基金带来直接的影响,股权转让需符合《公司法》相关条款的规定,但限制相对较少。

作为股东的基金份额持有人对基金的投资与运营管理参与方式,主要是通过可能参与董事会对基金的投资活动产生影响。《公司法》第二十一条规定,"公司的控股股东、实际控制人、董事、监事、高级管理人员不得利用其关联关系损害公司利益。违反前款规定,给公司造成损失的,应当承担赔偿责任。"由于公司型基金能够建立有效的法人治理机制,加之基金管理人员的变动通常不会导致基金的解体,因而基金的稳定性较强。

【例题·单选题】公司型基金的基金份额的持有方式是成为公司的(　　　)。

A. 股东　　　　　B. 董事　　　　　C. 高级管理人员　　　　D. 工作人员

【答案】A

【解析】公司型基金的基金份额的持有方式是成为公司的股东,即投资人通过认缴出资或认购股份成为公司股东,从而依法享有相应的股东权利。

(二)合伙型基金投资者和基金管理人的基础法律关系

一般而言,在有限合伙框架下,合伙型基金参与主体之间的权利义务关系较符合股权投资业务"人合+资合"的特征:

(1)普通合伙人对基金可能的债务承担无限连带责任;

(2)投资人作为有限合伙人,仅以出资构成基金投资的资金规模,对外不可以代表合伙企业,以其认缴的出资额为限对合伙企业债务承担责任。

虽然大部分采用有限合伙企业形式的股权投资基金会在合伙协议里对合伙企业的经营范围进行约定,但基金仍然可能因为违约责任或其他债务责任导致普通合伙人被清算,在实务中普通合伙人通常仅以一定比例的出资参与合伙企业并执行合伙事务,而将投资项目管理和行政事务委托给管理机构,并通过一系列协议的约定,向管理机构支付管理费和分配业绩报酬。需要强调的是,合伙企业投资管理和行政事务的委托并不因此免除普通合伙人对本合伙企业的责任和义务,本合伙企业投资资产处置的最终决策应由普通合伙人作出。

【例题·单选题】在有限合伙框架下,下列说法有误的是( )。

    A.普通合伙人对基金可能的债务承担有限的责任

    B.投资人作为有限合伙人,对外不可以代表合伙企业

    C.投资人作为有限合伙人以其认缴的出资额为限对合伙企业债务承担责任

    D.合伙型基金参与主体之间的权利义务关系较符合股权投资业务"人合＋资合"的特征

【答案】A

【解析】普通合伙人对基金可能的债务承担无限连带责任,故选项A表述错误。

【例题·单选题】普通合伙人对合伙型基金可能的债务承担( )连带责任;而投资人作为有限合伙人,以其( )为限对合伙企业债务承担责任。

    A.有限;认缴的出资额   B.有限;自身资产

    C.无限;认缴的出资额   D.无限;自身资产

【答案】C

【解析】普通合伙人对合伙型基金可能的债务承担无限连带责任;而投资人作为有限合伙人,以其认缴的出资额为限对合伙企业债务承担责任。

    (三)契约型基金投资者和基金管理人的基础法律关系

    (1)在信托契约形式下,信托公司可以直接作为基金的投资管理人,也可以与基金管理人合作作为融资渠道,扮演资金募集人的角色,由投资顾问进行基金的投资管理。

    (2)在资产管理计划或契约型基金形式下,基金管理人是基金的直接参与主体。因此,在广义的契约型基金形式下,投资者与管理人之间是一种委托或者信托法律关系。

【例题·单选题】在广义的契约型基金形式下,投资者与管理人之间是一种( )法律关系。

    Ⅰ.信托   Ⅱ.代表   Ⅲ.委托   Ⅳ.代理

    A.Ⅰ、Ⅱ   B.Ⅰ、Ⅲ   C.Ⅰ、Ⅳ   D.Ⅱ、Ⅲ

【答案】B

【解析】在广义的契约型基金形式下,投资者与管理人之间是一种委托或者信托法律关系。

二、公司型基金合同

    公司型基金合同的法律形式为公司章程,需要同时符合包括《公司法》等法律法规要求的要件,适应股权投资业务,并符合行业合规和自律要求,主要包括三个方面的内容,如表4-11所示。

表4-11   **公司型基金合同的主要内容**

项目	内容
组织形式相关	①基本情况,包括但不限于公司的名称、住所、注册资本、存续期限、经营范围、股东姓名/名称、住所、法定代表人等,同时可以对变更该等信息的条件作出说明 ②股东出资,章程应列明股东的出资方式、数额、比例和缴付期限 ③股东的权利义务及股东行使知情权的具体方式 ④入股、退股及转让的条件及程序 ⑤股东(大)会的职权、召集程序及议事规则等 ⑥高级管理人员,章程应列明董事会或执行董事、监事(会)及其他高级管理人员的产生办法、职权、召集程序、任期及议事规则等 ⑦财务会计制度 ⑧终止、解散及清算程序 ⑨章程修订事由及程序

项目	内容
股权投资业务相关	①投资事项 ②管理方式,公司型基金可以采取自我管理,也可以委托其他私募基金管理机构管理 ③托管事项,公司全体股东一致同意不托管的,应在章程中明确约定本公司型基金不进行托管,并明确保障投资基金财产安全的制度措施和纠纷解决机制 ④利润分配及亏损分担原则及执行方式 ⑤税务承担 ⑥公司承担的有关费用(包括税费)、受托管理人和托管机构报酬的标准及计提方式 ⑦信息披露制度
合规与自律相关	①声明与承诺 ②一致性,章程应明确规定当章程的内容与股东之间的出资协议或其他文件内容相冲突的,以章程为准,若章程有多个版本且内容相冲突的,以在中国基金业协会备案的版本为准 ③份额信息备份,订明全体股东同意私募基金管理人、份额登记机构或其他份额登记义务人应当按照中国基金业协会的规定办理基金份额登记(公司股东)数据的备份 ④报送披露信息

【例题·单选题】公司型基金合同的法律形式为公司章程,主要包括(　　)。

Ⅰ.组织形式相关　　Ⅱ.股权投资业务相关　Ⅲ.合规与自律相关

A. Ⅰ、Ⅱ　　　　　B. Ⅰ、Ⅲ　　　　　C. Ⅱ、Ⅲ　　　　　D. Ⅰ、Ⅱ、Ⅲ

【答案】D

【解析】公司型基金合同的法律形式为公司章程,主要包括三个方面的内容:组织形式相关、股权投资业务相关和合规与自律相关。

三、合伙型基金合同

在合伙型基金中,普通合伙人、有限合伙人及基金管理人通过有限合伙协议、委托管理协议等系列协议,约定相关权力和责任,同时也对基金运作的相关事宜进行事先规范。合伙型基金合同的主要内容如表4－12所示。

表4－12　　　　　　　　　　合伙型基金合同的主要内容

项目	内容
根据《合伙企业法》的规定应载明事项	①合伙企业的名称和主要经营场所的地点 ②合伙目的和合伙经营范围 ③合伙人的姓名或者名称、住所 ④合伙人的出资方式、数额和缴付期限 ⑤利润分配、亏损分担方式 ⑥合伙事务的执行 ⑦入伙与退伙 ⑧争议解决办法 ⑨合伙企业的解散与清算 ⑩违约责任

项目	内容
有限合伙企业还需载明的事项	①普通合伙人和有限合伙人的姓名或者名称、住所 ②执行事务合伙人应具备的条件和选择程序 ③执行事务合伙人权限与违约处理办法 ④执行事务合伙人的除名条件和更换程序 ⑤有限合伙人入伙、退伙的条件、程序以及相关责任 ⑥有限合伙人和普通合伙人相互转变程序 需要说明的是,以上事项在约定时需同时考虑相关自律规则的要求
与私募股权投资业务相关的事项	①合伙期限 ②管理方式和管理费(合伙协议中应载明确管理人和管理方式,并列明管理人的权限及管理费的计算和支付方式) ③费用和支出(合伙协议应列明与合伙企业费用的核算和支付有关的事项,具体可以包括合伙企业费用的计提原则,承担费用的范围、计算及支付方式,应由普通合伙人承担的费用等) ④财务会计制度(合伙协议应对合伙企业的记账、会计年度、审计、年度报告、查阅会计账簿的条件等事项作出约定) ⑤利润分配及亏损分担(合伙协议应列明相关事项,具体可以包括利润分配原则及顺序、利润分配方式、亏损分担原则及顺序等) ⑥托管事项(合伙协议应列明托管具体事项,未托管时需明确保障私募基金财产安全的制度措施和纠纷解决机制) ⑦合伙人会议(合伙协议中需列明合伙人会议的召开条件、程序及表决方式等) ⑧投资事项(包括投资范围、投资运作方式、投资限制、投资决策程序、关联方认定标准及关联方投资的回避制度,以及投资后对被投资企业的持续监控、投资风险防范、投资退出、所投标的担保措施、举债及担保限制等) ⑨税务承担事项(应列明合伙企业的税务承担事项) 除了前述的必备条款外,考虑股权投资业务的特殊性,合伙协议可能会包括关键人条款、投资决策委员会、投资咨询委员会等

【例题·单选题】根据《合伙企业法》的规定,合伙协议应当载明(   )。

Ⅰ.合伙企业的名称和主要经营场所的地点

Ⅱ.合伙目的和合伙经营范围

Ⅲ.合伙人的姓名或者名称、住所

Ⅳ.合伙人的出资方式、数额和缴付期限

Ⅴ.股东大会的结构

Ⅵ.订立基金合同的依据

A.Ⅰ、Ⅱ、Ⅲ   B.Ⅰ、Ⅱ、Ⅲ、Ⅳ

C.Ⅰ、Ⅱ、Ⅲ、Ⅳ、Ⅴ   D.Ⅰ、Ⅱ、Ⅲ、Ⅳ、Ⅵ

【答案】B

【解析】根据《合伙企业法》的规定,合伙协议应当载明:合伙企业的名称和主要经营场所的地点;合伙目的和合伙经营范围;合伙人的姓名或者名称、住所;合伙人的出资方式、数额和缴付期限;利润分配、亏损分担方式;合伙事务的执行;入伙与退伙;争议解决办法;合伙企业的解散与清算;违约责任。

四、契约型基金合同

基金管理人通过契约形式募集设立股权投资基金的,基金合同的订立即表明了基金的成立,主要内容如表4-13所示。

表4-13　　　　　　　　　　　　　　　契约型基金合同的主要内容

项目	内容
组织形式相关	①前言,基金合同应订明订立基金合同的目的、依据和原则 ②私募基金的基本情况 ③私募基金的申购、赎回与转让 ④应当召开基金份额持有人大会的情形,以及其他可能对基金份额持有人权利义务产生重大影响需要召开基金份额持有人大会的情形 ⑤私募基金份额的登记 ⑥私募基金的财产 ⑦交易及清算交收安排 ⑧私募基金财产的估值和会计核算 ⑨基金合同的效力、变更、解除与终止 ⑩私募基金的清算 ⑪违约责任 ⑫争议的处理
股权投资业务相关	①私募基金的募集;②私募基金的投资;③当事人及权利义务;④私募基金的费用与税收;⑤私募基金的收益分配
合规与自律相关	①声明与承诺;②风险揭示;③私募基金的成立与备案;④信息披露与报告

关于广义契约型基金的具体形式,信托计划、资管计划或者契约型基金均需要参照符合相关监管部门的部门规章和相关业务指引文件。

【例题·单选题】契约型基金合同中,股权投资业务相关内容包括(　　)。

Ⅰ.基金的募集、基金的投资　　　　　　Ⅱ.当事人及其权利义务

Ⅲ.基金的费用与税收　　　　　　　　　Ⅳ.基金的收益分配

Ⅴ.管理方式及托管事项　　　　　　　　Ⅵ.信息披露制度

A. Ⅰ、Ⅱ、Ⅲ　　　　　　　　　　　　B. Ⅰ、Ⅱ、Ⅲ、Ⅳ

C. Ⅰ、Ⅱ、Ⅲ、Ⅳ、Ⅴ　　　　　　　　D. Ⅰ、Ⅱ、Ⅲ、Ⅳ、Ⅵ

【答案】B

【解析】契约型基金合同中,股权投资业务相关内容包括基金的募集、基金的投资、当事人及其权利义务、基金的费用与税收、基金的收益分配。

第六节 外商投资股权投资基金募集与设立中的特殊问题

>> **本节导读** <<

本节主要介绍了跨境股权投资的历史沿革和北京、上海、深圳等地开展 QFLP 试点工作的内容,考生了解即可。此外,注意理解设立外商投资企业的特殊要求。

一、跨境股权投资的历史沿革

跨境股权投资的历史沿革如表 4 – 14 所示。

表 4 – 14　　　　　　　　　　　　　跨境股权投资的历史沿革

时间	内容
1992 ~ 2000 年	1992 年至 2000 年是中国股权市场发展的萌芽阶段,市场中仅有少数几家机构表现活跃,外资机构中有 IDG 资本等开始探路中国市场。然而,由于当时投资者对股权投资的认识有限,参与投资的动力和热情不足,政策环境不健全,企业股权结构不合理,市场发展受到一定制约
2001 年	北京市人民政府颁布一系列法规,国内股权投资相关政策建设起步
2002 年	中央出台外商投资相关法规,吸引及利用外资政策步入新台阶
2004 年	深圳中小企业板正式启动,进一步为股权投资机构境内退出打通了渠道
2005 年	外汇局出台放开外汇管理的法规,重新开启外资创业投资基金投资境外注册中国企业以及海外红筹上市的大门,股权投资政策环境逐步完善。商务部也出台了设立外商投资公司新规,新型的外商投资公司也为外资股权投资开拓了新的道路。在此环境下,中国股权市场开始进入蓬勃发展阶段

二、QFLP 工作内容

QFLP(Qualified Foreign Limited Partner) 即合格境外有限合伙人,是指境外机构投资者通过资格审批和外汇资金的监管程序后,将境外资本兑换为人民币资金,投资于境内的基金。QFLP 在北京、上海、天津、深圳、重庆、青岛等少数城市和地区进行试点,不同的试点地区对于境外投资人的资格认定、境内管理人的资格认定、基金最低规模认定、结汇流程等进行了规定。

(一)QFLP 的开展

2011 年 1 月 11 日,上海市金融办正式发布《关于本市开展外商投资股权投资企业试点工作的实施办法》,这是我国资本项目开放一小步但十分重要的尝试,标志着参与试点的境外股权投资基金有了一条投资境内企业的"直达通道"。

北京市人民政府于 2011 年 2 月 28 日亦颁布了《关于本市开展股权投资基金及其管理企业做好利用外资工作试点的暂行办法》,它主要规定了在北京市设立的外资股权投资基金和外资基金管理企业申请参与试点的条件以及试点企业可享受的特殊待遇。尽管其基本架构与上海之前出台的 QFLP 办法的架构相近,但相对而言,其具体限制较多。这反映了北京市对于在私募基金市场引进外资采取了相对审慎的态度。

2012年11月26日,深圳市金融办、市经贸信息委、市场监管局和前海管理局,联合颁布了《关于本市开展外商投资股权投资企业试点工作的暂行办法》,标志着深圳紧随上海、北京、天津、重庆等城市正式加入了QFLP试点地区行列。

(二)上海、北京与深圳QFLP的对比

1.注册资本

对外资GP的出资要求,深圳、上海、均明文要求不低于200万美元,北京则未作明文规定。对外商投资股权投资企业的注册资本,深圳、上海均规定不得低于1500万美元,北京则规定单只股权投资企业的规模原则上不少于5亿元人民币(等值外币)。

2.有限合伙人的出资额要求

关于有限合伙人的出资额,深圳、上海均要求单个有限合伙人不得低于100万美元,北京未作明确规定。

3.关于合格境外投资人的条件

除北京外,上海和深圳均对境外投资人的自有资产规模或管理资产规模提出了要求,上海要求自由资产规模不低于5亿美元或者管理资产规模不低于10亿美元;深圳则是要求自有资产规模不低于1亿美元或者管理资产规模不低于2亿美元。

4.关于结汇

在结汇方面,上海、北京均规定获准试点的外资股权投资管理企业和外资股权投资企业可依据外汇管理相关规定到托管银行办理境内股权投资外汇资金结汇,试点普通合伙人的结汇金额上限为股权投资基金实际到账金额的(包含累计结汇金额)5%。深圳QFLP对结汇问题未进行任何明确规定。

5.关于国民待遇条款

所谓国民待遇条款,即已出台的部分地方版QFLP规定,获准试点的外商投资股权投资管理企业可使用外汇资金对其发起设立的股权投资企业出资,金额不超过所募集资金总额度的5%,该部分出资不影响所投资股权投资企业的原有属性。目前的试点城市中,上海、天津和重庆均有此规定。

【例题·单选题】QFLP是指境外机构投资者通过资格审批和外汇资金的监管程序后,将( )兑换为( ),投资于境内的基金。

A.境外资本;外币资金   B.境内资本;人民币资金

C.境外资本;人民币资金   D.人民币资金;境外资本

【答案】C

【解析】QFLP即合格境外有限合伙人,是指境外机构投资者通过资格审批和外汇资金的监管程序后,将境外资本兑换为人民币资金,投资于境内的基金。

三、外商投资创业投资企业

2003年,原外经贸部、科技部、工商总局、税务总局、外汇局颁布《外商投资创业投资企业管理规定》(后于2015年进行修正),对设立外商投资创业投资企业的条件,包括投资者人数、认缴出资额的最低限额、组织形式、管理团队等进行了规定。

上述规定提出了必备投资者的概念。必备投资者应当以创业投资为主营业务,具备一定资金实力和投资经验,配备具有一定创业投资从业经验的人员,同时在外商投资创业投资企的出资不低于某一最低比例。设立外商投资创业投资企业,至少有一个投资者应符合必备投资者的要求。

从设立和审批程序看,设立外商投资创业投资企业,应首先向省级外经贸主管部门报送申请,由商务部会商科技部作出批准或不批准的决定,获批准后,再向工商部门申请办理工商注册登记手续。

【例题·单选题】必备投资者应当以创业投资为主营业务,具备(　　),配备(　　),同时在外商投资创业投资企业的出资不低于某一最低比例。

    A.一定资金实力;具有一定数量基金从业资格的人员

    B.一定投资经验;具有一定创业投资从业经验的人员

    C.一定资金实力和投资经验;具有一定创业投资从业经验的人员

    D.一定资金实力和投资经验;具有一定数量基金从业资格的人员

【答案】C

【解析】必备投资者应当以创业投资为主营业务,具备一定资金实力和投资经验,配备具有一定创业投资从业经验的人员,同时在外商投资创业投资企业的出资不低于某一最低比例。

真题自测

(所有题型均为单选题,每题只有1个正确答案)

1.股权投资基金的募集行为包括(　　)。

    Ⅰ.推介基金　　　　　　　　　　　　Ⅱ.发售基金份额

    Ⅲ.办理投资者认/申购(认缴)　　　　Ⅳ.份额登记、赎回(退出)

    A.Ⅰ、Ⅱ、Ⅲ　　　　　　　　　　　　B.Ⅰ、Ⅲ、Ⅳ

    C.Ⅱ、Ⅲ、Ⅳ　　　　　　　　　　　　D.Ⅰ、Ⅱ、Ⅲ、Ⅳ

2.销售机构参与股权投资基金募集活动,需满足的条件有(　　)。

    Ⅰ.在中国证监会注册取得基金销售业务资格

    Ⅱ.成为中国证券投资基金业协会会员

    Ⅲ.接受基金管理人委托(签署销售协议)

    A.Ⅰ、Ⅱ　　　　B.Ⅰ、Ⅲ　　　　C.Ⅲ、Ⅳ　　　　D.Ⅰ、Ⅱ、Ⅲ

3.股权投资基金的合格投资者应具备相应风险识别能力和风险承担能力,投资于单只股权投资基金的金额不低于(　　)万元。

    A.100　　　　　　B.200　　　　　　C.500　　　　　　D.1000

4.关于我国股权投资基金投资者人数限制表述错误的是(　　)。

    A.公司型基金有限公司不超过50人

    B.公司型基金股份公司不超过100人

    C.合伙型基金不超过50人

    D.契约型基金不超过200人

5.视为当然合格投资者的情形包括(　　)。

Ⅰ.社会保障基金、企业年金等养老基金和慈善基金等社会公益基金

Ⅱ.依法设立并在中国证券投资基金业协会备案的投资计划

Ⅲ.投资于所管理基金的基金管理人及其从业人员

Ⅳ.中国证监会和中国证券投资基金业协会规定的其他投资者

A.Ⅰ、Ⅱ、Ⅲ　　　　　　B.Ⅰ、Ⅱ、Ⅳ　　　　　　C.Ⅱ、Ⅲ、Ⅳ　　　　　　D.Ⅰ、Ⅱ、Ⅲ、Ⅳ

6.公司型基金的最高权力机构是(　　)。

A.股东大会(股东会)　　　　　　　　B.董事会

C.监事会　　　　　　　　　　　　　D.投资决策委员会

7.根据《合伙企业法》的相关规定,有限合伙企业至少应当有(　　)个普通合伙人。

A.1　　　　　　B.2　　　　　　C.3　　　　　　D.4

8.公司型基金中,下列属于增值税征税范围的是(　　)。

A.项目股息

B.分红收入

C.通过并购或回购等非上市股权转让方式退出的项目退出收入

D.项目上市后通过二级市场退出的退出收入

9.根据现行相关规定,如果有限合伙人为自然人,股息红利和股权转让所得均按照投资者个人的"生产、经营所得",适用(　　)的超额累进税率,计缴个人所得税。

A.5%~20%　　　　B.5%~30%　　　　C.5%~35%　　　　D.5%~45%

10.下列关于禁止性募集行为说法错误的是(　　)。

A.募集机构及其从业人员不得侵占基金财产和客户资金

B.在推介基金时,可以向客户宣传"预期收益""预测投资业绩"等相关内容

C.不得违规使用"安全""保证"等措词,基金推介材料中应避免出现相关表述

D.募集机构及其从业人员不得利用基金相关的未公开信息进行交易等违法活动

第五章　股权投资基金的投资

本章主要从股权投资基金投资流程、尽职调查、股权投资基金的募集方式及流程、投资协议与投资备忘录的主要条款和跨境私募股权投资中的特殊问题五个方面介绍了股权投资基金的投资。需要重点掌握的是尽职调查方法，项目估值的方法以及股权投资基金常见的投资条款。难点是股权投资基金投资项目的估值方法，这部分内容包含许多计算公式，建议考生在理解的基础上对比记忆，多做练习题加以巩固。

考点概览

考试大纲	考点内容	学习要求
股权投资基金的一般投资流程	项目收集	了解
	项目初审	了解
	项目立项	了解
	签署投资备忘录	了解
	尽职调查	了解
	投资决策	了解
	签署投资协议	了解
	投资后管理	了解
	项目退出	了解
尽职调查	尽职调查的目的、范围和方法	理解
	业务尽职调查、财务尽职调查和法律尽职调查	掌握
	尽职调查报告和风险控制报告	了解
股权投资基金常用的估值方法	估值方法概述	了解
	相对估值法	掌握
	折现现金流法	掌握
	成本法	掌握
	清算价值法	掌握
	经济增加值法	掌握
投资协议与投资备忘录的主要条款	估值条款	掌握
	估值调整条款	掌握
	回购条款	掌握

续表

考试大纲	考点内容	学习要求
投资协议与投资备忘录的主要条款	反摊薄条款	掌握
	董事会席位条款	掌握
	保护性条款	掌握
	竞业禁止条款	掌握
	优先购买权/优先认购条款	掌握
	保密条款	掌握
	排他性条款	掌握
跨境股权投资中的特殊问题	跨境私募股权投资的类型	了解
	跨境股权投资的法律依据、审批流程和架构设计	了解

第一节　股权投资基金的一般投资流程

>> **本节导读** <<

本节介绍了股权投资基金投资流程,考生了解即可。

一个完整的股权投资基金投资流程通常包括项目收集、项目初审、项目立项、签署投资备忘录、尽职调查、投资决策、签署投资协议、投资后管理、项目退出等主要阶段。股权投资基金管理机构可以根据项目所处周期、机构自身管理特点以及基金协议相关约定适当调整相关程序。

一、项目收集

私募股权基金要取得良好的投资回报,如何在众多的项目中以较低的成本和较快的速度获得好的项目是关键中的关键。因此,基金投资人通常会整合各种内外部资源,建立多元化的项目信息渠道,接触大量的拟融资企业。

股权投资基金的项目主要有三个来源:

(1)依托创新证券投资银行业务、收购兼并业务、国际业务衍生出来的直接投资机会,具有贴近一级投资市场、退出渠道畅通、资金回收周期短以及投资回报丰厚等特点;

(2)与国内外股权投资机构结为策略联盟,实现信息共享,联合投资;

(3)跟踪和研究国内外新技术的发展趋势以及资本市场的动态,通过资料调研、项目库推荐、访问企业等方式寻找项目信息。

不同项目信息渠道提供的目标企业存在质量差异,因此基金投资人需要根据自身的投资理念和风格,进行一定的筛选。基金经理通常根据目标企业提交的投资建议书或商业计划书,初步评估项目是否符合基金初步筛选标准,是否具有良好发展前景和高速增长潜力,进而存在进一步投资的可能。

二、项目初审

项目投资经理在接到商业计划书或项目介绍后,对项目进行初步调查,提交初步调查报告、项目概况表,并对项目企业的投资价值提出初审意见。

项目初审包括书面初审与现场初审两个部分。股权投资基金对企业进行书面初审的主要方式是审阅企业的商业计划书或融资计划书,股权投资基金在审查企业的商业计划书之后,经判断如果符合股权投资基金的投资项目范围,将要求到企业现场实地走访,调研企业现实生产经营与运转状况,即现场初审。

三、项目立项

对通过初审的项目,通常由项目投资经理提交立项申请材料,经基金管理人立项委员会或其他程序批准立项,经批准的项目方可进行下一步工作。

四、签署投资备忘录

项目完成立项后,通常会与项目企业签署投资备忘录。投资备忘录,也称投资框架协议,或投资条款清单(Term Sheet),通常由投资方提出,内容一般包括投资达成的条件、投资方建议的主要投资条款、保密条款以及排他性条款。

投资备忘录中的内容,除保密条款和排他性条款之外,主要作为投融资双方下一步协商的基础,对双方并无事实上的约束力。

五、尽职调查

立项批准并签署投资备忘录之后,项目投资经理、风险控制团队分别到项目企业独立展开尽职调查,并填写完成企业尽职调查报告、财务意见书、审计报告及风险控制报告等材料,尽职调查认为符合投资要求的企业与项目,项目投资经理编写完整的投资建议书。

六、投资决策

股权投资基金管理机构设立投资决策委员会对投资项目行使投资决策权。投资决策委员会的设立应符合关联交易审查制度的要求,确保不存在利益冲突。通常,投资决策委员会由股权投资管理机构的主要负责人(董事长、总裁等)、风险控制负责人、投资负责人和行业专家等组成。

七、签署投资协议

投资决策委员会审查同意进行投资的企业或项目,经法律顾问审核相关合同协议后,由授权代表与被投资方签署"增资协议"或"股权转让协议"等投资协议、"股东协议"或"合资协议"以及相关补充协议。

八、投资后管理

投资协议生效后,项目投资经理具体负责项目的跟踪管理,管理内容包括但不限于企业的财务状况、生产经营状况、重要合同等方面,以进行有效监控,更要利用自身的业务特长和社会关系网络帮助企业改善经营管理,为企业提供增值服务,包括帮助企业规范运作、完善公司治理结构、提供再融资服务、上市辅导及并购整合等,使企业在尽可能短的时间内快速规范、成长、增值。

九、项目退出

项目退出是指当所投资的企业达到预定条件时,股权投资基金将投资的资本及时收回的过程。股权投资基金在项目立项时,就要为项目设计退出方式,然后随着项目进展及时修订。

具体的退出方式包括上市转让或挂牌转让退出、股权转让退出(包括行业通常所指的回购、并购等)、清算退出。

【例题·单选题】一个完整的股权投资基金投资流程通常包括(　　)。

Ⅰ.项目收集　　　　　　　　　　　Ⅱ.项目初审及立项

Ⅲ.签署投资备忘录　　　　　　　　Ⅳ.尽职调查、投资决策

Ⅴ.签署投资协议　　　　　　　　　Ⅵ.投资后管理、项目退出

A.Ⅰ、Ⅱ、Ⅲ、Ⅳ　　　　　　　　B.Ⅰ、Ⅱ、Ⅲ、Ⅳ、Ⅴ

C.Ⅰ、Ⅱ、Ⅲ、Ⅳ、Ⅵ　　　　　　D.Ⅰ、Ⅱ、Ⅲ、Ⅳ、Ⅴ、Ⅵ

【答案】D

【解析】一个完整的股权投资基金投资流程通常包括项目收集、项目初审、项目立项、签署投资备忘录、尽职调查、投资决策、签署投资协议、投资后管理、项目退出等主要阶段。

第二节　尽职调查

≫ 本节导读 ≪

本节要求考生理解尽职调查的目的、范围和方法,重点理解并掌握业务尽职调查、财务尽职调查、法律尽职调查中重点关注的内容,并了解尽职调查报告的主要内容。

一、尽职调查的目的、范围和方法

尽职调查,又称审慎性调查(Due Diligence),一般是指投资人在与目标企业达成初步合作意向后,经协商一致,对目标企业的一切与本次投资相关的事项进行现场调查、资料分析的一系列活动。

(一)尽职调查的目的

尽职调查的目的有三方面:价值发现、风险发现和投资可行性分析,具体内容如表5-1所示。

表5-1　　　　　　　　　　　　尽职调查的目的

项目	内容
价值发现	①尽职调查的作用除了验证过去财务业绩的真实性外,更重要的在于预测企业未来的业务和财务数据,并在此基础上对企业进行估值 ②根据尽职调查所发现的风险,投资人可以对目标公司作出进一步估值调整,得出符合目标企业实际价值的估值结果
风险发现	①基金管理人需要收集充分的信息,全面识别投资风险,评估风险大小并提出风险应对的方案。企业经营风险、股权瑕疵、或然债务、法律诉讼、环保问题以及监管问题都是考察的内容 ②最终在交易文件中可以通过陈述和保证、违约条款、交割前义务、交割后承诺等进行风险和责任的分担
投资可行性分析	尽职调查还有助于交易各方了解投资的可操作性并帮助各方确定交易的时间表

【例题·单选题】尽职调查的目的包括(　　　)。

　　Ⅰ.价值发现　　　　　Ⅱ.风险发现　　　　　Ⅲ.投资可行性分析

　　A.Ⅰ、Ⅱ　　　　　B.Ⅰ、Ⅲ　　　　　C.Ⅱ、Ⅲ　　　　　D.Ⅰ、Ⅱ、Ⅲ

【答案】D

【解析】尽职调查的目的有三个方面:价值发现、风险发现和投资可行性分析。

　　(二)尽职调查的范围

　　尽职调查主要可以分为业务、财务和法律三大部分,具体内容如表5-2所示。

表5-2　　　　　　　　　　　　　　　　尽职调查的范围

调查范围	内容
业务尽职调查	业务尽职调查涵盖了企业商业运作中涉及的各种事项,包括市场分析、竞争地位、客户关系、定价能力、供应链、环保和监管等问题
财务尽职调查	①财务尽职调查涵盖企业的历史经营业绩、未来盈利预测、现金流、营运资金、融资结构、资本性开支以及财务风险敏感度分析等内容 ②与一般财务审计以验证企业财务报表真实性为目的不同,财务尽职调查的主要目的是评估企业存在的财务风险以及投资价值。因此,财务尽职调查更多使用趋势分析、结构分析等分析工具
法律尽职调查	①法律尽职调查一般是律师基于企业所提供的法律文件完成的,其内容一般涵盖股权结构、公司治理状况、土地和房屋产权、税收待遇、资产抵押或担保、诉讼商业合同、知识产权、员工雇佣情况、社会保险以及关联交易事项 ②法律尽职调查的作用是帮助基金管理人全面地评估企业资产和业务的合规性以及潜在的法律风险

【例题·单选题】尽职调查报告至少包括(　　　)。

　　Ⅰ.业务尽职调查　　Ⅱ.人事尽职调查　　Ⅲ.法律尽职调查　　Ⅳ.财务尽职调查

　　A.Ⅰ、Ⅱ、Ⅲ　　　B.Ⅰ、Ⅲ、Ⅳ　　　C.Ⅱ、Ⅲ、Ⅳ　　　D.Ⅰ、Ⅱ、Ⅲ、Ⅳ

【答案】B

【解析】尽职调查报告至少包括业务尽职调查、财务尽职调查和法律尽职调查的内容。

　　(三)尽职调查的方法

　　尽职调查的操作流程一般包括制订调查计划、调查及收集资料、起草尽职调查报告与风险控制报告、进行内部复核、设计投资方案等几个阶段。

　　仅就尽职调查本身而言,其中最为重要的部分为资料收集与分析。收集资料的渠道主要包括审阅文件、外部信息、访谈、现场调查、内部沟通。收集资料之后,尽职调查团队还要验证其可信程度,评估其重要性,最终形成尽职调查报告与风险控制报告,供投资决策委员会决策参考。

【例题·单选题】业务尽职调查涵盖了企业商业运作中涉及的各种事项,包括(　　　)。

　　Ⅰ.市场分析　　　Ⅱ.竞争地位　　　Ⅲ.历史经营业绩　　　Ⅳ.环保和监管

　　A.Ⅰ、Ⅱ　　　　　B.Ⅰ、Ⅱ、Ⅲ　　　C.Ⅰ、Ⅱ、Ⅳ　　　D.Ⅰ、Ⅱ、Ⅲ、Ⅳ

【答案】C

【解析】业务尽职调查涵盖了企业商业运作中涉及的各种事项,包括市场分析、竞争地位、客户关系、定价能力、供应链、环保和监管等问题,历史经营业绩属于财务尽职调查的内容,故选项C正确。

二、业务尽职调查、财务尽职调查和法律尽职调查

(一)业务尽职调查

业务尽职调查是整个尽职调查工作的核心,财务、法律、资源、资产以及人事方面的尽职调查都是围绕业务尽职调查展开。业务尽职调查的目的是了解过去及现在企业创造价值的机制,以及这种机制未来的变化趋势,以预测企业未来的财务业绩并对之进行估值。

业务尽职调查内容主要包括:

(1)业务内容,即企业基本情况、管理团队、产品/服务、市场、发展战略、融资运用、风险分析。

(2)历史沿革,即了解标的企业从设立到调查时点的股权变更以及相关的工商变更情况。

(3)主要股东/实际控制人/团队,即调查控股股东/实际控制人的背景。

(4)行业因素,即行业发展的总体方向、市场容量、监管政策、准入门槛、竞争态势以及利润水平等情况。

(5)客户、供应商和竞争对手。

(6)对标分析,即借鉴同行业上市公司的财务报告和招股说明书等公开资料进行比较分析。

不同投资策略针对的目标企业类型及所处发展阶段不同,因而业务尽职调查的侧重点也不同,创业投资的考查重点为管理团队和产品服务部分,成长投资对产品服务、发展战略及市场因素的关注程度更高一些,并购投资则更多关注管理团队、资产质量、融资结构、融资运用、发展战略以及风险分析等。

【例题·单选题】( )尽职调查是整个尽职调查工作的核心。

A.业务　　　　　　B.财务　　　　　　C.法律　　　　　　D.资源

【答案】A

【解析】业务尽职调查是整个尽职调查工作的核心。

(二)财务尽职调查

财务尽职调查重点关注标的企业的过去财务业绩情况。财务尽职调查团队应收集标的企业相关的财务报告及相关支持材料,了解其会计政策及相关会计假设,进行财务比率分析,重点考察企业的现金流、盈利及资产事项。不同于审计,财务尽职调查强调发现企业的投资价值和潜在风险,注重对企业未来价值和成长性的合理预测,经常采用趋势分析和结构分析工具,在财务预测中经常会用到场景分析和敏感度分析等方法。

现场调查是财务尽职调查不可或缺的环节。尽职调查团队向企业提出资料清单或问题清单,参观目标企业现场,了解其业务操作流程,对企业中高层管理人员进行访谈,走访重要客户、经销商、供应商、竞争对手、贷款银行、法律顾问、审计师和政府部门等。

财务尽职调查在横向或纵向比较目标企业财务业绩时需要注意会计政策和财务假设不同造成的影响,包括折旧摊销、收入与成本确认、资产问题、关联交易等。

【例题·单选题】财务尽职调查重点关注标的企业的(　　)财务业绩情况。

　　A.期望　　　　　　　B.预计　　　　　　　C.当前　　　　　　　D.过去

【答案】D

【解析】财务尽职调查重点关注标的企业的过去财务业绩情况。

　　(三)法律尽职调查

　　法律尽职调查更多的是定位于风险发现,其目的主要有:

　　(1)确认目标企业的合法成立和有效存续;

　　(2)核查目标企业所提供文件资料的真实性、准确性和完整性;

　　(3)充分了解目标企业的组织结构、资产和业务的产权状况和法律状态,确认企业产权(如土地所有权)、业务资质以及其控股结构的合法合规;

　　(4)发现和分析目标企业现存的法律问题和风险并提出解决方案;

　　(5)出具法律意见并将之作为准备交易文件的重要依据。

　　法律尽职调查重点关注的问题包括历史沿革问题、主要股东情况、高级管理人员、债务及对外担保情况、重大合同、诉讼及仲裁、税收及政府优惠政策等。

　　法律尽职调查收集资料渠道包括:

　　(1)企业依照资料清单提供的材料、对目标企业管理团队的访谈、对目标企业的现场调查;

　　(2)从政府部门获得的信息;

　　(3)公开信息,如互联网信息等。

　　在某些重大事项上,律师如果对企业提供的资料存在疑虑,则应按照审慎原则进行调查,不应单纯依赖企业提供的资料。对目标企业的现场调查也是法律尽职调查的必要程序。

　　(四)风险控制

　　风险控制是指进行财务尽职调查、法律尽职调查以及行业分析后,识别项目投资的具体风险,结合项目上市或并购退出可行性、风险可控性、成长性设计风险控制方案,出具风险控制报告。股权投资基金投资环节通常设立独立的风险控制体系,风险控制组织、业务流程相对独立。风险控制一般包括风险识别、风险评估以及风险应对三个步骤。风险控制报告由风险控制经理出具,并经风险控制部负责人签署后独立出具。

【例题·单选题】法律尽职调查收集资料的渠道包括(　　)

　　Ⅰ.企业依照资料清单提供的材料

　　Ⅱ.对目标企业管理团队的访谈、对目标企业的现场调查

　　Ⅲ.从政府部门获得的信息

　　Ⅳ.公开信息,如互联网信息等

　　A.Ⅰ、Ⅱ　　　　　B.Ⅰ、Ⅱ、Ⅲ　　　　　C.Ⅰ、Ⅱ、Ⅳ　　　　　D.Ⅰ、Ⅱ、Ⅲ、Ⅳ

【答案】D

【解析】题干中所描述的均为法律尽职调查收集资料的渠道,故选项D正确。

三、尽职调查报告和风险控制报告

　　(一)尽职调查报告

　　投资团队根据尽职调查结果,对标的企业进行客观评价,从而形成详尽的尽职调查报告。

尽职调查报告至少包括业务尽职调查、财务尽职调查和法律尽职调查的内容。

（1）业务尽职调查报告主要包括企业基本情况、管理团队、产品/服务、市场、发展战略、融资运用、风险分析等；

（2）财务尽职调查报告主要包括评估目标企业的财务健康程度、评估目标企业的内控程序及业务的主要流程、提供交易条款的建议，包括估值条款、保护性条款以及交易结构的具体设计等；

（3）法律尽职调查报告主要包括目标企业法律风险的识别、评估和应对建议。

投资团队依据尽职调查报告，形成一份最终的投资建议书，并提交给投资决策委员会。

（二）风险控制报告

风险控制团队依据业务尽职调查、财务尽职调查、法律尽职调查发现的风险，从公司层面、业务层面、信息系统层面对风险进行分析，充分评估，并独立出具风险控制报告。

投资决策委员会根据尽职调查报告和风险控制报告进行决策。

第三节　股权投资基金常用的估值方法

≫ **本节导读** ≪

本节介绍了股权投资基金常用的估值方法，包括相对估值法、折现现金流法、成本法、清算价值法和经济增加值法。本节内容要求考生熟练掌握，学习难度相对较大。考生在学习时需注意区分各种估值方法中的相关概念和计算公式。

一、估值方法概述

估值是投资最重要的环节之一，也是投资协议的重要内容，投资前需要明确评估目标资产的公允价值。在评估一项投资的公允价值时，应考虑该项投资的性质、事实及背景，为之选择恰当的估值方法。在估值时应结合市场参与者的假设采用合理的市场数据和参数。不管采用何种估值方法，估值都应根据评估日的市场情况从市场参与者的角度出发。估值时，应采取谨慎态度。

估值方法通常包括相对估值法、折现现金流法、成本法、清算价值法、经济增加值法等。其中，股权投资行业主要用到的估值方法为相对估值和折现现金流法。具体内容如表5－3所示。

表5－3　　　　　　　　　　　　　　　　　估值方法

估值方法	内容
相对估值法	①相对估值的种类最多，相对估值法是早期创业投资基金较常用的方法，定增基金、并购基金等也往往以之作为参考 ②如果目标企业现金流稳定，未来可预测性较高，则现金流折现价值更有意义
折现现金流法	折现现金流估值法则多用于以成长和成熟阶段企业作为投资标的的中后期创投基金和并购基金

续表

估值方法	内容
成本法	成本法主要作为一种辅助方法存在,主要原因是企业历史成本与未来价值并无必然联系
清算价值法	常见于杠杆收购和破产投资策略
经济增加值法	主要应用于一些特殊的行业

【例题·单选题】估值是投资最重要的环节之一,也是投资协议的重要内容,投资前需要明确评估目标资产的(　　)。

　　A.实际价值　　　　　B.公允价值　　　　　C.最终价值　　　　　D.期望价值

【答案】B

【解析】估值是投资最重要的环节之一,也是投资协议的重要内容,投资前需要明确评估目标资产的公允价值。

二、相对估值法

相对估值法是指将企业的主要财务指标乘以根据行业或参照企业计算的估值乘数,从而获得对企业股权价值的估值参考结果,包括市盈率、市现率、市净率和市售率等多种方法。

初创阶段和成长早期企业的未来业绩不确定性较大,对这类企业的估值参考标准为相对估值乘数。传统的估值指标包括市盈率、市现率、市净率和市售率等。用相对估值法来评估目标企业价值的工作程序包括:

(1)选定相当数量的可比案例或参照企业;

(2)分析目标企业及参照企业的财务和业务特征,选择最接近目标企业的几家参照企业;

(3)在参照企业的相对估值基础上,根据目标企业的特征调整指标,计算其定价区间。

(一)市盈率法

市盈率是中国股权市场应用最为普遍的估值指标。其计算公式为:

$$市盈率 = 企业股权价值/净利润 = 每股价格/每股净利润$$

相应地:

$$企业股权价值 = 企业净利润 \times 市盈率$$

投资时常用的两个概念是静态市盈率和动态市盈率(或称滚动市盈率)。这两个指标的差别在于净利润计算的方法不同:

(1)静态市盈率使用的净利润为上市公司上一财政年度公布的净利润。

(2)动态市盈率采用的则是最近四个季度报告的净利润总和。

动态市盈率反映的信息要比静态市盈率更加贴近当前实际,但季度财务报告通常没有经过审计,其可信度要低于经审计的年度净利润。

此外,市场上还存在前瞻市盈率的说法,即当前股票价格与分析师对该公司下一年度净利润主流预测值的比值,主要应用于PEG比率(市盈率相对盈利增长比率)的计算。

不同行业的市盈率会有很大差别。企业的净利润容易受经济周期的影响,市盈率指标也一样受经济周期的影响。两种因素相互叠加会导致周期性企业估值水平在一个周期内呈现大幅起落的特征。对于股权投资基金之类的长期投资者而言,估值参考标准不应只是特定时刻的市盈率。

【例题·单选题】某企业2015年净资产为1000万元,销售收入为800万元,销售成本为400万元,预计未来一年利润为500万元,估计市盈率为3,则该公司价值为(　　)万元。

A. 1200　　　　　　B. 1500　　　　　　C. 2400　　　　　　D. 3000

【答案】B

【解析】企业股权价值＝企业净利润×市盈率,公司价值＝3×500＝1500(万元)。

(二)市现率法

市现率指的是企业股权价值与税息折旧摊销前收益(EBITDA)的比值,即

$$市现率＝企业股权价值/税息折旧摊销前收益$$

相应地,

$$企业股权价值＝税息折旧摊销前收益×市现率$$

其中:

$$税息折旧摊销前收益＝税后净利润＋所得税＋利息费用＋折旧和摊销$$

市现率法有以下不足之处:

(1)市现率和市盈率一样要求企业的业绩相对稳定,否则可能出现较大误差。

(2)EBITDA未将所得税因素考虑在内,税收减免或者补贴会导致两家企业的EBITDA相等但税后净利润却相差较大。

(三)市净率法

市净率(P/B)也称市账率,其计算公式为:

$$市净率＝企业股权价值/股东权益账面价值＝每股价格/每股账面价值$$

相应地:

$$企业股权价值＝股东权益账面价值×市净率$$

不同行业的市净率可能存在巨大差别:

(1)不同行业的资产盈利能力差异巨大;

(2)一些企业拥有的无形资产并未进入其资产负债表,如垄断或寡头垄断、品牌、专利和特定资源等。

制造企业和新兴产业的企业往往不适合采用这种估值方法。前者多数资产采用历史成本法计价,与市场公允价值差别较大;而后者的主要价值并不体现在资产价值上。除了行业因素之外,不同市场对企业的定价水平也有较大差异。

(四)市销率法

市销率(P/S或PSR)也称市售率,其计算公式为:

$$市销率＝企业股权价值/年销售收入$$

相应地:

$$企业股权价值＝销售收入×市销率$$

创业企业的净利润可能为负数,账面价值比较低,而且经营净现金流可能为负。在这种情况下,市盈率、市现率及市净率都不太适用,用市销率估值反而更有参考价值。

【例题·单选题】下列关于市净率的说法不正确的是(　　)。

A. 不同行业的市净率可能存在巨大差别

B. 市净率＝企业股权价值/股东权益账面价值

C. 制造企业和新兴产业的企业适合采用这种估值方法

D. 市净率(P/B)也称市账率

【答案】C

【解析】制造企业和新兴产业的企业往往不适合采用市净率法。前者多数资产采用历史成本法计价,与市场公允价值差别较大;而后者的主要价值并不体现在资产价值上,故选项C说法错误。

【例题·单选题】相对估值法是指将企业的(　　)乘以(　　),从而获得对企业股权价值的估值参考结果。

A. 主要财务指标;根据行业或参照企业计算的估值乘数

B. 年利润;根据行业或参照企业计算的估值乘数

C. 主要财务指标;市盈率

D. 净收益;市现率

【答案】A

【解析】相对估值法是指将企业的主要财务指标乘以根据行业或参照企业计算的估值乘数,从而获得对企业股权价值的估值参考结果。

三、折现现金流法

折现现金流法(Discounted Cash Flows,DCF)是通过预测企业未来的现金流,将企业价值定义为企业未来可自由支配现金流折现值的总和,包括红利模型和自由现金流模型等。贴现现金流法的基础是现值原则,即在考虑资金的时间价值和风险的情况下,将预期发生在不同时点的现金流量,按既定的贴现率,统一折算为现值,再加总求得目标企业价值。用公式表示为:

$$V = \sum_{t=1}^{n} \frac{CF_t}{(1+i)^t} + \frac{TV}{(1+i)^n}$$

其中,V 为目标企业价值;CF_t 为预期内第 t 年的自由现金流;TV 为终值;n 为预测期;i 为贴现率(也被称做资本成本,是资产持有者要求的收益率或机会成本)。

(一)股权自由现金流量贴现模型

在股权自由现金流量贴现模型中,股权的内在价值等于未来各年股权自由现金流量用权益资本成本贴现得到的现值之和,即:

$$EV = FC + \sum_{t=1}^{+\infty} \frac{FCFE_t}{(1+K_e)^t}$$

其中,EV 为权益价值;$FCFE_t$ 为第 t 年的股权自由现金流量;FC 为当前未使用资产的存量,即企业当前的货币资金、短期投资和长期投资之和。

股权自由现金流量(FCFE)是归属于股东的现金流量,是指公司经营活动产生的现金流量在扣除业务发展的投资需求和对其他资本提供者的分配之后能够分配给股东的现金流量,其计算公式为

FCFE = 实体现金流量 – 债务现金流量

= 营业现金净流量 – 净经营性长期资产总投资 – (税后利息费用 – 净金融负债增加)

= 税后经营利润 – 折旧与摊销 – 经营营运资本增加 – (净经营性长期资产增加 + 折旧与摊销) – (税后利息费用 – 净负债增加)

(二)公司自由现金流量贴现模型

相比于股权自由现金流量,公司自由现金流量当中增加了流向债权人和优先股股东的现

金流,贴现时所采用的贴现率不再是权益资本成本,而是公司的加权平均资本成本 WACC。公司自由现金流量的贴现模型可以表示为

$$FV = FC + \sum_{t=1}^{+\infty} \frac{FCFF_t}{(1 + WACC)^t}$$

其中,FV 为公司价值;$FCFF_t$ 为第 t 年的公司自由现金流量;FC 为当前未使用资产的存量;WACC 为公司的加权平均资本成本。

自由现金流量(FCFF)是归属于公司股东和债权人的现金流量,是指公司经营活动产生的现金流量在扣除业务发展的投资需求后能够分配给资本提供者的现金流量,它等于企业的税后净营业利润,即将公司不包括利息收支的营业利润扣除实付所得税税金之后的数额加上折旧及摊销等非现金支出,再减去营运资本的追加和物业厂房设备和其他资产方面的投资。它是公司所产生的税后现金流量总额,可以提供给公司资本的所有供应者,包括债权人和股东。

自由现金流量(FCFF) = (税后净营业利润 + 折旧及摊销) – (资本支出 + 营运资本增加)

就公司自由现金流量来说,一般是采用加权平均资本成本作为所选择的贴现率。WACC 的计算公式为

$$WACC = W_d \times r_d \times (1 - T) + W_e \times r_e$$

其中,W_d 为债权资本与总资产的比值;W_e 为股权资本与总资产的比值,$W_d + W_e = 1$;r_d 为债权资本成本,等于平均利息率;r_e 为股权资本成本,即股东要求的收益率;T 为公司所得税税率。

综上,股权价值计算思路如图 5 – 1 所示。

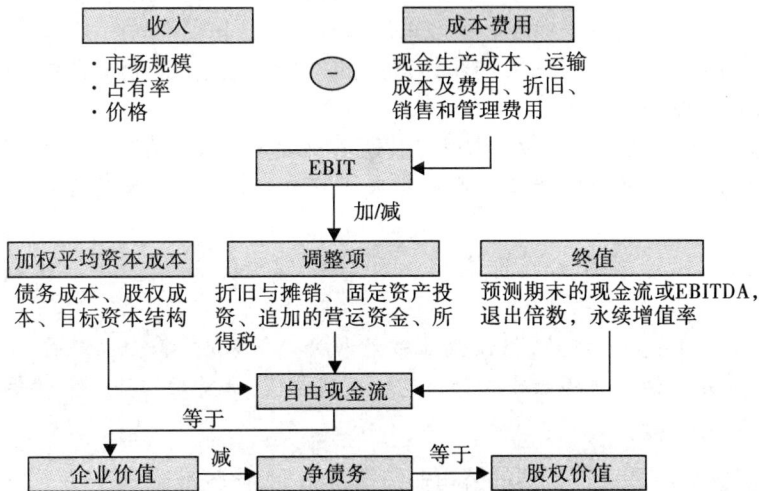

图 5 – 1　股权价值计算思路

【例题·单选题】折现现金流法是通过预测企业未来的现金流,将企业价值定义为企业未来可自由支配( )的总和。

A. 加权平均资本成本

B. 股权自由现金流量

C. 现金流折现值

D. 贴现自由现金流量

【答案】C

【解析】折现现金流法(Discounted Cash Flows,DCF)是通过预测企业未来的现金流,将企业价值定义为企业未来可自由支配现金流折现值的总和。

四、成本法

成本法包括账面价值法和重置成本法。

(一)账面价值法

账面价值法是指公司资产负债的净值,但要评估标的公司的真正价值,还必须对资产负债表的各个项目作出必要的调整,在此基础上,得出双方都可以接受的公司价值。

(二)完全重置成本(重置全价)

完全重置成本是指在现时条件下重新购置一项全新状态的资产所需的全部成本。重置成本法是用待评估资产的重置全价减去其各种贬值后的差额作为该项资产价值的评估方法,计算公式为:

$$待评估资产价值 = 重置全价 - 综合贬值$$

或

$$待评估资产价值 = 重置全价 \times 综合成新率$$

综合贬值包括有形损耗(物质的)和无形损耗(技术的)等。

重置成本法的主观因素较大,且历史成本与未来价值并无必然联系,因此,成本法主要作为一种辅助方法。

五、清算价值法

清算大致分为破产清算和公司解散清算。清算价值法的主要方法是,假设企业破产和公司解散时,将企业拆分为可出售的几个业务或资产包,并分别估算这些业务或资产包的变现价值,加总后作为企业估值的参考标准。一般采用清算价值法估值时,采用较低的折扣率。

对于股权投资机构而言,清算很难获得很好的投资回报,在企业正常可持续经营的情况下,不会采用清算价值法。

【例题·单选题】清算价值法的主要方法是,假设企业破产和公司解散时,将企业拆分为可出售的几个业务或资产包,并分别估算这些业务或资产包的( ),加总后作为企业估值的参考标准。

A. 变现价值　　　　B. 公允价值　　　　C. 理论价值　　　　D. 折现率

【答案】A

【解析】清算价值法的主要方法是,假设企业破产和公司解散时,将企业拆分为可出售的几个业务或资产包,并分别估算这些业务或资产包的变现价值,加总后作为企业估值的参考标准。

六、经济增加值法

经济增加值(EVA)是一种新型的公司业绩衡量指标,比较准确地反映了公司在一定时期内为股东创造的价值,即企业价值除了资产的账面价值之外,还有管理团队经营成果贡献的价值。经济增加值法的基本理念是:资本获得的收益至少要能补偿投资者承担的风险,即股东必须赚取至少等于资本市场上类似风险投资回报的收益率,产生剩余收入或经济利润。

EVA 的基本计算方法为:

$$EVA = 税后净营业利润 - 资本成本 = (R - C) \times A = R \times A - C \times A$$

其中,R 是资本收益率,即投入资本报酬率,等于税前利润减去现金所得税再除以投入资本;C 是加权资本成本,包括债务成本以及所有者权益成本;A 为投入资本,等于资产减去负债,其中,资产中除去现金,负债中除去长期负债和短期负债以及递延税款;$R \times A$ 为税后净营业利润。

第四节　投资协议与投资备忘录的主要条款

⫸ 本节导读 ⫷

本节内容列出了投资协议和投资备忘录中比较常见的一些条款,这些条款主要是结合股权投资基金往往作为财务投资人的特殊性质,对企业的估值、控制权、现金流量权、剩余索取权等进行约定。本节内容比较重要,需要考生掌握条款的相关内容。

一、估值条款

(一)估值条款概述

估值条款约定股权投资基金作为投资人投入一定金额的资金可以在目标公司中获得的股权比例。

股权投资基金在投资前首先需要解决的问题就是对被投资企业进行估值。投资估值条款最终决定股权投资基金获得的股权比例。股权投资基金常用的估值方法有以下三种:

(1)市盈率法(P/E),这是目前常用的方法。

(2)市净率法(P/B),市净率是市净率倍数估值时的一个参照指标,尤其是针对重资产型的公司。

(3)折现现金流法(DCF),这种估值方法比较适用于较为成熟、偏后期的私有公司或上市公司。

(二)估值条款的表述

一般而言,可表述为"本次公司估值的依据为公司提供的盈利预测。本次公司的估值为【年份】年度公司预计调整口径的净利润乘以【　】倍市盈率,即【A】万元进行。基于前述估值,本次投资金额占目标公司股权比例如下公式所示,即:投资金额占股比例 = 投资金额/(【　】年度公司预计调整口径的净利润×市盈率)。"

【例题·单选题】估值条款约定股权投资基金作为投资人投入一定金额的资金可以在目标公司中获得的(　　)。

A. 股票数量　　　　B. 利润　　　　　　C. 收益额度　　　　D. 股权比例

【答案】D

【解析】估值条款约定股权投资基金作为投资人投入一定金额的资金可以在目标公司中获得的股权比例。

二、估值调整条款

(一)估值调整条款概述

股权投资基金对于目标企业的估值主要依据企业现时的经营业绩以及对未来经营业绩的预测,因此这种估值存在一定的不确定性。

为了应对估值风险,股权投资基金有时会在投资协议中约定估值调整条款。通常的估值调整方法是,在投资协议中约定未来的企业业绩目标,并根据企业未来实际业绩与业绩目标的偏离情况,相应调整企业的估值。

（二）估值调整条款在外资股权投资基金中的应用

为保证其投资物有所值，外资股权投资基金通常在股权投资协议中约定估值调整条款，即如果企业实际经营业绩低于预测的经营业绩，投资者会要求企业给予更多股份，以补偿投资者由于企业的实际价值降低所受的损失。相反，如果企业实际经营业绩高于预测的经营业绩，投资者会拿出相同股份奖励企业家。

股权投资基金采用估值调整条款在我国的使用比较多，在国外并不流行，原因是国外市场相对比较透明、比较成熟，买卖双方的风险是共担的。但是在我国因买卖双方的信息高度不对称，同时小股东无法参与到实际管理，其权益往往得不到保障。因此，外资股权投资基金为了追求一定的安全保障，通常要求卖方进行一定的业绩承诺，以捆绑投资估价的调整。

（三）估值调整条款的表述

一般而言，估值调整条款可表述为："于【　】年【　】月【　】日之前任一日，经投资方指定的会计事务所审计，若公司当年调整口径的净利润不足人民币【A】万元，原始股东同意且必须按当年实际完成调整口径的净利润乘以【　】倍市盈率重新调整公司估值以增加投资方的占股比例。若于【　】年会计年报出具后 10 个工作日，公司当年调整口径的净利润达到人民币【A】万元但未超过人民币【B】万元，投资方同意将其拥有的公司【X】%股权无偿转让给公司实际控制人，作为股权激励。若于【　】年会计年报出具后 10 个工作日，公司当年调整口径的净利润超过人民币【B】万元，同意将其拥有的公司【Y】%股权无偿转让给公司实际控制人，作为股权激励。"

三、回购条款

（一）回购条款概述

回购条款是指当满足事先设定的条件时，股权投资基金有权要求目标企业大股东按事先约定的定价机制，买回股权投资基金所持有的全部或部分目标企业的股权。事先设定的触发条件通常包括目标企业未达到事先设定的业绩目标、目标企业在一段时间内未能成功实现 IPO、目标企业出现了导致实际控制权发生转移的重大事项等。回购条款实际上体现的是投资方对目标企业或其大股东回售股权的权利（Put Option）。股权投资基金通常可以在约定的条件出现后，随时行使这项权利。

（二）回购条款的表述

一般而言，回购条款可按如下表述："如遇有以下情形，投资方在不违反中国法律、行政法规强制性规定的前提下，有权要求目标公司或实际控制人回购其持有的目标公司的全部或部分股权（或股份），回购方式包括：①公司回购股权（或股份）；②实际控制人受让股权（或股份）。投资方有权在知晓下述任一情形发生后 3 年内提出回购要求，公司和实际控制人应予以配合执行：①公司在目标上市日期届满时未能成功上市；②公司的核心业务发生重大变化；③若投资方认为公司满足中国证监会及证券交易所的发行上市条件，而公司的实际控制人不同意进行首次公开发行，实际控制人的回购价格以投资方累计支付的增资价款加上【　】%的年单利回报率计算；等等其他情形。"

【例题·单选题】回购条款中事先设定的触发条件通常不包括(　　　)。

A.目标企业超前达到事先设定的业绩目标

B.目标企业未达到事先设定的业绩目标

C.目标企业在一段时间内未能成功实现 IPO

D. 目标企业出现了导致实际控制权发生转移的重大事项

【答案】A

【解析】回购条款中事先设定的触发条件通常包括目标企业未达到事先设定的业绩目标、目标企业在一段时间内未能成功实现 IPO、目标企业出现了导致实际控制权发生转移的重大事项等。

四、反摊薄条款

(一)反摊薄条款概述

反摊薄条款又称反稀释条款(Anti-dilution),是一种用来保证股权投资基金权益的约定,目的是确保不会因公司以更低的发行价进行新一轮融资而导致投资人的股权被稀释从而投资被贬值。反摊薄条款根据新一轮融资发行的股数的比例、价格的不同,可能采取完全棘轮法或者加权平均法,在调整完成前,公司不得增资。

1. 完全棘轮法

完全棘轮法是指如果公司后续发行的股份价格低于 A 轮投资人当时适用的转换价格,那么 A 轮的投资人的实际转化价格也要降低到新的发行价格。这种方式仅仅考虑低价发行股份时的价格,而不考虑发行股份的规模。即就算公司以低于 A 系列优先股的转换价格只发行了一股股份,所有的 A 系列优先股的转化价格也都要调整跟新的发行价一致。

2. 加权平均法

加权平均法是指投资方增资价款的总金额与公司之后增资价款之和除以投资方认购的注册资本与新增注册资本之和,从而求得平均增资价格。

加权平均调整是较为温和的反摊薄方式,它考虑在摊薄融资中发行新股的数量的基础上降低原有的可转换价格。

(二)反摊薄条款的分类

反摊薄条款可以分为两类。

(1)结构型反摊薄条款,即反对股权比例被摊薄的条款。当企业增发新股时,应当无偿的或按照双方认可的价格给予创业投资基金相应的股份,保证其股权比例不变。

(2)价格型反摊薄条款,即反对股权价值被摊薄的条款。如按照双方约定的时间、条件下出现了事先约定的事项,原始股权投资基金投资人所持股权的比例必须减少时,必须通过相关的附加条件,防止股权价值被稀释。例如当被投资的企业在低价出售给后续投资者时,必须无偿给予初始股权投资基金投资者股份,直到其每股平均价格下降至增发的新股的价格水平,这种条款也称为"棘轮"条款。

(三)反摊薄条款的表述

一般而言,反摊薄条款可表述为:"在完成本次增资后,在公司上市前,除非获得投资方书面同意,公司不得以低于本次增资的条件发行新的权益类证券,包括但不限于普通股、优先股、可转换债券等;即便投资方同意发行该等新的权益类证券时,在同样的条件下投资方享有优先认购权,以维持其在新一轮增资或发行之前的股权比例。在完成本次增资后,在公司上市前,公司如果新增注册资本或新发行的股权的价格低于投资方本次增资的价格,则投资方的增资价格需按平摊加权平均法做相应调整,调整的方式可以通过实际控制人向投资方补偿相应差价的方式进行,亦可通过实际控制人向投资方无偿转让部分股权的方式进行;在完成本次增资后,在公司上市前,投资方所持公司的股权比例在公司拆股、股票分红、并股或以低于增资价格增发新股,以及其他资产重组的情况下也应按比例获得调整,确保投资方的股权比例不受损失。"

【例题·单选题】反摊薄条款的目的是确保不会因公司以（　　）的发行价进行新一轮融资而导致投资人的股权被（　　）从而投资被贬值。

A.更低;转化　　　　B.更低;稀释　　　　C.更高;转化　　　　D.更高;稀释

【答案】B

【解析】反摊薄条款又称反稀释条款(Anti-dilution),是一种用来保证股权投资基金权益的约定,目的是确保不会因公司以更低的发行价进行新一轮融资而导致投资人的股权被稀释从而投资被贬值。

五、董事会席位条款

(一)董事会席位条款概述

董事会席位条款约定目标企业董事会的席位数量、初始分配方案和后续调整规则,是目标企业控制权分配的重要条款。通常,持股达到某一最低比例的投资人有权任命若干名董事。

(二)董事会席位条款的表述

一般而言,董事会席位条款可表述为:公司董事会由 X 名董事组成,其中 Y 名董事由创始股东委派或同时兼任,X－Y 名董事由投资人委派。

【例题·单选题】董事会席位条款是目标企业分配（　　）的重要条款。

A.财政权　　　　B.人事权　　　　C.控制权　　　　D.投资权

【答案】C

【解析】董事会席位条款约定目标企业董事会的席位数量、初始分配方案和后续调整规则,是目标企业控制权分配的重要条款。

六、保护性条款

(一)保护性条款概述

保护性条款是为保护股权投资基金利益而进行的安排,根据该条款,目标企业在执行某些可能损害投资人利益或对投资人利益有重大影响的行为或交易前,应事先获得投资人的同意。保护性条款实际上赋予了股权投资基金作为投资人,对一些特定重大事项的一票否决权。

重大事项通常包括:

(1)一定规模以上股权或债权的发行;

(2)一定规模以上的资产处置;

(3)涉及公司知识产权的交易;

(4)重大关联交易;

(5)导致公司控制权发生变化的兼并、收购、分立、合并或清算事件;

(6)公司章程、董事会结构或议事规则的变更;

(7)公司业务范围或业务活动的本质性变化;

(8)会计政策的重大变更或外部审计机构的变更等。

(二)保护性条款的表述

一般而言,保护性条款可表述为"下列事项,必须经过优先股股东【　】%以上通过方可执行:①变更法定普通股或优先股股本;②批准公司的清算或解散;等等。"

【例题·单选题】保护性条款是指目标企业在执行某些（　　）的行为或交易前,应事先获得投资人的同意。

A. 可能损害私募基金利益　　　　B. 可能损害企业利益

C. 可能损害高管利益　　　　　　D. 可能损害投资人利益

【答案】D

【解析】保护性条款是为保护股权投资基金利益而进行的安排,根据该条款,目标企业在执行某些可能损害投资人利益或对投资人利益有重大影响的行为或交易前,应事先获得投资人的同意,故选项 D 表述正确。

七、竞业禁止条款

竞业禁止条款是指在投资协议中,股权投资基金为了确保公司的良好发展和利益,要求目标公司通过保密协议或其他方式,确保其董事、高管和其他关键员工不得兼职与本公司业务有竞争的职位,同时不得在离职后一段时期内加入与本公司有竞争关系的公司。本条款的目的是为了保证目标公司的利益不受损害,从而保障投资人的利益。

八、优先购买权/优先认购权条款

(一)优先购买权和优先认购权概述

优先认购权是指目标企业发行新股或者可转换债券时,作为老股东的股权投资人可以按照比例优先于新进投资人进行认购的权利。

优先购买权是指目标企业的其他股东对外出售股权时,作为老股东的股权投资人在同等条件下有优先购买权。

(二)优先认购权条款的表述

一般而言,优先认购权条款可表述为:"当被投企业拟通过扩股的形式进行增资,在同等条件,投资方对该项增资具有优先认购权。"

优先购买权条款可表述为:"当被投企业的其他普通股股东转让其所持有的被投企业的股权,在同等条件,投资方具有优先购买权。"

【例题·单选题】优先认购权是指目标企业发行新股或者可转换债券时,作为老股东的股权投资人可以(　　)。

A. 按照比例直接获得新股的权利

B. 按照比例优先于新进投资人进行认购的权利

C. 始终优先于新进投资人进行认购的权利

D. 转让一部分股份的权利

【答案】B

【解析】优先认购权是指目标企业发行新股或者可转换债券时,作为老股东的股权投资人可以按照比例优先于新进投资人进行认购的权利。

九、保密条款

(一)保密条款概述

所谓保密条款是指除法律要求的要遵守相关监管机构/权威机构(视情况而定)的披露要求外,投资协议中规定投资方应对投资中了解的目标公司的商业秘密和其他信息承担保密义务,保证不将这些信息泄露给第三方。此外,对于股权投资基金而言,其所投目标公司也属于商业秘密,所以保密条款也针对目标公司施加保密的义务,因此,保密条款有利于保护双方的利益。

（二）保密条款的表述

一般而言，保密条款可表述为："有关本次投资的条款和细则（包括所有条款约定、框架协议的存在以及任何相关的投资文件、有关商业活动不公开的项目资料、募资材料、合作方背景资料等信息）均属保密信息，不得向任何第三方透露，除非另有规定。

若根据法律必须透露信息，则需要透露信息的一方应在透露或提交信息之前的合理时间内征求另一方有关信息披露和提交的意见。且如另一方要求，需要透露信息一方应尽可能为所披露或提交的信息争取保密待遇。应法律法规或政府要求，在紧急情况下的信息披露，应达到及时通知另一方。

尽管有上述说明，但在本次投资完成之后，公司有权将投资的存在、投资人对公司的投资事项披露给公司投资者、投资银行、贷款人、会计师、法律顾问、业务伙伴和诚信的潜在投资者、员工、贷款人和业务伙伴，但前提是，公司已要求获知信息的个人或者机构承担信息的保密义务。"

【例题·单选题】保密条款有利于保护（　　）的利益。

A. 投资方　　　　　　　　　　　　　　B. 目标公司

C. 投资方及目标公司双方　　　　　　　D. 第三方

【答案】C

【解析】保密条款有利于保护投资方及目标公司双方的利益。

十、排他性条款

（一）排他性条款概述

排他性条款一般会约定一个为期几个月的排他期限（一般为 60～90 天，并购类项目的锁定时间更长一些），在排他期限内，目标企业现任股东及其董事、雇员、财务顾问、经纪人在与股权投资基金进行谈判的过程中不得再与其他投资机构进行接触，从而保证双方的时间和经济效率。同时，投资方如果在协议签署之日前的任何时间决定不执行投资计划，应立即通知目标企业。

（二）排他性条款的表述

本条款可表述为："公司同意，在签订本协议后的 60 天内，公司及其股东、董事会成员、员工、亲属、关联公司和附属公司在未获得投资人书面同意的情况下，不得通过直接或间接方式向任何第三方寻求股权/债务融资或接受第三方提供的要约；不得向第三方提供任何有关股权/债务融资的信息或者参与有关股权/债务融资的谈判和讨论；且不得与第三方达成任何有关股权/债务融资的协议或安排。如公司为满足本协议中股票购买协议部分所载明成交条件造成延期，本排他性条款有效期限自动延展。尽管有上述规定，若公司或投资人均未在排他性条款有效期截止日 5 天之前发出希望终止谈判的书面通知，则公司应继续与投资人进行排他性谈判直至公司或投资人发出书面终止谈判通知。"

【例题·单选题】在排他期限内，目标企业（　　）在与股权投资基金进行谈判的过程中不得再与其他投资机构进行接触。

Ⅰ. 现任股东及其董事　　Ⅱ. 雇员　　　　　　　Ⅲ. 财务顾问、经纪人

A. Ⅰ、Ⅱ　　　　　　B. Ⅰ、Ⅲ　　　　　　C. Ⅱ、Ⅲ　　　　　　D. Ⅰ、Ⅱ、Ⅲ

【答案】D

【解析】在排他期限内，目标企业现任股东及其董事、雇员、财务顾问、经纪人在与股权投资基金进行谈判的过程中不得再与其他投资机构进行接触。

第五节 跨境股权投资中的特殊问题

>> **本节导读** <<

本节介绍了跨境私募股权投资的类型及其法律依据、审批流程、架构设计,考生了解即可。

一、跨境私募股权投资的类型

跨境股权投资包括境外的股权投资基金面向境内目标公司的投资,以及境内的股权投资基金面向境外目标公司的投资。

(1)境外股权投资基金面向境内企业的投资,是指注册于境外的股权投资基金,采取新设、增资或收购等方式,投资于境内企业。

(2)境内股权投资基金面向境外企业的投资,是指注册于境内的股权投资基金,采取新设、增资或收购等方式,投资于境外企业。

【例题·单选题】跨境股权投资包括( )。

Ⅰ.境外的股权投资基金面向境内目标公司的投资

Ⅱ.境内的股权投资基金面向境外目标公司的投资

Ⅲ.境内的外币股权投资基金面向境内目标公司的投资

A. Ⅰ、Ⅱ   B. Ⅰ、Ⅲ   C. Ⅱ、Ⅲ   D. Ⅰ、Ⅱ、Ⅲ

【答案】A

【解析】跨境股权投资包括境外的股权投资基金面向境内目标公司的投资,以及境内的股权投资基金面向境外目标公司的投资。

二、跨境股权投资的法律依据、审批流程和架构设计

(一)法律依据

(1)境外股权投资基金采用外商直接投资方式投资于境内企业的,应遵守我国《外资企业法》《中外合作经营企业法》《中外合资经营企业法》以及《公司法》《证券法》等法律的规定,其投资企业所在的行业应满足《政府核准的投资项目目录》。

(2)如构成对境内企业的并购行为,应遵守《关于外国投资者并购境内企业的规定》。

(3)如果目标企业为境内上市公司,还应遵守《外国投资者对上市公司战略投资管理办法》的规定。

(4)投资过程中涉及的外汇业务应遵循国家关于外汇管理的法律法规规定。

境内股权投资基金投资于境外企业,应遵循商务部颁布的《境外投资管理办法》以及国家发展改革委颁布的《境外投资项目核准和备案管理办法》。

(二)审批流程

1.境外股权投资基金向境内目标公司投资的审批流程

境外股权投资基金向境内目标公司直接投资必须获得特定审批机关的批准,主要包括商务部国家发展改革委以及外汇局,如果境内目标企业的主体资格特殊,还可能涉及国家相关主管部门。

审批的一般流程是:

（1）按相关规定获得审批机关批准；

（2）向工商登记管理机关办理设立登记或变更登记。

2.境内股权投资基金向境外目标公司投资的审批流程

一般而言,中国企业进行境外投资必须获得特定审批机关的批准,这里的审批机关主要是指发展改革部门和商务部门。如果中国企业的主体资格特殊,还可能涉及其他政府主管部门。

我国对企业境外投资区分不同情况,实行核准或备案管理。

（1）涉及敏感国家和地区或敏感行业或投资金额较大的,实行核准管理；

（2）对一般境外投资,实行备案管理。

在审批流程方面,主要包括以下三个步骤。

（1）企业应首先拿到发展改革部门的核准或备案文件。如企业在投资项目的过程中涉及通过新设、并购等方式在境外设立非金融企业或取得既有非金融企业的所有权、控制权、经营管理权等行为,企业还需要向商务部门申请核准或备案,并获得"企业境外投资证书"。

（2）在获得发展改革、商务部门的核准或备案文件后,向外汇管理部门申请外汇登记证。

（3）在指定银行办理资金汇出手续。

(三)架构设计

跨境股权投资可以采取直接投资的架构。跨境直接投资是指投资者(自然人或法人)跨越国境进行投资,采取新设、增资或收购等方式,直接获取或控制境外企业的股权或资产,以获得利润或达到其他战略目标的投资活动。

跨境直接投资包括外国直接投资(FDI)和对外直接投资(ODI)两种具体形式。

（1）外国直接投资指境外投资者对我国境内企业的直接投资。

（2）对外直接投资指我国境内投资者对境外企业的直接投资。

有些情况下,基于降低税负或规避监管等方面的考虑,跨境股权投资也可以采取直接投资以外的其他架构设计。其中,股权投资基金行业使用较多的一种架构,是由投融资双方在境外设立特殊目的公司(SPV),境外股权投资基金投资于该特殊目的公司,再由该特殊目的公司以外国直接投资方式投资于境内企业。如果目标企业所从事的行业属于特殊行业,有时还会采用可变利益实体(VIE)的投资架构。需要指出的是,在我国当前的法律框架下,VIE架构的合法性仍存在一定的疑问。

真题自测

（所有题型均为单选题,每题只有1个正确答案）

1.尽职调查的目的不包括（　　）。

　A.价值发现　　　　　　　　　　　　B.风险发现

　C.投资可行性分析　　　　　　　　　D.风险分析

2.（　　）是整个尽职调查工作的核心。

　A.业务尽职调查　　　　　　　　　　B.财务尽职调查

　C.法律尽职调查　　　　　　　　　　D.标的企业过去财务业绩情况的调查

3.法律尽职调查重点关注的问题不包括（　　）。

　A.历史沿革问题　　　　　　　　　　B.主要股东情况和高级管理人员

　C.债务及对外担保情况　　　　　　　D.公司财务状况

4.风险控制一般包括的步骤有( )。

　　Ⅰ.风险识别　　　　　Ⅱ.风险评估　　　　　Ⅲ.风险应对　　　　　Ⅳ.风险分析

　　A.Ⅰ、Ⅱ　　　　　　B.Ⅰ、Ⅱ、Ⅲ　　　　C.Ⅰ、Ⅱ、Ⅳ　　　　D.Ⅰ、Ⅱ、Ⅲ、Ⅳ

5.用相对估值法来评估目标企业价值的工作程序不包括( )。

　　A.预测目标企业价值

　　B.选定相当数量的可比案例或参照企业

　　C.分析目标企业及参照企业的财务和业务特征,选择最接近目标企业的几家参照企业

　　D.在参照企业的相对估值基础上,根据目标企业的特征调整指标,计算其定价区间

6.下列选项中关于市盈率的说法有误的是( )。

　　A.市盈率＝企业股权价值/净利润

　　B.静态市盈率反映的信息要比动态市盈率更加贴近当前实际

　　C.静态市盈率使用的净利润为上市公司上一财政年度公布的净利润

　　D.动态市盈率采用的是最近四个季度报告的净利润总和

7.回购条款中,事先设定的触发条件通常包括( )。

　　Ⅰ.目标企业未达到事先设定的业绩目标

　　Ⅱ.目标企业在一段时间内未能成功实现IPO

　　Ⅲ.目标企业出现了导致实际控制权发生转移的重大事项

　　A.Ⅰ、Ⅱ　　　　　　B.Ⅱ、Ⅲ　　　　　　C.Ⅰ、Ⅲ　　　　　　D.Ⅰ、Ⅱ、Ⅲ

8.( )是指在投资协议中,股权投资基金为了确保公司的良好发展和利益,要求目标公司通过保密协议或其他方式,确保其董事、高管和其他关键员工不得兼职与本公司业务有竞争的职位,同时不得在离职后一段时期内加入与本公司有竞争关系的公司。

　　A.反摊薄条款　　　　B.保护性条款　　　　C.竞业禁止条款　　　D.保密条款

9.市盈率等于( )。

　　Ⅰ.企业股权价值/税息折旧摊销前收益

　　Ⅱ.企业股权价值/净利润

　　Ⅲ.每股价格/每股净利润

　　A.Ⅰ、Ⅱ　　　　　　B.Ⅰ、Ⅲ　　　　　　C.Ⅱ、Ⅲ　　　　　　D.Ⅰ、Ⅱ、Ⅲ

10.自由现金流量(FCFF)的公式为( )。

　　A.自由现金流量(FCFF)＝(税后净营业利润＋折旧及摊销)－(资本支出＋营运资本增加)

　　B.自由现金流量(FCFF)＝(税后净营业利润＋资本支出)－(折旧及摊销＋营运资本增加)

　　C.自由现金流量(FCFF)＝(资本支出＋折旧及摊销)－(税后净营业利润＋营运资本增加)

　　D.自由现金流量(FCFF)＝(资本支出＋营运资本增加)－(税后净营业利润＋折旧及摊销)

11.账面价值法是指公司( )的净值,但要评估标的公司的真正价值,还必须对( )的各个项目作出必要的调整,在此基础上,得出双方都可以接受的公司价值。

　　A.资产负债;资产负债表　　　　　　　　B.现金流量;现金流量表

　　C.利润;利润表　　　　　　　　　　　　D.股东权益;股东权益变更表

12. 重置成本法的计算公式为( )。

  Ⅰ. 待评估资产价值 = 重置全价 − 综合贬值

  Ⅱ. 待评估资产价值 = 重置全价 + 综合增值

  Ⅲ. 待评估资产价值 = 重置全价 × 综合成新率

  A. Ⅰ、Ⅱ   B. Ⅰ、Ⅲ   C. Ⅱ、Ⅲ   D. Ⅰ、Ⅱ、Ⅲ

13. 对于股权投资机构而言,在企业正常可持续经营的情况下,( )采用清算价值法。

  A. 偶尔   B. 不会   C. 辅助   D. 一定

14. 经济增加值法的基本理念是( )。

  A. 资本获得的收益至少要能补偿投资者承担的风险

  B. 在参照企业的相对估值基础上,根据目标企业的特征调整指标,计算其定价区间

  C. 假设企业破产和公司解散时,将企业拆分为可出售的几个业务或资产包,并分别估算这些业务或资产包的变现价值

  D. 通过预测企业未来的现金流,将企业价值定义为企业未来可自由支配现金流折现值的总和

15. 关于经济增加值(EVA)的基本计算方法,错误的是( )。

  A. EVA = 税后净营业利润 − 资本成本   B. EVA = 税后净营业利润 × 资本成本

  C. EVA = (R − C) × A   D. EVA = R × A − C × A

16. 通常的估值调整方法是,在投资协议中约定未来的企业( ),并根据企业( )与( )的偏离情况,相应调整企业的估值。

  A. 盈利目标;未来实际盈利;盈利目标

  B. 发展规模目标;未来实际发展规模;发展规模目标

  C. 业绩目标;未来实际业绩;业绩目标

  D. 股东人数目标;未来实际股东人数;股东人数目标

17. 回购条款,是指当满足事先设定的条件时,股权投资基金有权要求目标企业( )按事先约定的定价机制,买回股权投资基金所持有的全部或部分目标企业的股权。

  A. 全部股东   B. 大股东   C. 董事长   D. 董事会成员

18. 董事会席位条款是目标企业分配( )的重要条款。

  A. 财政权   B. 人事权   C. 控制权   D. 投资权

19. 根据保护性条款,目标企业在执行某些( )的行为或交易前,应事先获得投资人的同意。

  Ⅰ. 损害投资人利益

  Ⅱ. 对投资人利益有重大影响

  Ⅲ. 保护投资人利益

  A. Ⅰ、Ⅱ   B. Ⅰ、Ⅲ   C. Ⅱ、Ⅲ   D. Ⅰ、Ⅱ、Ⅲ

20. 竞业禁止条款要求目标公司通过保密协议或其他方式,确保其董事、高管和其他关键员工不得( )。

  Ⅰ. 兼职与本公司业务有竞争的职位

  Ⅱ. 在离职后一段时期内加入与本公司有竞争关系的公司

  Ⅲ. 离职后终身不得从事同类职业

  A. Ⅰ、Ⅱ   B. Ⅰ、Ⅲ   C. Ⅱ、Ⅲ   D. Ⅰ、Ⅱ、Ⅲ

第六章　股权投资基金的投资后管理

本章主要从投资后阶段信息获取的主要渠道、投资后阶段常用的监控指标和监控方式以及增值服务的价值与主要内容这三个方面介绍了股权投资基金投资后管理。本章内容不多，多为理解性的知识，学习起来相对简单。

考点概览

考试大纲	考点内容	学习要求
投资后管理概述	投资后管理的概念、内容和作用	理解
	投资后阶段信息获取的主要渠道	理解
投资后项目监控	投资后阶段常用的监控指标	了解
	投资后项目监控的主要方式	理解
增值服务	增值服务的价值	理解
	增值服务的主要内容	理解

第一节　投资后管理概述

（微信扫描）

本节导读

本节主要介绍了投资后管理的概念、内容和作用以及投资后阶段信息获取的渠道。内容比较简单，考生学习时注意理解，切忌死记硬背。

一、投资后管理的概念、内容和作用

在完成项目尽职调查并实施投资后直到项目退出之前都属于投资后管理的期间。投资后管理关系到投资项目的发展与退出方案的实现，良好的投资后管理将会从主动层面减少或消除潜在的投资风险，实现投资的保值增值，因此，投资后管理对于投资工作具有十分重要的意义。

投资后管理是指股权投资基金与被投资企业签署正式投资协议之后，基金管理人积极参与被投资企业的重大经营决策，为被投资企业实施风险监控，并提供各项增值服务等一系列活动。

投资后管理的内容和作用如表6-1所示。

表 6 – 1 投资后管理的内容和作用

项目	内容
内容	通常,投资后管理的主要内容可以分为两类: ①股权投资基金对被投资企业进行的项目监控活动 ②股权投资基金对被投资企业提供的增值服务
作用	①对于股权投资基金而言,投资后的项目监控有利于及时了解被投资企业经营运作情况,并根据不同情况及时采取必要措施,保证资金安全 ②投资后的增值服务则有利于提升被投资企业自身价值,增加投资收益 ③投资后管理对股权投资基金参与企业后续融资时的决策也起到重要的决策支撑作用

二、投资后阶段信息获取的主要渠道

由于股权投资存在信息不对称、外部性较强以及财务投资人通常难以积极主动参与被投资企业管理等问题,因而需要有效机制来保证信息披露的充分性,保证企业的经营活动不损害股权投资基金的利益,并从客观上将二者的利益结合起来。股权投资基金管理人一般通过以下几种渠道和方式参与投资后管理,获取被投资企业信息。

(一)参与被投资企业股东大会(股东会)、董事会、监事会

股东大会(股东会)、董事会和监事会的相关内容如表 6 – 2 所示。

表 6 – 2 股东大会(股东会)、董事会和监事会

项目	内容
股东大会	股东大会(股东会)是公司的最高权力机构,由全体股东组成,负责修改公司章程,聘任和解聘公司董事,公司上市、增资、减资、利润分配,审批重大关联交易等重大事项的决策
董事会	董事会负责批准公司发展战略、批准公司年度财务预算与决算、聘任和解聘公司高级管理人员、决定公司高级管理人员的薪酬和考核与激励制度等重要决策
监事会	作为公司内部专门行使监督权的监督机构,对公司董事和高管的行为是否符合法律法规和公司章程的规定行使监督权力,是公司法人治理结构的重要组成部分

股权投资基金通过基金管理人参与被投资企业股东大会(股东会)、董事会和监事会,可以全面了解与公司发展相关的重要信息,并通过行使相应职权保护股权投资基金的利益,促进被投资企业的良性发展。

(二)关注被投资企业经营状况

根据法律法规和投资协议的约定,通常情况下,被投资企业有义务及时向股权投资基金提供与企业经营状况相关的报告,包括月度报告、季度报告、半年度报告、年度报告和有关专项报告。

股权投资基金可以通过被投资企业提交的经营报告了解企业业务进展情况,并密切关注企业出现的下列问题:①支付延误、亏损;②财务报表呈报日期延误;③财务报表质量不佳,资

产负债表项目出现重大变化;④企业家回避接触;⑤出现大量财产被盗情形;⑥管理层出现变动;⑦销售及订货出现重大变化;⑧存货变动异常;⑨缺少预算和计划;⑩会计制度变化;⑪失去重要客户和供应商;⑫出现劳工问题;⑬市场价格和份额变化等。同时,股权投资基金还要密切关注关于企业生产所需技术的变化、企业所处行业的变化及政府政策的变动等外部预警信号。

（三）日常联络和沟通工作

股权投资基金作为外部投资者,要减少或消除信息不对称带来的问题,及时沟通是最有效的解决办法。股权投资基金通常采取电话或会面、到企业实地考察等方式与被投资企业主要管理人员进行交谈和接触,目的是了解企业的日常经营情况,并对其进行指导或咨询,实现有效的沟通。

【例题·单选题】股权投资基金管理人一般通过(　　　)参与投资后管理,获取被投资企业信息。

　　Ⅰ.参与被投资企业股东大会(股东会)、董事会、监事会

　　Ⅱ.关注被投资企业经营状况

　　Ⅲ.日常联络和沟通工作

　　A.Ⅰ、Ⅱ　　　　　　B.Ⅰ、Ⅲ　　　　　　C.Ⅱ、Ⅲ　　　　　　D.Ⅰ、Ⅱ、Ⅲ

【答案】D

【解析】题干中表述的内容均为股权投资基金管理人参与投资后管理的渠道和方式。

【例题·单选题】根据法律法规和投资协议的约定,通常情况下,被投资企业有义务及时向股权投资基金提供与企业经营状况相关的报告,包括(　　　)。

　　Ⅰ.月度报告　　　　Ⅱ.季度报告　　　　Ⅲ.半年度报告　　　　Ⅳ.年度报告

　　A.Ⅱ、Ⅳ　　　　　　B.Ⅰ、Ⅱ、Ⅲ　　　　C.Ⅱ、Ⅲ、Ⅳ　　　　D.Ⅰ、Ⅱ、Ⅲ、Ⅳ

【答案】D

【解析】根据法律法规和投资协议的约定,通常情况下,被投资企业有义务及时向股权投资基金提供与企业经营状况相关的报告,包括月度报告、季度报告、半年度报告、年度报告和有关专项报告。

第二节　投资后项目监控

》》 本节导读 《《

投资后管理的主要内容可以分为股权投资基金对被投资企业进行的项目监控活动和对被投资企业提供的增值服务。本节主要介绍了投资后项目监控,考生需理解投资后项目监控的方式,对于常用的监控指标了解即可。

一、投资后阶段常用的监控指标

为了使被投资企业健康发展,特别是为了规避企业家的道德风险,股权投资基金通常采取各项具体措施对被投资企业进行监控。在投资后项目监控方面,需要重点关注以下指标,如表6-3所示。

表 6 - 3   投资后阶段常用的监控指标

指标	内容
经营指标	①对于业务和市场已经相对成熟稳定的企业,侧重于业绩指标,如净利润 ②对于尚在积极开拓市场的企业,侧重于成长指标,如销售额增长、网点建设、新市场进入等
管理指标	管理指标主要包括公司战略与业务定位、经营风险控制情况、股东关系与公司治理、高级管理人员尽职与异动情况、重大经营管理问题、危机事件处理情况等
财务指标	财务指标主要包括资金使用情况、三大财务报表、会计制度与重大财务方案、进驻财务监督人员的反馈情况等
市场信息追踪指标	市场信息追踪指标主要包括产品市场前景和竞争状况、产品销售与市场开拓情况、经第三方了解的企业经营状况、相关产业动向及政府政策变动情况等

【例题·单选题】在投资后项目监控方面,需要重点关注以下(   )指标。

Ⅰ.经营指标   Ⅱ.管理指标

Ⅲ.财务指标   Ⅳ.市场信息追踪指标

A.Ⅰ、Ⅱ、Ⅲ   B.Ⅰ、Ⅲ、Ⅳ

C.Ⅱ、Ⅲ、Ⅳ   D.Ⅰ、Ⅱ、Ⅲ、Ⅳ

【答案】D

【解析】在投资后项目监控方面,需要重点关注以下指标:经营指标、管理指标、财务指标、市场信息追踪指标。

二、投资后项目监控的主要方式

股权投资基金对被投资企业的监控通常会采取以下几种方式,如表 6 - 4 所示。

表 6 - 4   投资后项目监控的主要方式

项目	内容
跟踪协议条款执行情况	①在投资后管理阶段,股权投资基金管理人需定期核查协议条款的执行情况,保护双方的合法权益。当发现项目存在重大风险或出现极端情况时,应当立即采取补救措施 ②有一些投资协议可能也会规定一些其他交割后义务,在交割之后需要由被投资企业继续履行一些后续的义务,股权投资基金也需要对这些条款的履行情况进行持续监控
监控被投资企业财务状况	股权投资基金对被投资企业的风险监控的重要途径之一是在投资后对被投资企业的财务状况进行监控,对被投资企业进行财务分析,以便及时发现生产经营中的重大变化并及时采取措施
参与被投资企业重大经营决策	为了降低股权投资后的委托代理风险,股权投资基金管理人通常会参与被投资企业股东大会(股东会)、董事会和监事会,并以提出议案或参与表决的方式,对被投资企业的经营管理实施监控

在某些情况下,股权投资基金在投资时以可转换优先股或可转换债券作为投资工具,在投

资后管理阶段,投资者可以选择行使转换权力,将优先股或债权转换为普通股,相应增加在股东大会(股东会)或董事会的话语权,从而实施更有力的监控。在某些特殊情况下,投资者甚至可能以特定方式,阶段性地参与到被投资企业的日常经营和管理中去。

【例题·单选题】股权投资基金对被投资企业的监控通常不会采取(　　　)方式。

 A.跟踪协议条款执行情况   B.委托第三方机构

 C.监控被投资企业财务状况   D.参与被投资企业重大经营决策

【答案】B

【解析】股权投资基金对被投资企业的监控通常会采取以下几种方式:①跟踪协议条款执行情况;②监控被投资企业财务状况;③参与被投资企业重大经营决策。

第三节　增值服务

▶ 本节导读 ◀

本节主要介绍了股权投资基金对被投资企业提供的增值服务,内容不多,但均需考生深入理解。

一、增值服务的价值

(一)提高投资回报

增值服务的成功与否将对被投资企业的经营业绩产生重要影响,提供增值服务的目的就是要使被投资企业快速健康发展,在降低投资风险的同时,早日实现投资退出,获取最大化的投资回报。

(二)降低投资风险

从股权投资的流程看,股权投资基金所提供的增值服务可以使被投资企业的一些风险处于可控范围之内,增值服务是投资者控制投资风险的一项重要手段。投资后持续的增值服务,能够最大限度地降低投资风险,保证投资效率和资金安全。

二、增值服务的主要内容

股权投资基金为被投资企业提供的增值服务通常包括以下几方面。

(一)完善公司治理结构

股权投资基金本身非常注重被投资企业的治理结构及组织架构,因此通常会在这些方面提供合理意见与建议,并帮助被投资企业逐步建立规范的公司治理结构。

(二)规范财务管理系统

股权投资基金能够帮助被投资企业建立规范的会计账户处理流程,并协助建立以规范管理、控制风险为基本理念的现代财务管理体系。

(三)为企业提供管理咨询服务

这主要是指为被投资企业提供战略、组织、财务、人力资源、市场营销等方面的顾问建议。由于股权投资基金对被投资企业所处的行业情况比较了解,并且经验相对丰富,投资人经常作为管理顾问,帮助被投资企业完善商业计划、改善经营管理、发现新的业务机会,同时也可以较早觉察到企业未来可能出现的问题,降低企业的运行风险。

（四）提供再融资服务

后续融资在被投资企业的发展壮大过程中非常重要,对创业企业来说尤为如此。股权投资基金往往会利用自己在资本市场上的关系网络联合其他投资机构一起投资。股权投资基金还和证券市场上的投资银行及基金公司联系密切,能够帮助企业选择合适的时机上市或者发行债券。正是由于股权投资基金能够给被投资企业提供潜在的持续融资机会,被投资企业往往会去寻找那些在投资行业内有广泛关系的股权投资基金,希望能够通过其加入公司来保证后续轮次的融资活动顺利进行。

（五）提供外部关系网络

股权投资基金通常与社会各界有着广泛的联系。凭借这种深厚的关系网络,投资人往往能够为被投资企业带来许多战略性资源并将其融入企业之中,使其成为被投资企业的竞争优势。

（1）为被投资企业引入重要的战略合作伙伴和外部专家。这包括帮助其寻找供应商、产品经销商,挑选会计师事务所、律师事务所,帮助被投资企业聘请管理咨询公司等。

（2）为被投资企业寻找关键人才。当股权投资基金投资创业企业后,可以凭借对所投行业的经验,帮助被投资企业聘用合适的高级管理人才和核心技术人才。

（六）上市辅导及并购整合

股权投资基金为了实现资本增值,要参与被投资企业的资本运营,帮助被投资企业进行一系列并购或上市/挂牌前的准备工作,引入证券公司开展上市/挂牌辅导工作,并利用自己在资本市场的资源,推荐并购标的或上市证券交易市场。

【例题·单选题】下列不属于增值服务的主要内容的是(　　　)。

　　A.完善公司治理结构　　　　　　　　B.为企业提供管理咨询服务

　　C.提供外部关系网络　　　　　　　　D.改善公司经营状况

【答案】D

【解析】股权投资基金为被投资企业提供的增值服务通常包括:①完善公司治理结构;②规范财务管理系统;③为企业提供管理咨询服务;④提供再融资服务;⑤提供外部关系网络;⑥上市辅导及并购整合。故选项D表述错误。

【例题·单选题】股权投资基金所提供的增值服务的价值在于(　　　)。

　　Ⅰ.获取投资数据　　　Ⅱ.提高投资回报　　　Ⅲ.降低投资风险

　　A.Ⅰ、Ⅱ　　　　　　B.Ⅰ、Ⅲ　　　　　　C.Ⅱ、Ⅲ　　　　　　D.Ⅰ、Ⅱ、Ⅲ

【答案】C

【解析】股权投资基金所提供的增值服务的价值在于:提高投资回报和降低投资风险。

真题自测

（所有题型均为单选题,每题只有 1 个正确答案）

1. 投资后管理是指股权投资基金与被投资企业签署正式投资协议之后,(　　)积极参与被投资企业的重大经营决策,为被投资企业实施风险监控,并提供各项增值服务等一系列活动。
   A. 基金投资者　　　　　　　　　　　B. 基金管理人
   C. 基金服务机构　　　　　　　　　　D. 基金监管机构

2. (　　)是公司的最高权力机构。
   A. 股东大会　　　　B. 董事会　　　　C. 监事会　　　　D. 管理委员会

3. 下列关于投资后阶段常用的监控指标表述错误的是(　　)。
   A. 经营指标,对于尚在积极开拓市场的企业侧重于业绩指标,如净利润
   B. 管理指标主要包括公司战略与业务定位、经营风险控制情况、股东关系与公司治理等
   C. 财务指标主要包括资金使用情况、三大财务报表、会计制度与重大财务方案、进驻财务监督人员的反馈情况等
   D. 市场信息追踪指标主要包括产品市场前景和竞争状况、产品销售与市场开拓情况、经第三方了解的企业经营状况、相关产业动向及政府政策变动情况等

4. 股权投资基金对被投资企业的监控通常采取的方式不包括(　　)。
   A. 跟踪协议条款执行情况　　　　　　B. 监控被投资企业财务状况
   C. 关注被投资企业经营状况　　　　　D. 参与被投资企业重大经营决策

5. 增值服务的价值包括(　　)。
   Ⅰ. 提高投资回报　　　　　　　　　Ⅱ. 规避投资风险
   Ⅲ. 降低投资风险　　　　　　　　　Ⅳ. 改变公司股权结构
   A. Ⅰ、Ⅱ　　　　B. Ⅰ、Ⅲ　　　　C. Ⅱ、Ⅳ　　　　D. Ⅰ、Ⅱ、Ⅳ

6. 投资后管理是指股权投资基金与被投资企业签署正式投资协议之后,基金管理人(　　)的一系列活动。
   Ⅰ. 积极参与被投资企业的重大经营决策
   Ⅱ. 为被投资企业实施风险监控
   Ⅲ. 提供各项增值服务
   A. Ⅰ、Ⅱ　　　　B. Ⅰ、Ⅲ　　　　C. Ⅱ、Ⅲ　　　　D. Ⅰ、Ⅱ、Ⅲ

7. 对于股权投资基金而言,投资后管理的作用不包括(　　)。
   A. 有利于及时了解被投资企业经营运作情况,并根据不同情况及时采取必要措施,保证资金安全
   B. 有利于提升被投资企业自身价值,增加投资收益
   C. 对股权投资基金参与企业后续融资时的决策也起到重要的决策支撑作用
   D. 确保不会因公司以更低的发行价进行新一轮融资而导致投资人的股权被稀释从而投资被贬值

8. 投资后阶段信息获取的主要渠道包括(　　)。

　　Ⅰ. 参与被投资企业股东大会(股东会)、董事会、监事会

　　Ⅱ. 关注被投资企业经营状况

　　Ⅲ. 日常联络和沟通工作

　　A. Ⅰ、Ⅱ　　　　　　　　B. Ⅰ、Ⅲ　　　　　　　　C. Ⅱ、Ⅲ　　　　　　　　D. Ⅰ、Ⅱ、Ⅲ

9. 股权投资基金为被投资企业提供的增值服务通常包括(　　)。

　　Ⅰ. 完善公司治理结构和规范财务管理系统

　　Ⅱ. 为企业提供管理咨询服务和再融资服务

　　Ⅲ. 提供外部关系网络和上市辅导及并购整合

　　A. Ⅰ、Ⅱ　　　　　　　　B. Ⅰ、Ⅲ　　　　　　　　C. Ⅱ、Ⅲ　　　　　　　　D. Ⅰ、Ⅱ、Ⅲ

10. 股权投资基金为被投资企业带来许多战略性资源通常包括(　　)。

　　Ⅰ. 重要的战略合作伙伴

　　Ⅱ. 外部专家

　　Ⅲ. 关键人才

　　A. Ⅰ、Ⅱ　　　　　　　　B. Ⅰ、Ⅲ　　　　　　　　C. Ⅱ、Ⅲ　　　　　　　　D. Ⅰ、Ⅱ、Ⅲ

第七章　股权投资基金的项目退出

本章主要介绍了股权投资基金项目退出的三种方式:股份上市转让或挂牌转让退出、股权转让退出和清算退出。本章多为理解性的知识,学习难度不大。本章内容涉及较多要求和规则,考生可以通过对比进行理解。

考点概览

考试大纲	考点内容	学习要求
项目退出概述	项目退出的含义	了解
	项目退出的方法	了解
股份上市转让或挂牌转让退出	上市退出的主要市场	理解
	境内主板和创业板上市的基本要求	理解
	项目在境内申报上市流程	了解
	已上市企业股份转让的交易机制及操作流程	了解
	间接上市流程	理解
	全国中小企业股份转让系统挂牌的基本要求	理解
	全国中小企业股权转让系统的交易机制和规则	理解
股权转让退出	非上市股权转让的基本流程	理解
	区域性股权交易市场基本情况	了解
	国有股权非上市转让的特殊要求	理解
	并购的流程和方法	理解
	回购的流程和方法	了解
清算退出	清算退出概述	理解
	清算退出的流程和方法	理解

第一节　项目退出概述

本节导读

本节内容较为简单,考生了解投资退出的三种方式即可。

一、项目退出的含义

股权投资基金的核心是通过成功的项目退出来实现收益,因此,项目退出机制非常重要。

项目退出,是指股权投资基金选择合适的时机,将其在被投资企业的股权变现,由股权形态转化为资本形态,以实现资本增值,或及时避免和降低财产损失。

二、项目退出的方法

股权投资基金的项目退出主要有三种方式:股份上市转让或挂牌转让退出、股权转让退出、清算退出。

在本章的第二节、第三节和第四节会对这三种退出方式分别做具体的说明,此处不再赘述。

【例题·单选题】股权投资基金的项目退出主要有( )方式。

Ⅰ.股份上市转让或挂牌转让退出　　　　Ⅱ.股权转让退出

Ⅲ.清算退出　　　　Ⅳ.协议退出

A. Ⅰ、Ⅱ、Ⅲ　　　　B. Ⅰ、Ⅲ、Ⅳ　　　　C. Ⅱ、Ⅲ、Ⅳ　　　　D. Ⅰ、Ⅱ、Ⅲ、Ⅳ

【答案】A

【解析】股权投资基金的项目退出主要有三种方式:股份上市转让或挂牌转让退出、股权转让退出、清算退出。

第二节　股份上市转让或挂牌转让退出

》本节导读《

本节要求考生理解上市退出的主要市场、境内主板、创业板上市的基本要求、间接上市的流程以及全国中小企业股份转让系统挂牌的基本要求、市场交易规则与机制。其他内容了解即可。

股份上市转让是股权投资基金首选的退出方式。

首次公开发行上市(Initial Public Offering,IPO)一般是在被投资企业经营达到理想状态时进行的,股权投资基金通过企业上市将其拥有的不可流通的股份转变成可以在公开市场上流通的股份,通过股票在公开市场转让实现投资退出和资本增值。

随着我国新三板市场的兴起和相关交易制度的日趋完善,新三板挂牌退出也成为股权投资基金的重要退出方式。

一、上市退出的主要市场

IPO 主要包括国内 A 股 IPO 和海外 IPO。

国内 A 股 IPO 市场包括主板、中小企业板和创业板,如表7-1所示。

表7-1　　　　　　　　　　　　国内 A 股 IPO 市场

市场	内容
主板市场	主板市场是国内最重要的证券市场,一般对企业的资本条件、盈利水平等指标要求都比较高

续表

市场	内容
中小企业板市场	中小企业板市场是深圳证券交易所为了鼓励自主创新而专门设置的中小型公司聚集板块。交易实行运行独立、监察独立、代码独立、指数独立,遵循与主板市场相同的法律规章、上市条件及信息披露要求
创业板市场	创业板市场主要面向成长型创业企业,重点支持自主创新企业。创业板市场的退出有效提高了我国资本市场运行效率及竞争力,对于丰富股权投资基金的退出渠道也发挥了重要作用

对我国企业来说,海外 IPO 市场主要以中国香港主板、美国纳斯达克证券交易所(NAS-DAQ)、纽约证券交易所(NYSE)等市场为主。

【例题·单选题】国内 A 股 IPO 市场不包括(　　)。

A. 主板　　　　　　B. 中小企业板　　　　　C. 创业板　　　　　D. 中国香港主板

【答案】D

【解析】国内 A 股 IPO 市场包括主板、中小企业板和创业板。

二、境内主板和创业板上市的基本要求

(一)境内主板上市基本要求

1. 主体资格

(1)发行人是依法设立且持续经营 3 年以上的股份有限公司,经国务院批准的除外。

(2)发行人的注册资本已足额缴纳,发起人或者股东用作出资的资产的财产权转移手续已办理完毕,发行人的主要资产不存在重大权属纠纷。

(3)发行人的生产经营符合法律、行政法规和公司章程的规定,符合国家产业政策。

(4)发行人最近 3 年内主营业务和董事、高级管理人员没有发生重大变化,实际控制人没有发生变更。

(5)发行人的股权清晰,控股股东和受控股股东、实际控制人支配的股东持有的发行人股份不存在重大权属纠纷。

2. 规范运行

(1)发行人已经依法建立健全股东大会、董事会、监事会、独立董事、董事会秘书制度,相关机构和人员能够依法履行职责。

(2)发行人依法纳税,各项税收优惠符合相关法律法规的规定。发行人的经营成果对税收优惠不存在严重依赖。

(3)发行人募集资金用途符合规定。募集资金应当有明确的使用方向,原则上应当用于主营业务;募集资金数额和投资项目应当与发行人现有生产经营规模、财务状况、技术水平和管理能力等相适应;发行人董事会应当对募集资金投资项目的可能性进行认真分析,确信投资项目具有较好的市场前景和盈利能力,有效防范投资风险,提高募集资金使用效益。

3. 财务状况良好

(1)最近 3 个会计年度净利润均为正数且累计超过人民币 3000 万元,净利润以扣除非经

常性损益前后较低者为计算依据;

(2)最近3个会计年度经营活动产生的现金流量净额累计超过人民币5000万元,或者最近3个会计年度营业收入累计超过人民币3亿元;

(3)发行前股本总额不少于人民币3000万元;最近一期期末无形资产(扣除土地使用权、水面养殖权和采矿权等后)占净资产的比例不高于20%;

(4)最近一期期末不存在未弥补亏损。

(二)创业板上市基本要求

1.公司基本状况要求

(1)发行人是依法设立且持续经营3年以上的股份有限公司。有限责任公司按原账面净资产值折股整体变更为股份有限公司的,持续经营时间可以从有限责任公司成立之日起计算。

(2)发行人的注册资本已足额缴纳,发起人或者股东用作出资的资产的财产权转移手续已办理完毕。发行人的主要资产不存在重大权属纠纷。

(3)发行人应当主要经营一种业务,其生产经营活动符合法律、行政法规和公司章程的规定,符合国家产业政策及环境保护政策。

(4)发行人最近2年内主营业务和董事、高级管理人员均没有发生重大变化,实际控制人没有发生变更。

(5)发行人的股权清晰,控股股东和受控股股东、实际控制人支配的股东所持发行人的股份不存在重大权属纠纷。

(6)发行人具有完善的公司治理结构,依法建立健全股东大会、董事会、监事会以及独立董事、董事会秘书、审计委员会制度,相关机构和人员能够依法履行职责。

(7)发行人资产完整,业务及人员、财务、机构独立,具有完整的业务体系和直接面向市场独立经营的能力。与控股股东、实际控制人及其控制的其他企业间不存在同业竞争,以及严重影响公司独立性或者显失公允的关联交易。

(8)发行人会计基础工作规范,财务报表的编制和披露符合《企业会计准则》和相关信息披露规则的规定,在所有重大方面公允地反映了发行人的财务状况、经营成果和现金流量,并由注册会计师出具无保留意见的审计报告。

(9)发行人内部控制制度健全且被有效执行,能够合理保证公司运行效率、合法合规和财务报告的可靠性,并由注册会计师出具无保留结论的内部控制鉴证报告。

(10)发行人的董事、监事和高级管理人员应当忠实、勤勉,具备法律、行政法规和规章规定的资格。

(11)发行人及其控股股东、实际控制人最近3年内不存在损害投资者合法权益和社会公共利益的重大违法行为。

2.公司内部财务状况要求

(1)最近2年连续盈利,最近2年净利润累计不少于1000万元;或者最近1年盈利,最近1年营业收入不少于5000万元。净利润以扣除非经常性损益前后孰低者为计算依据;

(2)最近一期末净资产不少于2000万元,且不存在未弥补亏损;

(3)发行后股本总额不少于3000万元。

三、项目在境内申报上市流程

项目在境内申报上市流程如表7-2所示。

表7-2   项目在境内申报上市流程

流程	内容
成立股份公司	①确定成立途径;②制订改制方案;③聘请验资、资产评估、审计等中介机构;④申请设立资料;⑤召开创立大会;等等
上市前辅导	①聘请券商(具有主承销资格);②上市方案与可研报告(董事会);③辅导报当地证监局备案,辅导验收通过;等等
上市申报和核准	①申报材料制作;②申报和受理;③反馈意见及回复;④初审会及与监管部门沟通;⑤发审会核准,取得批复文件
促销和发行	①审核通过后向交易所申请发行;②推出研究报告,进行公司定位和估值;③准备分析员说明会和路演;④询价、促销;⑤确定发行规模和定价范围
股票上市及后续	①定价;②股份配置;③交易和稳定股价;④发行结束;⑤后市支持

四、已上市企业股份转让的交易机制及操作流程

(一)竞价交易

1. 竞价交易制度

竞价交易制度又称委托驱动制度,其主要内容是:开市价格由集合竞价形成,随后交易系统对不断进入的投资者交易指令,按价格优先与时间优先原则排序,将买卖指令配对竞价成交。

(1)价格优先。较高价格买入申报优先于较低价格买入申报,较低价格卖出申报优先于较高价格卖出申报。

(2)时间优先。买卖方向、价格相同的,先申报者优先于后申报者。先后顺序按交易主机接受申报的时间确定。

2. 竞价方式

我国的证券交易所采用两种竞价方式:集合竞价方式和连续竞价方式。

(1)集合竞价指对在规定的一段时间内接受的买卖申报一次性集中撮合的竞价方式。

(2)连续竞价指对买卖申报逐笔连续撮合的竞价方式。

上海证券交易所规定,采用竞价交易方式的,每个交易日的9:15~9:25为开盘集合竞价时间,9:30~11:30、13:00~15:00为连续竞价时间。

深圳证券交易所规定,采用竞价交易方式的,每个交易日的9:15~9:25为开盘集合竞价时间,9:30~11:30、13:00~14:57为连续竞价时间,14:57~15:00为收盘集合竞价时间。

3. 竞价结果

竞价结果有三种可能:全部成交、部分成交、不成交。

(1)全部成交。委托买卖全部成交,证券经纪商应及时通知客户按规定的时间办理交接手续。

(2)部分成交。客户的委托如果未能全部成交,证券经纪商在委托有效期内可继续执行,直到有效期结束。

(3)不成交。客户的委托如果未能成交,证券经纪商在委托有效期内可继续执行,等待机

会成交,直到有效期结束。对客户失效的委托,证券经纪商须及时将冻结的资金或证券解冻。

4. 实行涨跌幅限制的证券的有效申报价格范围

我国上市公司股票交易实行涨跌幅限制,无论买入或者卖出,股票(含 A、B 股票)在一个交易日内交易价格相对上一个交易日收市价格的涨跌幅不得超过 10%,其中 ST 股票和 *ST 股票价格涨跌幅不得超过 5%。

(二)大宗交易

大宗交易(Block Trading),又称大宗买卖,是指达到规定的最低限额的证券单笔买卖申报,买卖双方经过协议达成一致并经交易所确认成交的证券交易。各个交易所在它的交易制度中或者在它的大宗交易制度中都对大宗交易有明确的界定,而且各不相同。

大宗交易分为协议大宗交易和盘后定价大宗交易。

(1)协议大宗交易是指大宗交易双方互为指定交易对手方,协商确定交易价格及数量的交易方式。

(2)盘后定价大宗交易是指证券交易收盘后按照时间优先的原则,以证券当日收盘价或证券当日成交量加权平均价格对大宗交易买卖申报逐笔连续撮合的交易方式。

> **拓展课堂:**深交所大宗交易采用协议大宗交易和盘后定价大宗交易方式。
> (1)采用协议大宗交易方式的,接受申报的时间为每个交易日 9:15 ~ 11:30、13:00 ~ 15:30。
> (2)采用盘后定价大宗交易方式的,接受申报的时间为每个交易日 15:05 ~ 15:30。当天全天停牌的证券,深交所不接受其大宗交易申报。
> (3)有价格涨跌幅限制证券的协议大宗交易的成交价格,在该证券当日涨跌幅限制价格范围内确定。无价格涨跌幅限制证券的协议大宗交易的成交价格,在前收盘价的上下30%之间确定。

(三)协议转让

协议转让是指买卖各方依据事先达成的转让协议,向股份上市所在证券交易所和登记机构申请办理股份转让过户的业务。

根据转让股份类型的不同,上市公司股份协议转让可以分为流通股协议转让和非流通股协议转让;根据转让主体类型的不同,可以分为国有股协议转让和非国有股协议转让;根据转让情形的不同,可以分为协议收购、对价偿还、股份回购等。

五、间接上市流程

间接上市又称重组上市,重组上市是指一家非上市公司通过把资产注入一家已上市公司,从而得到该公司一定程度的控股权,利用其上市公司地位,原非上市公司得以间接上市。在重组上市的方式中,原上市公司一般处于不景气行业中,具有收购成本低、股本扩张能力强等特点。重组上市一般有两条路径:

(1)上市公司以非公开发行方式直接向收购方发行股份购买其资产,从而达到重组上市的目的。

(2)非上市公司首先通过协议或直接二级市场购买等方式取得上市公司控制权。

非上市公司控制上市公司后,通过上市公司收购非上市公司的资产,将非上市公司的有关业务和资产注入到上市公司中去,从而实现重组上市的目的。

【例题·单选题】在重组上市的方式中,原上市公司一般处于不景气行业中,具有( )特点。

Ⅰ.创建时间长　　　　Ⅱ.收购成本低　　　　Ⅲ.股本扩张能力强

A.Ⅰ、Ⅱ　　　　B.Ⅰ、Ⅲ　　　　C.Ⅱ、Ⅲ　　　　D.Ⅰ、Ⅱ、Ⅲ

【答案】C

【解析】在重组上市的方式中,原上市公司一般处于不景气行业中,具有收购成本低、股本扩张能力强等特点。

六、全国中小企业股份转让系统挂牌的基本要求

全国中小企业股份转让系统是经国务院批准设立的第一家公司制证券交易场所,也是继上海证券交易所、深圳证券交易所之后第三家全国性证券交易场所,简称全国股份转让系统,通常称为新三板。

股份有限公司申请股票在新三板挂牌,不受股东所有制性质的限制,不限于高新技术企业,但应当符合下列条件:

(1)依法设立且存续满2年。有限责任公司按原账面净资产值折股整体变更为股份有限公司的,存续时间可以从有限责任公司成立之日起计算。

(2)业务明确,具有持续经营能力。

(3)公司治理机制健全,合法规范经营。

(4)股权明晰,股票发行和转让行为合法合规。

(5)主办券商推荐并持续督导。

(6)全国股份转让系统公司要求的其他条件。

七、全国中小企业股份转让系统的交易机制和规则

(一)新三板交易机制

1.新三板含义

全国中小企业股份转让系统也就是我们当前所称的新三板,是经国务院批准设立的全国性证券交易场所,全国中小企业股份转让系统有限责任公司为其运营管理机构。

2.新三板挂牌股票的转让方式

新三板挂牌股票的转让方式包括做市转让和协议转让。

(1)做市转让又称为做市商转让,是买卖双方通过证券公司的报价进行交易,做市商交易一般遵循"价格优先、时间优先"的原则。

(2)协议转让是指在股转系统主持下,买卖双方通过洽谈协商,达成股权交易。

与沪深股票市场类似,已开设全国股转系统账户并在托管券商开立资金结算账户的合格投资者,可通过托管券商柜台、互联网、自助终端等方式委托买卖股票。

(二)新三板交易基本规则

新三板现行交易规则主要包括:

(1)以机构投资者为主,合格的自然人也可以投资。

(2)实行股份转让限售期。新三板对发起人、控股股东及实际控制人、高级管理人员所持股份转让设定一定的限售期。

(3)设定股份交易最低限额。每次交易要求不得低于1000股,投资者证券账户某一股份余额不足1000股的,只能一次性委托卖出。股票转让单笔申报最大数量不得超过100万股。

（4）投资者委托交易。投资者委托分为意向委托、定价委托和成交确认委托,委托当日有效。意向委托、定价委托和成交确认委托均可撤销,但已经报价系统确认成交的委托不得撤销或变更。

（5）交易须券商代理。投资者通过券商交易系统进行报价申报、转让或购买委托、成交确认、清算交收等手续,挂牌公司及投资者在代办系统所进行的股份交易的相关手续均须通过券商办理。

（6）分级结算原则。新三板交易制度对股份和资金的结算实行分级结算原则。分级结算是指证券登记结算机构与证券公司等结算参与人进行资金和证券的法人结算（又称一级结算）;证券公司再与投资者进行二级结算。

（7）依托新三板代办交易系统。

【例题·单选题】新三板挂牌股票的转让方式主要包括(　　　)和(　　　)。

A. 做市转让;债务转让　　　　　　　　B. 做市转让;协议转让

C. 代理转让;委托转让　　　　　　　　D. 委托转让;债务转让

【答案】B

【解析】新三板挂牌股票的转让方式主要包括做市转让和协议转让。

第三节　股权转让退出

》 本节导读 《

本节主要介绍了股权转让退出的相关内容,考生需要理解非上市股权转让的基本流程、国有股权非上市转让的特殊要求和并购的流程、方法。

股权转让退出是股权投资基金的重要退出途径。在本书中,股权转让是指非上市企业的股东依法将自己的股份让渡给他人,使他人成为公司股东的民事法律行为。

一、非上市股权转让的基本流程

(一)非上市股权转让的类型

未在交易所上市的公司股权转让,需要符合我国法律对公司股权转让的相关规定。对于有限责任公司,其股权转让分为内部转让和外部转让两种类型。

（1）内部转让是指现有股东之间相互转让股权。

（2）外部转让是指现有股东向股东以外的人转让股权。

两者的区别在于,外部转让一般需要征得其他股东过半数同意,且其他股东放弃优先购买权。

(二)外部股权转让的程序

外部股权转让的程序,可分为六个步骤:

（1）股权转让交易双方协商并达成初步意向。股权转让方与受让方对股权转让事宜进行初步谈判,并可签署股权转让意向书,约定受让方对目标公司开展尽职调查的相关安排、受让方在一定期间内的独家谈判权以及双方的保密义务等。

（2）聘请中介机构对目标公司进行尽职调查。按照股权转让意向书的约定，股权受让方可聘请法律、财务、商务等专业中介机构对目标公司进行尽职调查。

（3）履行必需的法律程序，转让方股权转让必须符合公司法的规定，有些股权转让行为需要得到政府主管部门的批准。

（4）转让方与受让方进行谈判，并签署股权转让协议。

（5）股权转让协议签署后，目标公司应当根据所转让股权的数量，注销或变更转让方的出资证明书，向受让方签发出资证明书，并相应修改公司章程和股东名册中相关内容。

（6）向工商行政管理部门申请公司变更登记。

二、区域性股权交易市场基本情况

目前我国资本市场分为交易所市场（主板、中小板、创业板）和场外市场。场外市场包括全国中小企业股份转让系统（新三板）与区域性股权交易市场。

区域性股权市场属于非公开市场，不属于证券市场，由省级地方政府设立和管理，其挂牌公司股东人数不能超过200人（"非公开"），股份不能拆细交易（"非标准"），交易频率须严格执行"T＋5"（"非连续"）。

区域性股权交易市场是为市场所在地省级行政区域内的企业特别是中小微企业提供股权、债券的转让和融资服务的场外交易市场，接受省级人民政府监管，中国证监会及其派出机构为区域性市场提供业务指导和服务。

区域性股权交易市场是多层次资本市场的重要组成部分，对于促进企业特别是中小微企业股权交易和融资，鼓励科技创新和激活民间资本，加强对实体经济薄弱环节的支持，具有积极作用。

三、国有股权非上市转让的特殊要求

国有股权非上市转让除应符合《公司法》和公司章程规定外，还应符合《企业国有资产交易监督管理办法》等相关规定，国有股权非上市转让的特殊要求具体如下。

（一）国有股权非上市转让的审批

国资监管机构负责审核国有企业的股权转让事项。其中，因股权转让致使国家不再拥有所出资企业控股权的，须由国资监管机构报本级人民政府批准。

国家出资企业应当制定其子企业股权转让管理制度，确定审批管理权限。其中，对主业处于关系国家安全、国民经济命脉的重要行业和关键领域，主要承担重大专项任务子企业的股权转让，须由国家出资企业报同级国资监管机构批准。

（二）国有股权非上市转让的审计评估

股权转让事项经批准后，由转让方委托会计师事务所对转让标的企业进行审计。涉及参股权转让不宜单独进行专项审计的，转让方应当取得转让标的企业最近一期年度审计报告。

对按照有关法律法规要求必须进行资产评估的股权转让事项，转让方应当委托具有相应资质的评估机构对转让标的进行资产评估，股权转让价格应以经核准或备案的评估结果为基础确定。

（三）国有企业股权非上市转让的交易

股权转让原则上通过产权市场公开进行。转让方可以根据企业实际情况和工作进度安排,采取信息预披露和正式披露相结合的方式,通过产权交易机构网站分阶段对外披露产权转让信息,公开征集受让方。其中,正式披露信息时间不得少于 20 个工作日。

（四）转让价款的支付

交易价款原则上应当自合同生效之日起 5 个工作日内一次付清。

金额较大、一次付清确有困难的,可以采取分期付款方式。采用分期付款方式的,首期付款不得低于总价款的 30%,并在合同生效之日起 5 个工作日内支付;其余款项应当提供转让方认可的合法有效担保,并按同期银行贷款利率支付延期付款期间的利息,付款期限不得超过 1 年。

（五）国有股权非上市转让协议的效力

由于国有股权非上市转让须履行特定的审批程序,在涉及国有股权转让协议的效力时,并非签订就生效,需要附加生效条件,在前期的审批、评估各项工作完成后,获得各部门批准后方能生效。

四、并购的流程和方法

（一）并购的定义

企业并购（Merger and Acquisition,M&A）包括兼并和收购两种方式。

（1）兼并是指两家或更多的独立的企业合并组成一家企业,通常由一家占优势的企业吸收一家或更多的企业。

（2）收购则是指一家企业用现金、股票或者债券等支付方式购买另一家企业的股票或者资产,以获得该企业控制权的行为。

与一般的股权转让交易相比,并购交易通常涉及企业控制权的转移。并购是股权投资基金常见的退出方式。

【例题·单选题】关于并购,说法错误的是（　　　）。

A. 企业并购包括兼并和收购两种方式

B. 兼并是指两家或更多的独立的企业合并组成一家企业

C. 收购是指一家企业用现金、股票或者债券等支付方式购买另一家企业的股票或者资产

D. 并购交易通常不涉及企业控制权的转移

【答案】D

【解析】与一般的股权转让交易相比,并购交易通常涉及企业控制权的转移。

（二）并购退出的流程和方法

当股权投资基金通过并购的方式退出被投资企业时,股权投资基金作为卖方参与交易。从卖方（被出售企业、出售方）的角度来看,并购的流程主要包括以下几个步骤,如表 7 - 3 所示。

表7-3　　　　　　　　　　　　　　　　　并购的流程

步骤	内容
前期准备阶段	当股权投资基金有意向以并购方式出售所投资的企业股权时,首先需要寻找潜在的收购方,在和潜在收购方接触之前,股权投资基金和被投企业需要做以下准备工作: ①选择并购顾问。该项工作主要是选择合适的会计师、律师和投资银行 ②准备营销材料。营销材料主要包括出售方的执行概要和信息备忘录。执行概要需重点说明企业的战略优势,尤其是适合收购方整合的优势,以吸引潜在的收购者。信息备忘录是为了规范出售方的信息披露,提高信息披露的质量 ③实施市场营销行为。在这个阶段,投资银行将联系有针对性的潜在买家
尽职调查阶段	买卖双方之间存在着信息不对称,尽职调查可以减少这种信息的不对称,尽可能地降低买方的收购风险。因此,有意向的买家将对被投资企业进行尽职调查
价值评估阶段	①尽职调查之后收购方和出售方商谈的核心内容是估值问题 ②资产评估一般委托独立的资产评估机构完成 ③价值评估的目的之一在于估算出股权投资基金并购退出的价值份额 ④最终的评估结果将由双方在评估的基础上协商得到
协商履约阶段	①谈判主要涉及支付方式与期限、交接时间与方式、有关手续的办理与配合等问题 ②双方协商达成一致意见后开始签订正式协议书,明确双方的权利和义务 ③协议签订后,应办理相关的交接手续

【例题·单选题】当股权投资基金通过并购的方式退出被投资企业时,股权投资基金作为( )参与交易。

Ⅰ.卖方　　　　　　　　Ⅱ.买方　　　　　　　　Ⅲ.第三方

A. Ⅰ　　　　　　B. Ⅱ　　　　　　C. Ⅲ　　　　　　D. Ⅰ、Ⅲ

【答案】A

【解析】当股权投资基金通过并购的方式退出被投资企业时,股权投资基金作为卖方参与交易。

五、回购的流程和方法

(一)回购概述

　　股权回购是指通常由被投资企业大股东或创始股东出资购买股权投资基金持有的企业股份,从而使股权投资基金实现退出的行为。

　　(1)当股权投资基金管理人认为所投资企业效益未达预期或被投资企业无法达到投资协议中的特定条款,可根据投资协议要求被投资企业股东回购股权,从而实现退出。

　　(2)当企业发展到一定阶段,被投资企业股东对企业未来的潜力看好,考虑到基金持股可能带来的丧失企业独立性等问题,也可以通过协商主动回购股权投资基金持有的股权而使股权投资基金实现退出。

（二）回购的流程和方法

发起、协商、执行和变更登记构成股权回购的基本运作程序,具体内容如表 7-4 所示。

表 7-4 回购的基本运作程序

流程	内容
发起	发起人既可以是股权投资基金,也可以是被投资企业股东、管理层。发起人选择时机提出回购要约
协商	股权回购协商的过程,是股权投资各主体利益博弈的过程。在整个过程中,围绕股权价格的争论无疑是重中之重,股价的定位既要符合市场的基本行情,又要满足各利益主体的基本要求
执行	根据协商形成的股权回购协议,回购双方进行交割。回购方按约定的进度向股权投资基金支付议定的回购金额
变更登记	股权回购完毕后,企业股东发生变化,应当及时根据《公司登记管理条例》的相关规定在工商行政管理部门办理变更登记。变更登记事项涉及修改公司章程的,应当向公司登记机关提交修改后的公司章程或者公司章程修正案

第四节　清算退出

>> **本节导读** <<

本节要求考生理解项目清算退出的流程和方法。考生需注意破产清算和解散清算的区别。

一、清算退出概述

清算是指企业结束经营活动,处置资产并进行分配的行为。清算退出是指股权投资基金通过被投资企业清算实现退出,主要是针对投资项目未获成功的一种退出方式。

二、清算退出的流程和方法

（一）清算退出的方式

清算退出主要有两种方式——破产清算和解散清算。

(1)破产清算,即公司因不能清偿到期债务,被依法宣告破产的,由法院依照有关法律规定组织清算组对公司进行清算。

(2)解散清算,即企业股东自主启动清算程序来解散被投资企业。

（二）清算退出的流程和方法

1. 清查公司财产、制订清算方案

(1)调查和清理公司财产。清算组在催告债权人申报债权的同时,应当调查和清理公司的财产。根据债权人的申请和调查清理的情况编制公司资产负债表、财产清单和债权、债务目录。

(2)制订清算方案。编制公司财务会计报告之后,清算组应当制订清算方案,提出收取债权和清偿债务的具体安排。

(3)提交股东大会(股东会)通过或者报主管机关确认。

(4)若公司财产不足清偿债务的,清算组有责任向有管辖权的人民法院申请宣告破产。经人民法院裁定宣告破产后,清算组应当将清算事务移交人民法院。

2. 了结公司债权、债务

(1)处理公司未了结的业务。清算期间,公司不得开展新的经营活动。但是,公司清算组为了清算的目的,有权处理公司尚未了结的业务。

(2)收取公司债权。清算组应当及时向公司债务人要求清偿已经到期的公司债权。

(3)对于未到期的公司债权,应当尽可能要求债务人提前清偿,如果债务人不同意提前清偿的,清算组可以通过转让债权等方法变相清偿。

(4)清偿公司债务。公司清算组通过清理公司财产、编制资产负债表和财产清单之后,确认公司现有的财产和债权大于所欠债务,并且足以偿还公司全部债务时,应当按照法定的顺序向债权人清偿债务。

3. 分配公司剩余财产

公司清偿了全部公司债务之后,如果公司财产还有剩余的,清算组才能够将公司剩余财产分配给包括股权投资基金在内的股东。股东之间如果依法约定了分配顺序和份额,可以按约定进行分配;如果没有约定,则按股权比例进行分配。

【例题·单选题】清算退出的流程不包括(　　)。

A. 清查公司财产、制订清算方案　　　　B. 依法宣告破产

C. 了结公司债权、债务　　　　　　　　D. 分配公司剩余财产

【答案】B

【解析】清算退出的流程包括清查公司财产、制订清算方案,了结公司债权、债务,分配公司剩余财产。

真题自测

(所有题型均为单选题,每题只有1个正确答案)

1. 对我国企业来说,海外 IPO 市场主要以(　　)市场为主。

Ⅰ. 中国香港主板

Ⅱ. 美国纳斯达克证券交易所

Ⅲ. 纽约证券交易所

A. Ⅰ、Ⅱ　　　　　B. Ⅰ、Ⅲ　　　　　C. Ⅱ、Ⅲ　　　　　D. Ⅰ、Ⅱ、Ⅲ

2. 关于创业板上市基本要求,说法错误的是(　　)。

A. 发行人是依法设立且持续经营 3 年以上的股份有限公司

B. 发行人的注册资本已足额缴纳,发起人或者股东用做出资的资产的财产权转移手续已办理完毕

C. 应当经营多种业务,其生产经营活动符合法律、行政法规和公司章程的规定,符合国家产业政策及环境保护政策

D. 最近 2 年主营业务、董事和高级管理人员没有重大变动,实际控制人没有变更

3. 竞价交易制度又称委托驱动制度,其主要内容是:开市价格由集合竞价形成,随后交易系统对不断进入的投资者交易指令,按(   )原则排序,将买卖指令配对竞价成交。

   A. 交易量优先   B. 价格优先与时间优先

   C. 最低限额   D. 协议优先

4. 股份有限公司申请股票在新三板挂牌,应当符合的条件不包括(   )。

   A. 依法设立且存续满2年

   B. 业务明确,具有持续经营能力

   C. 股权明晰,股票发行和转让行为合法合规

   D. 应为高新技术企业

5. 新三板现行交易规则中,以(   )为主,(   )也可以投资。

   A. 机构投资者;合格的自然人   B. 法人机构;自然人

   C. 法人机构;非法人机构   D. 人民币投资者;外币投资者

6. 关于未在交易所上市的公司股权转让,说法错误的是(   )。

   A. 股权转让分为内部转让和外部转让两种类型

   B. 内部转让是指现有股东之间相互转让股权

   C. 外部转让是指现有股东向股东以外的人转让股权

   D. 内部转让一般需要征得其他股东过半数同意,且其他股东放弃优先购买权

7. 区域性股权交易市场是多层次资本市场的重要组成部分,对于促进企业特别是(   )股权交易和融资,鼓励科技创新和激活民间资本,加强对实体经济薄弱环节的支持,具有积极作用。

   A. 大型企业   B. 中小微企业   C. 传统企业   D. 高新技术企业

8. 关于国有股权非上市转让的特殊要求,说法正确的是(   )。

   A. 各级人民政府负责审核国有企业的股权转让事项

   B. 股权转让事项经批准后,由转让方委托会计师事务所对转让标的企业进行审计

   C. 股权转让原则上通过二级市场公开进行

   D. 交易价款原则上应当自合同生效之日起5个工作日内一次付清,不可分期付款

9. 股权回购是指通常由被投资企业(   )出资购买股权投资基金持有的企业股份,从而使股权投资基金实现退出的行为。

   Ⅰ. 大股东   Ⅱ. 创始股东   Ⅲ. 股权投资基金

   A. Ⅰ、Ⅱ   B. Ⅰ、Ⅲ   C. Ⅱ、Ⅲ   D. Ⅰ、Ⅱ、Ⅲ

10. (   )是指企业结束经营活动,处置资产并进行分配的行为。

   A. 清算   B. 结算   C. 结业   D. 破产

第八章 私募股权投资基金的内部管理

本章从九个方面分别介绍私募股权投资基金的内部管理:第一部分介绍基金投资者关系管理的意义与重点。第二部分介绍公司型、合伙型和契约型股权基金的增资、退出、权益分配、清算退出。第三部分介绍基金估值的核算原则和方法。第四部分介绍基金清算与收益分配。第五部分介绍基金信息披露的内容、方式和禁止性规定。第六部分介绍基金托管的作用及相关机构。第七部分介绍基金的外包服务。第八部分介绍基金业绩评价的几项指标。第九部分介绍基金管理人内部控制的相关内容。本章内容较为繁杂,考生在复习时要注意分清主次,有重点的复习,在理解的基础上进行记忆。

■ 考点概览

考试大纲	考点内容	学习要求
基金投资者关系管理	基金投资者关系管理的意义	了解
	基金各阶段与投资者的互动交流	了解
基金权益登记	公司型股权投资基金的增资、退出、权益分配与清算退出	理解
	合伙型股权投资基金的增资、退出、权益分配与清算退出	理解
	契约型股权投资基金的增资、退出、权益分配与清算退出	理解
基金估值核算	基金资产估值的原则和主要方法	了解
	基金费用和收益、基金会计核算和基金财务报告	了解
基金清算与收益分配	基金清算的基本含义	了解
	基金出现清算的几种原因	理解
	清算的主要程序	掌握
	基金收益分配的原则	了解
	基金收益分配的方式	了解
基金信息披露	基金信息披露义务人和信息披露的内容	掌握
	基金信息披露的方式	掌握
	信息披露的禁止性规定	理解
基金的托管	基金托管的作用	理解
	基金托管机构的职责	理解
基金的外包服务	基金外包服务的含义和内容	理解
	外包服务中基金管理人应依法承担的责任	掌握
	选择外包服务机构的基本原则	理解
	信息技术系统服务的含义和内容	了解
	基金外包服务中可能存在的利益冲突	了解

续表

考试大纲	考点内容	学习要求
基金业绩评价	内部收益率	理解
	已分配收益倍数	理解
	总收益倍数	理解
基金管理人内部控制	管理人内部控制的作用	理解
	管理人内部控制的原则	理解
	管理人内部控制的要素构成	理解
	管理人内部控制的主要控制活动要求	理解

第一节　基金投资者关系管理

微信扫描

▶▶ 本节导读 ◀◀

本节主要介绍私募股权投资基金投资者关系管理的意义以及各阶段与投资人互动的重点,内容简单,考生了解即可。

基金投资者关系管理是指基金管理人通过信息披露与交流,加强与投资者及潜在投资者的沟通,增进投资者对基金管理人及基金的了解的管理行为。

一、基金投资者关系管理的意义

(1)有利于促进基金管理人与基金投资者之间的良性关系,增进投资者对基金管理人及基金的进一步了解和熟悉。

(2)有利于基金管理人建立稳定和优质的投资者基础,获得长期的市场支持。

(3)能有效增加基金信息披露透明度,有利于实现基金管理人与投资者之间的信息对称。

二、基金各阶段与投资者的互动交流

(一)基金各阶段与投资者互动的重点

在股权投资基金募集、投资、管理、退出的不同运作阶段,基金管理人与投资者互动的重点各不相同,如表8-1所示。

表8-1　　　　　　　　　　基金各阶段与投资者互动的重点

运作阶段	投资者互动重点
募集阶段	①向投资者介绍股权投资基础知识 ②普及股权投资相关法律常识 ③介绍股权投资基金管理人基本情况 ④介绍相应股权投资基金产品的特点及风险收益特征 ⑤开展投资者风险教育

续表

运作阶段	投资者互动重点
投资及投后管理阶段	向投资者介绍已投资项目的基本情况,包括项目投资金额、已投项目的公司基本介绍及公司经营管理情况等
退出阶段	介绍投资项目的退出预期、退出方式、已向投资者返还的投资本金及收益情况等

(二)基金各阶段与投资者互动的途径

在股权投资基金不同的运作阶段,基金管理人与投资者进行互动交流的途径也有所不同,如表 8 -2 所示。

表 8 -2　　　　　　　　　　基金各阶段与投资者互动的途径

运作阶段	投资者互动重点
募集阶段	基金管理人主要通过基金合同、基金招募说明书、风险揭示书、风险调查问卷等材料与投资者进行互动交流
投资及投后管理阶段以及退出阶段	基金管理人主要通过定期基金报告、投资者交流年会等方式与投资者进行互动交流

第二节　基金权益登记

>> **本节导读** <<

本节主要介绍三种股权投资基金(公司型、合伙型和契约型)的增资、退出、权益分配以及清算退出。考生在复习本节时,可通过对比法进行记忆。

一、公司型股权投资基金的增资、退出、权益分配与清算退出

公司型股权投资基金的增资、退出、权益分配及清算退出等操作涉及权益变动和登记。具体内容如表 8 -3 所示。

表 8 -3　　　　　　公司型股权投资基金的增资、退出、权益分配与清算退出

项目	内容
增资	公司型股权投资基金的增资或减资(注册资本及资本公积的调整),首先需履行公司内部的决策程序,包括董事会决议及股东大会(股东会)决议,签订相应的决议文件,并办理权益的变更登记(在工商局或对应的监管机构办理工商变更登记手续)。公司型股权投资基金的权益变更登记流程,应符合工商管理机关的相关规定
退出	①有限责任公司型股权投资基金投资者人数不得超过 50 人,有一定的人合性特征,投资者(股东)可以相互转让其持有的股权,但对外转让一般需经其他股东半数同意,且其他股东有优先受让权 ②股份有限公司型股权投资基金投资者人数可增加至 200 人,股权转让受到的限制相对较少,但内部治理相对更加规范和严格

项目	内容
权益分配	①在我国,有限责任公司型股权投资基金的投资者一般按其实缴出资比例分红,但是所有投资者可以在公司章程中作出例外规定 ②股份有限公司型股权投资基金需按股东实际持有的份额比例分红,同种类的份额每一份额享有同等的分配权
清算退出	公司财产在分别支付清算费用、职工的工资、社会保险费用和法定补偿金,缴纳所欠税款,清偿公司债务后的剩余财产,有限责任公司按照股东的出资比例分配,股份有限公司按照股东持有的股份比例分配

公司型股权投资基金设立,应向工商管理机关办理注册登记手续,并向中国证券投资基金业协会备案;公司型股权投资基金增资、减资以及终止清算的,应向工商管理机关办理变更登记、注销手续。

二、合伙型股权投资基金的增资、退出、权益分配与清算退出

合伙型股权投资基金的增资(入伙)、退出(退伙)、权益分配及清算退出等操作涉及权益变动和登记。具体内容如表8-4所示。

表8-4 　　　　　　　　合伙型股权投资基金的增资、退出、权益分配与清算退出

项目	内容
增资	①合伙型股权投资基金具有较强的人合性特征,新增合伙人需经全体合伙人一致同意(合伙协议另有约定的除外),并订立入伙协议 ②合伙型股权投资基金的出资,可根据合伙协议的约定,在一定的时间进行实缴 ③合伙人权益的变更需要办理工商变更登记手续,其权益以工商登记确认的为准
退出	合伙型股权投资基金的投资者,在符合法律规定及合伙协议约定的情况下,可以办理退伙,具体退伙程序以合伙协议的约定为准,退伙时对于其合伙份额对应的资产,既可以货币形式分配,也可以实物资产方式分配
权益分配	①合伙型股权投资基金的利润分配、亏损分担,按照合伙协议的约定办理 ②合伙协议未定或者约定不明确的,由合伙人协商决定;协商不成的,由合伙人按照实缴出资比例分配、分担 ③无法确定出资比例的,由合伙人平均分配、分担
清算退出	①合伙型股权投资基金解散,应当由清算人进行清算。清算期间,合伙型股权投资基金存续,但不得开展与清算无关的经营活动 ②合伙型股权投资基金财产在支付清算费用和职工工资、社会保险费用、法定补偿金以及缴纳所欠税款、清偿债务后的剩余财产,向合伙人进行分配

合伙型股权投资基金设立,应向工商管理机关办理注册登记手续,并向中国证券投资基金业协会备案;合伙型股权投资基金增资、减资、合伙人变更以及终止清算的,应向工商管理机关办理变更登记、注销手续。

【例题·单选题】合伙型股权投资基金,新增合伙人需经(　　　)一致同意,并订立入伙协议。

A. 全体合伙人　　　　　　　　　　B. 一半以上合伙人

C. 2/3 以上合伙人　　　　　　　　D. 1/3 以上合伙人

【答案】A

【解析】合伙型股权投资基金具有较强的人合性特征,新增合伙人需经全体合伙人一致同意(但合伙协议另有约定的除外),并订立入伙协议。

三、契约型股权投资基金的增资、退出、权益分配与清算退出

契约型股权投资基金的增资(申购)、退出(赎回)、权益分配及清算退出等操作涉及权益变动和登记,具体内容如表 8 - 5 所示。

表 8 - 5　　　　　契约型股权投资基金的增资、退出、权益分配与清算退出

项目	内容
增资	①封闭式运作的契约型股权投资基金,存续期内不能申购和赎回 ②开放式运作的契约型股权投资基金,存续期内可以按照基金合同的约定开放申购和赎回。申购、赎回的价格由基金管理人计算,若由基金托管人进行托管的,则由基金托管人进行复核
退出	契约型股权投资基金的基金投资者可以依法转让其持有的基金份额,但基金份额受让人必须是合格投资者,转让后契约型股权投资基金的合格投资者人数不得超过 200 人
权益分配	契约型股权投资基金收益分配和风险承担原则由基金合同约定
清算退出	①基金管理人应当组织清算小组对基金财产进行清算,清算小组由基金管理人、基金托管人以及相关中介服务机构组成 ②契约型股权投资基金的清算分配方案由基金合同进行约定 ③清算小组应编制清算报告,并向基金投资者进行披露

基金管理人可以自行办理股权投资基金的份额登记事项,也可委托基金服务机构代为办理,但基金管理人依法应当承担的责任不因委托而免除。基金份额登记机构应当确保基金份额的安全、独立。基金份额独立于基金份额登记机构的自有财产。

第三节　基金估值核算

≫ **本节导读** ≪

本节主要介绍基金估值的原则和主要方法、基金费用和收益、基金会计核算以及基金财务报告这四个方面的内容。本节涉及一些估值计算,需要考生多加注意。

一、基金资产估值的原则和主要方法

(一)基金资产估值的概念

基金资产估值是指通过对基金所拥有的全部资产及所有负债按一定的原则和方法进行评估与计算,进而确定基金资产公允价值的过程。基金资产估值的主要目的是确定基金份额净

值,因为基金份额净值是衡量基金申购、赎回价格,以及计算投资者申购基金份额、赎回基金金额的基础。其计算公式如下:

$$基金份额净值 = 基金资产净值 ÷ 基金总份额$$
$$基金资产净值 = 基金资产 - 基金负债$$

【例题·单选题】假设某基金持有的三种股票的数量分别为 10 万股、50 万股和 100 万股,每股的收盘价分别为 30 元、20 元和 10 元,银行存款为 1000 万元,对托管人或管理人应付未付的报酬为500 万元,应付税费为 500 万元,已售出的基金份额 2000 万份。则基金份额净值为( )元。

A. 1.10   B. 1.15   C. 1.65   D. 1.17

【答案】B

【解析】基金份额净值 = $[(10 × 30 + 50 × 20 + 100 × 10 + 1000) - 500 - 500] ÷ 2000 = 1.15$(元)。

(二)基金估值的原则

基金的估值是确认资产公允价值的过程,主要有以下三个方面的原则,如表 8 - 6 所示。

表 8 - 6   基金估值的原则

项目	内容
存在活跃市场的投资品种	①估值日有市价的,应采用市价确定公允价值 ②估值日无市价,但最近交易日后经济环境未发生重大变化的,应采用最近交易市价确定公允价值 ③估值日无市价,且最近交易日后经济环境发生了重大变化的,应参考类似投资品种的现行市价及重大变化因素,调整最近交易市价,确定公允价值 ④有充足证据表明最近交易市价不能真实反映公允价值的,应对最近交易的市价进行调整,确定公允价值
不存在活跃市场的投资品种	应采用市场参与者普遍认同,且被以往市场实际交易价格验证具有可靠性的估值技术确定公允价值 【提示 1】运用估值技术得出的结果,应反映估值日在公平条件下进行正常商业交易所采用的交易价格 【提示 2】采用估值技术确定公允价值时,应尽可能使用市场参与者在定价时考虑的所有市场参数,并应通过定期校验,确保估值技术的有效性
有充足理由表明按以上估值原则仍不能客观反映相关投资品种的公允价值的	基金管理人应根据具体情况与基金托管人进行商定,按最能恰当反映公允价值的价格估值

【例题·单选题】存在活跃市场的投资品种,估值日无市价的,但最近交易日后经济环境未发生重大变化,应以( )确定公允价值。

A. 市价

B. 最近交易市价

C. 参考类似投资品种的现行市价及重大变化因素,调整最近交易市价

D. 估值

【答案】B

【解析】估值日无市价的,但最近交易日后经济环境未发生重大变化,应采用最近交易市价确定公允价值。

(三)股权投资基金的估值方法

对于股权投资基金的估值,最主要的工作是在每个估值日评估股权投资基金各项投资的公允价值。其中,公允价值是指市场参与者在计量日发生的有序交易中,出售一项资产所能收到或者转移一项负债所需支付的价格。针对股权投资基金,主要是计算出有意愿的买方,在估值日以具有惯常市场活动的交易方式下,购买股权所有权而愿意支付的对价。

对于不存在活跃市场的股权投资,使用的估值方法应该适合该投资的性质、事实、市场的环境以及该投资在整个股权投资基金组合中的重要性,并且应该在假设和估计中使用合理的数据和市场信息。对于股权投资基金的估值,国内外最为普遍使用的方法主要有四类。

(1)成本法。

(2)市场法。这主要包括近期投资价格法(Price of Recent Investment)、乘数法(Multiples)、行业估值基准(Industry Valuation Benchmarks)以及可用市场价格法(Available Market Prices)。

(3)收入法。这主要包括现金流或盈利折现法(Discount Cash Flow or Earnings),这其中又可分为标的企业的现金流或盈利折现和投资的现金流或盈利折现。

(4)重置成本法。这主要是指净资产法(Net Assets)。重置成本法是在现时条件下,被评估资产全新状态的重置成本减去该类资产的实体性贬值、功能性贬值和经济性贬值,并估算资产价值的方法。

【例题·单选题】国内外最为普遍使用的股权投资基金估值方法不包括(　　)。

A. 成本法　　　　　　B. 收入法　　　　　　C. 市场法　　　　　　D. 收益法

【答案】D

【解析】国内外最为普遍使用的股权投资基金估值方法主要有四类:成本法、市场法、收入法和重置成本法。

二、基金费用和收益、基金会计核算和基金财务报告

(一)基金费用和收益

股权投资基金在运作过程中,可能产生的费用包括但不限于管理费、托管费、第三方服务费用(包括法律、审计等)、筹建费用、基金管理人的业绩报酬等。

(1)基金管理费是基金管理人因投资管理基金资产而向基金收取的费用。

(2)基金托管费是基金托管人为基金提供托管服务而向基金收取的费用。

> **注意:**管理费与托管费可按照基金实缴规模作为计算基数收取,也可以按照合同约定的其他方式计算并收取。管理费及托管费的提取频率一般为按照季度提取或者按照年度提取。

(3)业绩报酬是基金管理人在基金获得超额收益后可以获得的投资收益分成,分成比例由基金管理人和基金投资者通过协商确定。业绩报酬可以按照单个投资项目进行核算,也可以按照股权投资基金整体进行核算。

(二)基金会计核算

基金会计核算是指收集、整理、加工有关基金投资运作的会计信息,准确记录基金资产变

化情况,及时向相关各方提供财务数据以及会计报表的过程。其主要内容如表8-7所示。

表8-7　　　　　　　　　　　　　基金会计核算的主要内容

项目	内容
权益核算	这是指与基金持有证券的上市公司有关的、所有涉及该证券权益变动并进而影响基金权益变动的事项,包括新股、股息、红利、配股等公司行为的核算
利息和溢价核算	主要包括债券的利息、银行存款利息、清算备付金利息、回购利息等。各类资产利息均应按日计提,并于当日确认为利息收入
费用核算	包括基金管理费、托管费、预提费用、摊销费用、交易费用等。这些费用一般也按日计提,并于当日确认为费用
基金申购与赎回核算	开放式基金还须对基金份额的申购与赎回情况、转入与转出情况以及基金份额拆分进行会计核算
估值核算	基金逐日对其资产按规定进行估值,并于当日将投资估值增(减)值确认为公允价值变动损益
利润核算	这是指会计期末结转基金损益,并按照规定对基金分红、除权、派息、红利再投资等进行核算。证券投资基金一般在月末结转当期损益,按固定价格报价的货币市场基金一般逐日结转损益
基金财务会计报告	①根据有关规定,基金管理公司应及时编制并对外提供真实、完整的基金财务会计报告 ②财务会计报告分为年度、半年度、季度和月度财务会计报告。半年度、年度财务会计报告至少应披露会计报表和会计报表附注的内容 ③基金会计报表包括资产负债表、利润表及净值变动表等报表
基金会计核算的复核	目前,对于国内证券投资基金的会计核算,基金管理人与基金托管人按照有关规定,分别独立进行账簿设置、账套管理、账务处理及基金净值估算。基金托管人按照规定对基金管理人的会计核算进行复核并出具复核意见

【例题·单选题】(　　　)指会计期末结转基金损益,并按照规定对基金分红、除权、派息、红利再投资等进行核算。

　　A.利润核算　　　　　　B.损益核算　　　　　　C.基金核算　　　　　　D.估值核算

【答案】A

【解析】利润核算是指会计期末结转基金损益,并按照规定对基金分红、除权、派息、红利再投资等进行核算。

(三)基金财务报告

基金财务会计报告是指基金对外提供的反映基金某一特定日期的财务状况和某一会计期间的经营成果、现金流量等会计信息的文件。财务会计报告分为年度和季度财务会计报告。年度财务会计报告至少应披露会计报表和会计报表附注的内容。基金财务会计报表包括资产负债表、利润表及净值变动表等报表。股权投资基金管理人应及时编制并对外提供真实、完整的基金财务会计报告。

第四节　基金清算与收益分配

>> **本节导读** <<

本节主要介绍两个方面的内容:一是基金清算的含义,出现的原因以及主要程序;二是基金收益分配的基本原则和方式。考生应重点掌握清算的主要程序。

一、基金清算的基本含义

基金清算是指基金遇有合同规定或法定事由终止时对基金财产进行清理处理的善后行为。基金合同终止时,应当按法律法规和基金契约的有关规定对基金进行清算,基金管理人应当组织清算组对基金财产进行清算。清算组由基金管理人、基金托管人以及相关的中介服务机构组成。清算组作出的清算报告经会计师事务所审计,律师事务所出具法律意见书后,报国务院证券监督管理机构备案并公告。清算后的剩余基金财产,应当按照基金份额持有人所持份额比例进行分配。

二、基金出现清算的几种原因

(1)基金存续期届满。

(2)基金份额持有人大会(股东大会或者全体合伙人)决定进行基金清算。

(3)全部投资项目都已经清算退出的。

(4)符合合同约定的清算条款。

三、清算的主要程序

清算的主要程序包括:基金终止后,由基金清算小组(清算人)统一接管基金资产;基金清算小组(清算人)对基金资产进行清理和确认;对基金资产进行评估和变现;处理与清算有关的未了结事务;清缴所欠税款;清理债权债务;制定并披露清算报告;对基金资产进行分配。具体如下:

(1)基金合同终止后,基金管理人依法组织清算组并向清算组办理移交手续,由清算组统一接管基金财产。其他任何人不得对基金财产进行处置。

(2)清算组对基金财产进行清理、核查和确认,以查实和确定基金财产。

(3)清算组在对基金财产清理、核查和确认的基础上,编制基金财产账册,并对基金财产进行价值评估。

(4)清算组对基金财产进行变现,即将基金持有的股票、债券等证券产品卖出以变换成现金。

(5)清算组按照基金份额持有人所持份额比例,进行剩余基金财产的分配。

(6)分配剩余基金财产后,清算组应当制作基金清算结果报告。清算组作出的清算报告经会计师事务所审计,律师事务所出具法律意见书后,报国务院证券监督管理机构备案。

(7)由清算组发布基金清算公告。

【例题·单选题】基金终止后,由(　　)统一接管基金资产。

A.基金清算小组　　　　　　　　　　B.基金业协会指定的机构

C. 律师事务所   D. 会计事务所

【答案】A

【解析】基金终止后,由基金清算小组(清算人)统一接管基金资产。

四、基金收益分配的原则

为了实现基金管理人和基金投资者的利益一致性目标,同时为了对基金管理人产生足够的激励作用,股权投资基金一般采用以下的基金收益分配原则:

(1)首先向投资者返还投资本金;

(2)其次向投资者支付约定的优先收益;

(3)最后剩余收益按照约定的比例在管理人和投资者之间进行分配。

五、基金收益分配的方式

根据基金收益分配是否优先满足投资人的出资及一定比例的收益分为两种分配方式:一种是按基金分配,另一种是按单一项目分配。具体内容如表8-8所示。

表8-8   基金收益分配的方式

项目		内容
按基金分配		这是指投后退出的所有资金首先用于返还全体投资者的出资本金,以及事先约定的优先收益后,基金管理人才参与超额收益的分配
按单一项目分配	概念	这是指每个投资项目投后退出的每一笔资金都按照一定的顺序在基金投资者和管理人之间分配,而不是首先满足基金投资者的全部本金出资和优先收益。在逐笔分配的模式下,针对每一笔投后退出收入,管理人都参与收益分配
	回拨机制	针对按照单一项目分配的模式,为了保障投资者的利益,股权投资基金通常设置回拨机制。回拨机制是指在股权投资基金清算时,对已经分配的收益进行重新计算,如果投资者实际获得的收益少于优先收益,或者收益分配比例不符合基金合同约定的,基金管理人需要从已经分得的业绩报酬金额中返还一部分至基金资产,并分配至基金投资者

【例题·单选题】在基金收益分配中,按基金分配,是指投后退出的所有资金首先用于(　　)后,基金管理人才参与超额收益的分配。

Ⅰ.返还全体投资者的出资本金

Ⅱ.事先约定的优先收益

Ⅲ.管理费用

A. Ⅰ、Ⅱ   B. Ⅱ、Ⅲ   C. Ⅰ、Ⅲ   D. Ⅰ、Ⅱ、Ⅲ

【答案】A

【解析】按基金分配是指投后退出的所有资金首先用于返还全体投资者的出资本金,以及事先约定的优先收益后,基金管理人才参与超额收益的分配。

第五节　基金信息披露

>> **本节导读** <<

本节是本章的重点,主要介绍基金信息披露的内容,方式以及禁止性规定,考生需要着重掌握。

基金信息披露是指基金市场上的有关当事人在基金募集、上市交易、投资运作等一系列环节中,依照法律法规规定向社会公众进行的信息披露。

一、基金信息披露义务人和信息披露的内容

(一)基金信息披露义务人

信息披露义务人是指股权投资基金管理人、股权投资基金托管人,以及法律、行政法规、中国证监会和中国证券投资基金业协会规定的具有信息披露义务的法人和其他组织。关于基金信息披露义务人的相关规定如下:

(1)同一私募基金存在多个信息披露义务人时,应在相关协议中约定信息披露相关事项和责任义务。

(2)信息披露义务人委托第三方机构代为披露信息的,不得免除信息披露义务人法定应承担的信息披露义务。

(3)信息披露义务人应当按照中国基金业协会的规定以及基金合同、公司章程或者合伙协议(以下统称基金合同)约定向投资者进行信息披露。

(4)信息披露义务人应当保证所披露信息的真实性、准确性和完整性。

(二)基金信息披露的内容

股权投资基金的信息披露应当包含以下内容:

(1)基金合同;

(2)招募说明书等宣传推介文件;

(3)基金销售协议中的主要权利义务条款;

(4)基金的投资情况;

(5)基金的资产负债情况;

(6)基金的投资收益分配情况;

(7)基金承担的费用和业绩报酬安排;

(8)可能存在的利益冲突;

(9)涉及私募基金管理业务、基金财产、基金托管业务的重大诉讼、仲裁。

(10)中国证监会及中国证券投资基金业协会规定的影响投资者合法权益的其他重大信息。

【例题·单选题】信息披露义务人,是指(　　)。

Ⅰ.股权投资基金管理人

Ⅱ.股权投资基金托管人

Ⅲ.法律、行政法规、中国证监会和中国证券投资基金业协会规定的具有信息披露义务的法人

Ⅳ.法律、行政法规、中国证监会和中国证券投资基金业协会规定的具有信息披露义务的其他组织

A.Ⅰ、Ⅱ、Ⅲ
B.Ⅱ、Ⅲ、Ⅳ

C.Ⅰ、Ⅲ、Ⅳ
D.Ⅰ、Ⅱ、Ⅲ、Ⅳ

【答案】D

【解析】信息披露义务人,是指股权投资基金管理人、股权投资基金托管人,以及法律、行政法规、中国证监会和中国证券投资基金业协会规定的具有信息披露义务的法人和其他组织。

二、基金信息披露的方式

(一)募集期间的信息披露

股权投资基金募集期间,信息披露义务人应当准备推介材料,披露以下信息:

(1)基金的基本信息:基金名称、基金架构(是否为母子基金、是否有平行基金)、基金类型、基金注册地(如有)、基金募集规模、最低认缴出资额、基金运作方式(封闭式、开放式或者其他方式)、基金的存续期限、基金联系人和联系信息、基金托管人(如有);

(2)基金管理人基本信息:基金管理人名称、注册地/主要经营地址、成立时间、组织形式、基金管理人在中国基金业协会的登记备案情况;

(3)基金的投资信息:基金的投资目标、投资策略、投资方向、业绩比较基准(如有)、风险收益特征等;

(4)基金的募集期限:应载明基金首轮交割日以及最后交割日事项(如有);

(5)基金估值政策、程序和定价模式;

(6)基金合同的主要条款:出资方式、收益分配和亏损分担方式、管理费标准及计提方式、基金费用承担方式、基金业务报告和财务报告提交制度等;

(7)基金的申购与赎回安排;

(8)基金管理人最近3年的诚信情况说明;

(9)其他事项。

【例题·单选题】股权投资基金募集期间,信息披露义务人应当准备推介材料,披露基金的基本信息、基金管理人的基本信息、基金的投资信息等。下列不属于基金的基本信息的是(　　　)。

A.基金名称
B.基金架构

C.基金的投资目标
D.基金的运作方式

【答案】C

【解析】选项C属于基金的投资信息。

(二)运行期间的信息披露

股权投资基金运行期间,信息披露义务人应当及时进行日常经营信息的定期信息披露和重大事项的即时披露。具体规定如下:

(1)私募基金运行期间,信息披露义务人应当在每季度结束之日起10个工作日以内向投资者披露基金净值、主要财务指标以及投资组合情况等信息。单只私募证券投资基金管理规模金

额达到5000万元以上的,应当持续在每月结束后5个工作日以内向投资者披露基金净值信息。

(2)私募基金运行期间,信息披露义务人应当在每年结束之日起4个月以内向投资者披露以下信息:

①报告期末基金净值和基金份额总额;

②基金的财务情况;

③基金投资运作情况和运用杠杆情况;

④投资者账户信息,包括实缴出资额、未缴出资额以及报告期末所持有基金份额总额等;

⑤投资收益分配和损失承担情况;

⑥基金管理人取得的管理费和业绩报酬,包括计提基准、计提方式和支付方式;

⑦基金合同约定的其他信息。

(3)发生以下重大事项的,信息披露义务人应当按照基金合同的约定及时向投资者披露:

①基金名称、注册地址、组织形式发生变更的;

②投资范围和投资策略发生重大变化的;

③变更基金管理人或托管人的;

④管理人的法定代表人、执行事务合伙人(委派代表)、实际控制人发生变更的;

⑤触及基金止损线或预警线的;

⑥管理费率、托管费率发生变化的;

⑦基金收益分配事项发生变更的;

⑧基金触发巨额赎回的;

⑨基金存续期变更或展期的;

⑩基金发生清盘或清算的;

⑪发生重大关联交易事项的;

⑫基金管理人、实际控制人、高管人员涉嫌重大违法违规行为或正在接受监管部门或自律管理部门调查的;

⑬涉及私募基金管理业务、基金财产、基金托管业务的重大诉讼、仲裁;

⑭基金合同约定的影响投资者利益的其他重大事项。

> **注意**:信息披露义务人向投资者进行信息披露的内容、披露频度、披露方式、披露责任以及信息披露渠道等事项,应当在基金合同中进行约定。

三、信息披露的禁止性规定

股权投资基金进行信息披露时,不得存在以下禁止行为:

(1)公开披露或者变相公开披露。

(2)虚假记载、误导性陈述或者重大遗漏。

①虚假记载是指信息披露义务人将不存在的事实在基金信息披露文件中予以记载的行为;

②误导性陈述是指使投资者对基金投资行为发生错误判断并产生重大影响的陈述;

③重大遗漏是指披露中存在应披露而未披露的信息,以至于影响投资者作出正确决策。

(3)对投资业绩进行预测。对于证券投资基金,其投资领域横跨资本市场和货币市场,投资范围涉及股票、债券、货币市场工具等金融产品,基金的各类投资标的由于受到发行主体、经营情况、市场涨跌、宏观政策以及基金管理人的操作等因素影响,其风险收益变化存在一定的随机性,因此,对基金的证券投资业绩水平进行预测并不科学,应予以禁止。

（4）违规承诺收益或者承担损失。基金是存在一定投资风险的金融产品,投资者应根据自己的收益偏好和风险承受能力,审慎选择基金品种,即所谓"买者自慎"。

（5）诋毁其他基金管理人、基金托管人或者基金销售机构。如果基金管理人、基金托管人或者基金销售机构对其他同行进行诋毁、攻击,借以抬高自己,则将被视为违反市场公平原则,扰乱市场秩序,构成一种不当竞争行为。

（6）登载任何自然人、法人或者其他组织的祝贺性、恭维性或推荐性的文字。

（7）采用不具有可比性、公平性、准确性、权威性的数据来源和方法进行业绩比较,任意使用"业绩最佳""规模最大"等相关措辞。

（8）法律、行政法规、中国证监会和中国证券投资基金业协会禁止的其他行为。

第六节　基金的托管

>> **本节导读** <<

本节主要介绍基金托管的作用以及基金托管机构的职责,考生需要理解及掌握。

股权投资基金托管是指由依法设立并取得基金托管资格的商业银行或者其他金融机构担任托管人,按照法律法规的规定及基金合同的约定,对基金履行安全保管财产、办理清算交割、复核审查资产净值、开展投资监督、召集基金份额持有人大会等职责的行为。

一、基金托管的作用

在基金管理人开展资产管理业务时,引入基金托管人是为了引入独立的第三方机构,加强对基金财产运作的监督,以利于更好地保障基金投资者的权益。基金托管人在基金的运作中具有非常重要的作用,关键是有利于保障基金资产的安全,保护基金持有人的利益。具体体现在:

（1）基金托管人的介入,使基金资产的所有权、使用权与保管权分离,基金托管人、基金管理人和基金持有人之间形成一种相互制约的关系,从而防止基金财产挪作他用,有效保障资产安全。

（2）通过基金托管人对基金管理人的投资运作包括投资目标、投资范围、投资限制等进行监督,可以及时发现基金管理人是否按照有关法规要求运作。托管人对于基金管理人违法、违规行为,可以及时向监督管理部门报告。

（3）通过托管人的会计核算和估值,可以及时掌握基金资产的状况,避免"黑箱"操作给基金资产带来的风险。

二、基金托管机构的职责

基金托管人是投资人权益的代表,是基金资产的名义持有人或管理机构,即基金托管机构。基金托管人应当履行下列职责:

（1）安全保管基金财产;

（2）按照规定开设基金财产的资金账户和证券账户；

（3）对所托管的不同基金财产分别设置账户，确保基金财产的完整与独立；

（4）保存基金托管业务活动的记录、账册、报表和其他相关资料；

（5）按照基金合同的约定，根据基金管理人的投资指令，及时办理清算、交割事宜；

（6）办理与基金托管业务活动有关的信息披露事项；

（7）对基金财务会计报告、中期和年度基金报告出具意见；

（8）复核、审查基金管理人计算的基金资产净值和基金份额申购、赎回价格；

（9）按照规定召集基金份额持有人大会；

（10）按照规定监督基金管理人的投资运作；

（11）国务院证券监督管理机构规定的其他职责。

【例题·单选题】基金托管人可以按照规定召集（　　　）大会。

　　A. 股东　　　　　　　B. 董事　　　　　　C. 基金份额持有人　　　D. 投资者

【答案】C

【解析】基金托管人可以按照规定召集基金份额持有人大会。

第七节　基金的外包服务

▶▶ 本节导读 ◀◀

　　本节主要介绍基金外包业务的含义和服务内容，外包服务中基金管理人应依法承担的责任，选择外包服务机构的基本原则，信息技术系统服务的含义和服务内容，基金外包服务中可能存在的利益冲突。考生在复习时重点理解和掌握前三个方面的内容。

一、基金外包服务的含义和内容

　　基金外包服务，是指基金业务外包服务机构为基金管理人提供销售、销售支付、份额登记、估值核算、信息技术系统等业务的服务。其主要内容如表8-9所示。

表8-9　　　　　　　　　　　　基金外包服务的主要内容

外包服务	内容
基金销售业务	基金业务外包服务机构开展基金销售业务，是指其宣传推介基金，发售基金份额（权益），办理基金份额（权益）认/申购（认缴）、分红、赎回（退出）等活动
基金销售支付业务	基金业务外包服务机构开展基金销售支付业务，是指为基金销售机构提供支付结算服务的机构，包括符合《证券投资基金销售管理办法》规定的商业银行和支付机构
份额登记业务	基金业务外包服务机构开展份额登记业务，是指其从事基金份额登记过户、存管、结算等活动，其基本职责包括：建立并管理投资人的基金账户、负责基金份额的登记及资金结算、建立并保管基金份额持有人名册、基金认（申）购及赎回等交易确认、代理发放红利以及法律法规或外包协议规定的其他职责

外包服务	内容
估值核算业务	基金业务外包服务机构开展估值核算业务,是指其从事基金估值、会计核算及相关信息披露等活动,其基本职责包括:开展基金会计核算、估值、报表编制、信息披露,相关数据报送与报告,相关业务资料的保存管理,配合会计师事务所审计以及法律法规或外包协议规定的其他职责
信息技术系统服务	基金业务外包服务机构开展基金信息技术系统服务,是指其为基金管理人、基金托管人和其他基金业务外包服务机构提供基金业务核心应用系统、信息系统运营维护、信息系统安全保障和第三方电子商务平台等服务

【例题·单选题】下列属于估值核算业务的基本职责的是(   )。

A.建立并管理投资人的基金账户　　　　　B.相关业务资料的保存管理

C.建立并保管基金份额持有人名册　　　　D.代理发放红利

【答案】B

【解析】估值核算业务的基本职责包括:开展基金会计核算、估值、报表编制、信息披露,相关数据报送与报告,相关业务资料的保存管理,配合会计师事务所审计以及法律法规或外包协议规定的其他职责。选项 A、C、D 属于份额登记业务的基本职责。

二、外包服务中基金管理人应依法承担的责任

(1)基金管理人开展业务外包应制定相应的风险管理框架及制度,并根据审慎经营原则制定其业务外包实施规划,确定与其经营水平相适宜的外包活动范围。

(2)基金管理人委托外包机构提供基金业务外包服务的,基金管理人应依法承担的责任不因外包而免除。

(3)在开展业务外包的各个阶段,基金管理人应关注外包机构是否存在与外包服务相冲突的业务,以及外包机构是否采取有效的隔离措施。

(4)基金管理人可以自行办理其募集的基金产品的销售业务或委托外包机构从事基金销售业务。办理基金销售、销售支付业务的机构应设置有效机制,切实保障销售结算资金安全。

(5)基金管理人可委托外包机构办理基金份额(权益)登记。办理基金份额登记业务的机构应保证登记数据的真实、准确和完整,可开立注册登记账户,用于基金投资人认(申)购资金、赎回资金和分红资金的归集、存放与交收,并设置有效机制,切实保障投资人资金安全。

(6)基金管理人可委托外包机构办理基金估值核算。办理估值核算业务的机构应按照合同或协议的要求,保证估值核算的准确性和及时性。

【例题·单选题】基金管理人委托外包机构提供基金业务外包服务的,(   )。

A.基金管理人应依法承担的责任完全转移给外包机构

B.基金管理人应依法承担的责任部分转移给外包机构

C.基金管理人应依法承担的责任不因外包而免除

D.基金管理人将不承担任何责任

【答案】C

【解析】基金管理人委托外包机构提供基金业务外包服务的,基金管理人应依法承担的责任不因外包而免除。

三、选择外包服务机构的基本原则

（1）基金管理人委托外包机构开展外包活动前，应对外包机构开展尽职调查，了解其人员储备、业务隔离措施、软硬件设施、专业能力、诚信状况、过往业绩等情况，并与外包机构签订书面外包服务合同或协议，明确双方的权利义务及违约责任。未经基金管理人同意，外包机构不得将已承诺的基金业务外包服务转包或变相转包。

（2）外包机构应具备开展外包业务的营运能力和风险承受能力，审慎评估外包服务的潜在风险与利益冲突，建立严格的防火墙制度与业务隔离制度，有效执行信息隔离等内部控制制度，切实防范利益输送。

（3）外包机构应在每个季度结束之日起15个工作日内向基金业协会报送外包业务情况表，每个年度结束之日起3个月内向基金业协会报送外包运营情况报告。

四、信息技术系统服务的含义和内容

信息技术系统服务是指外包机构为基金管理人、基金托管人和其他基金业务外包服务机构提供基金业务核心应用系统、信息系统运营维护、信息系统安全保障和第三方电子商务平台等服务。

五、基金外包服务中可能存在的利益冲突

（1）外包机构应具备开展外包业务的营运能力和风险承受能力，审慎评估外包服务的潜在风险与利益冲突，建立严格的防火墙制度与业务隔离制度，有效执行信息隔离等内部控制制度，切实防范利益输送。

（2）外包服务所涉及的基金资产和客户资产应独立于外包机构的自有财产。外包机构破产或者清算时，外包服务所涉及的基金资产和客户资产不属于其破产财产或清算财产。

（3）外包机构应对提供外包业务所涉及的基金资产和客户资产实行严格的分账管理，保证提供外包业务的不同基金资产和客户资产之间、外包业务所涉基金资产和客户资产与外包机构其他业务之间的账户设置相互独立，确保基金资产和客户资产的安全、独立，任何单位或者个人不得以任何形式挪用基金资产和客户资产。

（4）外包机构在开展外包业务的同时，提供托管服务的，应设立专门的团队与业务系统，外包业务与基金托管业务团队之间建立必要的业务隔离，有效防范潜在的利益冲突。

第八节　基金业绩评价

>> **本节导读** <<

本节是本章的难点，主要介绍基金业绩评价的三项指标——内部收益率、已分配收益倍数和总收益倍数。本章会涉及相关计算，考生可通过相关例题和练习题来理解和记忆公式。

股权投资基金的业绩评价往往在基金处于退出期后进行，一般会通过计算内部收益率、已分配收益倍数和总收益倍数等主要指标，与同一年份内市场中同类型基金整体指标情况（如平均数、前5%分位数、前25%分位数、中位数、后25%分位数和后5%分位数）进行综合比较，以此来确定该基金在当时时点的业绩表现水平。

【提示】鉴于绝大多数股权投资基金采用的法律形式为非纳税主体的合伙企业,为此股权投资基金的业绩一般不考虑税负影响,即均以税前所得作为计算基础。

一、内部收益率

(一)内部收益率的概念

内部收益率(Internal Rate of Return, IRR),是指截至某一特定时点,基金资金流入现值加上资产净值现值总额与资金流出现值总额相等,即净现值(Net Present Value, NPV)等于零时的折现率,体现了投资资金的时间价值。

(二)内部收益率的计算

内部收益率的计算,往往是在基金处于退出期后,根据截至某一确定时点基金在存续期内每年的投资经营现金流(不含投资人的出资及分配),以及该时点的资产净值(Net Asset Value, NAV),算回期初净现值等于零时相应的折现率。其计算公式如下:

$$NPV = C_0 + \frac{C_1}{1+r} + \frac{C_2}{(1+r)^2} + \cdots + \frac{C_n}{(1+r)^n} + \frac{NAV}{(1+r)^n}$$

$$= \sum_{t=0}^{n} \frac{C_t}{(1+r)^t} + \frac{NAV}{(1+r)^n}$$

其中,$C_0, C_1, C_2, \cdots, C_n$ 为每年现金流,既包含正现金流,也包含负现金流;r 为折现率。根据内部收益率的定义,当且仅当净现值为 0 时,r 才是该基金在第 n 年时的内部收益率。

(三)内部收益率的分类

由于计算口径的不同,基金的内部收益率又分为毛内部收益率(Gross Internal Rate of Return, GIRR)和净内部收益率(Net Internal Rate of Return, NIRR),其中,前者为仅计算基金项目投资组合的内部收益率,后者为包含基金各项费用支出及项目投资组合的内部收益率。由于基金费用一般为负现金流,因此 CIRR > NIRR。

【例题·单选题】内部收益率是指截至某一特定时点,基金资金流入现值加上资产净值现值总额与资金流出现值总额相等,即(   )等于零时的折现率,体现了投资资金的时间价值。

A. 资产净值   B. 现金流   C. 净内部收益率   D. 净现值

【答案】D

【解析】内部收益率(Intemal Rate of Return, IRR),是指截至某一特定时点,基金资金流入现值加上资产净值现值总额与资金流出现值总额相等,即净现值(Net Present Value, NPV)等于零时的折现率,体现了投资资金的时间价值。

二、已分配收益倍数

(一)已分配收益倍数的概念

已分配收益倍数(Distribution to Paid-in Capital, DPI),是指截至某一特定时点,投资人已从基金获得的分配金额总和与投资人已向基金缴款金额总和的比率,体现了投资人现金的回收情况。

(二)已分配收益倍数的计算

$$DPI = \frac{D_0 + D_1 + D_2 + \cdots + D_n}{PI_0 + PI_1 + PI_2 + \cdots + PI_n} = \frac{\sum_{t=0}^{n} D_t}{\sum_{t=0}^{n} PI_t}$$

其中，$D_0, D_1, D_2, \cdots, D_n$ 为投资人历年从基金获得的分配额，$PI_0, PI_1, PI_2, \cdots, PI_n$ 为投资人历年向基金支付的实缴出资额。

三、总收益倍数

(一)总收益倍数的概念

总收益倍数(Total Value to Paid - in, TVPI)，是指截至某一特定时点，投资人已从基金获得的分配金额加上资产净值(NAV)与投资人已向基金缴款金额总和的比率，体现了投资人的账面回报水平。

(二)总收益倍数的计算

$$TVPI = \frac{D_0 + D_1 + D_2 + \cdots + D_n + NAV}{PI_0 + PI_1 + PI_2 + \cdots + PI_n} = \frac{\sum\limits_{t=0}^{n} D_t + NAV}{\sum\limits_{t=0}^{n} PI_t} = DPI + \frac{NAV}{\sum\limits_{t=0}^{n} PI_t}$$

其中，$D_0, D_1, D_2, \cdots, D_n$ 为投资人历年从基金获得的分配额，$PI_0, PI_1, PI_2, \cdots, P_n$ 为投资人历年向基金支付的实缴出资额。

从上述三个主要指标的定义和计算公式可以看出，基金在不同时点进行业绩评价可能会得到非常不同的结果，为此股权投资基金的业绩评价原则上应以两个时间为前提，一是基金设立的时间应尽量接近，二是业绩评价的时间应尽量统一。

第九节 基金管理人内部控制

>> **本节导读** <<

本节主要介绍基金管理人内部控制的作用、原则，要素构成以及主要控制活动要求，考生需要理解。

股权投资基金管理人内部控制是指股权投资基金管理人为防范和化解风险，保证各项业务的合法合规运作，实现经营目标，在充分考虑内外部环境的基础上对经营过程中的风险进行识别、评价和管理的制度安排、组织体系和控制措施。

一、管理人内部控制的作用

(1)保证管理人经营运作严格遵守国家有关法律法规和行业监管规则，自觉形成守法经营、规范运作的经营思想和经营理念。

(2)防范和化解经营风险，提高经营管理效益，确保经营业务的稳健运行和受托资产的安全完整，实现公司持续、稳定、健康发展。

(3)保障私募基金财产的安全、完整。

(4)确保私募基金、私募基金管理人财务和其他信息真实、准确、完整、及时。

二、管理人内部控制的原则

管理人内部控制的原则包括全面性原则、相互制约原则、执行有效原则、独立性原则、成本效益原则和适时性原则，具体内容如表8-10所示。

表 8 – 10 管理人内部控制的原则

原则	内容
全面性原则	内部控制应当覆盖包括各项业务、各个部门和各级人员,并涵盖资金募集、投资研究、投资运作、运营保障和信息披露等主要环节
相互制约原则	组织结构应当权责分明、相互制约
执行有效原则	通过科学的内控手段和方法,建立合理的内控程序,维护内控制度的有效执行
独立性原则	各部门和岗位职责应当保持相对独立,基金财产、管理人固有财产、其他财产的运作应当分离
成本效益原则	以合理的成本控制达到最佳的内部控制效果,内部控制与私募基金管理人的管理规模和员工人数等方面相匹配,契合自身实际情况
适时性原则	私募基金管理人应当定期评价内部控制的有效性,并随着有关法律法规的调整和经营战略、方针、理念等内外部环境的变化同步适时修改或完善

三、管理人内部控制的要素构成

私募基金管理人建立与实施有效的内部控制,应当包括下列要素,如表 8 – 11 所示。

表 8 – 11 管理人内部控制的要素构成

要素	内容
内部环境	包括经营理念和内控文化、治理结构、组织结构、人力资源政策和员工道德素质等,内部环境是实施内部控制的基础
风险评估	及时识别、系统分析经营活动中与内部控制目标相关的风险,合理确定风险应对策略
控制活动	根据风险评估结果,采用相应的控制措施,将风险控制在可承受范围之内
信息与沟通	及时、准确地收集、传递与内部控制相关的信息,确保信息在内部、企业与外部之间进行有效沟通
内部监督	对内部控制建设与实施情况进行周期性监督检查,评价内部控制的有效性,发现内部控制缺陷或因业务变化导致内控需求有变化的,应当及时加以改进、更新

【例题·单选题】管理人内部控制的要素构成主要包括( )。

Ⅰ.内部环境　　Ⅱ.风险评估　　Ⅲ.控制活动
Ⅳ.信息与沟通　Ⅴ.内部监督

A. Ⅰ、Ⅱ、Ⅲ　　　　　　　B. Ⅰ、Ⅱ、Ⅲ、Ⅳ
C. Ⅰ、Ⅲ、Ⅳ、Ⅴ　　　　　D. Ⅰ、Ⅱ、Ⅲ、Ⅳ、Ⅴ

【答案】D

【解析】管理人内部控制的要素构成主要包括:内部环境、风险评估、控制活动、信息与沟通、内部监督。

四、管理人内部控制的主要控制活动要求

（1）私募基金管理人应当牢固树立合法合规经营的理念和风险控制优先的意识，培养从业人员的合规与风险意识，营造合规经营的制度文化环境，保证管理人及其从业人员诚实信用、勤勉尽责、恪尽职守。

（2）私募基金管理人应当遵循专业化运营原则，主营业务清晰，不得兼营与私募基金管理无关或存在利益冲突的其他业务。

（3）私募基金管理人应当健全治理结构，防范不正当关联交易、利益输送和内部人控制风险，保护投资者利益和自身合法权益。

（4）私募基金管理人组织结构应当体现职责明确、相互制约的原则，建立必要的防火墙制度与业务隔离制度，各部门有合理及明确的授权分工，操作相互独立。

（5）私募基金管理人应当建立有效的人力资源管理制度，健全激励约束机制，确保工作人员具备与岗位要求相适应的职业操守和专业胜任能力。

【提示】私募基金管理人应具备至少 2 名高级管理人员。

（6）私募基金管理人应当设置负责合规风控的高级管理人员。负责合规风控的高级管理人员，应当独立地履行对内部控制监督、检查、评价、报告和建议的职能，对因失职渎职导致内部控制失效造成重大损失的，应承担相关责任。

（7）私募基金管理人应当建立科学的风险评估体系，对内外部风险进行识别、评估和分析，及时防范和化解风险。

（8）私募基金管理人应当建立科学严谨的业务操作流程，利用部门分设、岗位分设、外包、托管等方式实现业务流程的控制。

（9）授权控制应当贯穿于私募基金管理人资金募集、投资研究、投资运作、运营保障和信息披露等主要环节的始终。私募基金管理人应当建立健全授权标准和程序，确保授权制度的贯彻执行。

（10）私募基金管理人自行募集私募基金的，应设置有效机制，切实保障募集结算资金安全；私募基金管理人应当建立合格投资者适当性制度。

（11）私募基金管理人委托募集的，应当委托获得中国证监会基金销售业务资格且成为中国证券投资基金业协会会员的机构募集私募基金，并制定募集机构遴选制度，切实保障募集结算资金安全；确保私募基金向合格投资者募集以及不变相进行公募。

（12）私募基金管理人应当建立完善的财产分离制度，私募基金财产与私募基金管理人固有财产之间、不同私募基金财产之间、私募基金财产和其他财产之间要实行独立运作，分别核算。

（13）私募基金管理人应建立健全相关机制，防范管理的各私募基金之间的利益输送和利益冲突，公平对待管理的各私募基金，保护投资者利益。

（14）私募基金管理人应当建立健全投资业务控制，保证投资决策严格按照法律法规规定，符合基金合同所规定的投资目标、投资范围、投资策略、投资组合和投资限制等要求。

（15）除基金合同另有约定外，私募基金应当由基金托管人托管，私募基金管理人应建立健全私募基金托管人遴选制度，切实保障资金安全。

【提示】基金合同约定私募基金不进行托管的，私募基金管理人应建立保障私募基金财产安全的制度措施和纠纷解决机制。

（16）私募基金管理人开展业务外包应制定相应的风险管理框架及制度。私募基金管理人根据审慎经营原则制定其业务外包实施规划，确定与其经营水平相适宜的外包活动范围。

（17）私募基金管理人应建立健全外包业务控制，并至少每年开展一次全面的外包业务风险评估。在开展业务外包的各个阶段，关注外包机构是否存在与外包服务相冲突的业务，以及外包机构是否采取有效的隔离措施。

（18）私募基金管理人自行承担信息技术和会计核算等职能的，应建立相应的信息系统和会计系统，保证信息技术和会计核算等的顺利运行。

（19）私募基金管理人应当建立健全信息披露控制，维护信息沟通渠道的畅通，保证向投资者、监管机构及中国基金业协会所披露信息的真实性、准确性、完整性和及时性，不存在虚假记载、误导性陈述或重大遗漏。

（20）私募基金管理人应当保存私募基金内部控制活动等方面的信息及相关资料，确保信息的完整、连续、准确和可追溯，保存期限自私募基金清算终止之日起不得少于10年。

（21）私募基金管理人应对内部控制制度的执行情况进行定期和不定期的检查、监督及评价，排查内部控制制度是否存在缺陷及实施中是否存在问题，并及时予以改进，确保内部控制制度的有效执行。

真题自测

（所有题型均为单选题，每题只有1个正确答案）

1. 基金投资者关系管理具有（   ）意义。

Ⅰ.有利于促进基金管理人与基金投资者之间的良性关系

Ⅱ.有利于基金管理人建立稳定和优质的投资者基础

Ⅲ.有利于实现基金管理人与投资者之间的信息对称

  A.Ⅰ、Ⅱ   B.Ⅱ、Ⅲ   C.Ⅰ、Ⅲ   D.Ⅰ、Ⅱ、Ⅲ

2. 公司型股权投资基金（   ），应向工商管理机关办理变更登记、注销手续。

  Ⅰ.设立   Ⅱ.增资   Ⅲ.减资   Ⅳ.清算

  A.Ⅰ、Ⅱ、Ⅲ   B.Ⅱ、Ⅲ、Ⅳ

  C.Ⅰ、Ⅲ、Ⅳ   D.Ⅰ、Ⅱ、Ⅲ、Ⅳ

3. 封闭式运作的契约型股权投资基金，存续期内（   ）申购和赎回；开放式运作的契约型股权投资基金，存续期内（   ）申购和赎回。

  A.可以；可以   B.可以；不能   C.不能；可以   D.不能；不能

4. （   ）是指基金遇有合同规定或法定事由终止时对基金财产进行清理处理的善后行为。

  A.基金终止   B.基金清算   C.基金退出   D.基金转让

5. 股权投资基金清算的原因不包括（   ）。

  A.基金存续期届满

  B.基金份额持有人大会决定进行基金清算

  C.全部投资项目都已经清算退出的

  D.基金份额已满

6. 关于股权投资基金的基金收益分配原则,顺序正确的是(　　)。

　　Ⅰ.向投资者返还投资本金

　　Ⅱ.按照约定的比例在管理人和投资者之间进行分配

　　Ⅲ.向投资者支付约定的优先收益

　　A.Ⅰ、Ⅱ、Ⅲ　　　　　　B.Ⅱ、Ⅲ、Ⅰ　　　　　　C.Ⅰ、Ⅲ、Ⅱ　　　　　　D.Ⅱ、Ⅰ、Ⅲ

7. 在基金收益分配中,按单一项目分配,是指每个投资项目投后退出的每一笔资金都按照一定的顺序在(　　)之间分配,而不是首先满足基金投资者的全部本金出资和优先收益。

　　A.基金投资者和管理人　　　　　　　　　　B.基金投资者和托管人

　　C.股东和管理人　　　　　　　　　　　　　D.股东和托管人

8. 股权投资基金的信息披露不包含(　　)。

　　A.基金合同及招募说明书等宣传推介文件　　B.基金销售协议中的主要权利义务条款

　　C.基金的资产负债及投资收益分配情况　　　D.预测的投资业绩

9. 股权投资基金募集期间,信息披露义务人应当披露基金管理人近(　　)年的诚信情况说明。

　　A.1　　　　　　　　　　B.2　　　　　　　　　　C.3　　　　　　　　　　D.4

10. 股权投资基金运行期间,信息披露义务人应当及时进行的定期信息披露包括(　　)。

　　Ⅰ.月度信息披露　　　　Ⅱ.季度信息披露　　　　Ⅲ.年度信息披露

　　A.Ⅰ、Ⅱ　　　　　　　B.Ⅱ、Ⅲ　　　　　　　C.Ⅰ、Ⅲ　　　　　　　D.Ⅰ、Ⅱ、Ⅲ

11. 基金托管人的职责不包括(　　)。

　　A.安全保管基金财产

　　B.按照规定开设基金财产的资金账户和证券账户

　　C.对基金财务会计报告、中期和年度基金报告做出修改

　　D.保存基金托管业务活动的记录、账册、报表和其他相关资料

12. (　　)是指基金业务外包服务机构为基金管理人提供销售、销售支付、份额登记、估值核算、信息技术系统等业务的服务。

　　A.基金外包服务　　　　B.基金托管服务　　　　C.基金承销服务　　　　D.基金信息服务

13. 外包机构应具备开展外包业务的(　　)和(　　)。

　　A.营运能力;风险承受能力　　　　　　　　B.资金能力;风险承受能力

　　C.资金能力;人事管理能力　　　　　　　　D.评估能力;基金销售能力

14. 基金的内部收益率又分为毛内部收益率(GIRR)和净内部收益率(NIRR),二者相比(　　)。

　　A.GIRR > NIRR　　　　　　　　　　　　B.GIRR = NIRR

　　C.GIRR < NIRR　　　　　　　　　　　　D.无可比性

15. 股权投资基金管理人应建立健全相关机制,防范管理的各股权投资基金之间的(　　),公平对待管理的各股权投资基金,保护投资者利益。

　　Ⅰ.利益输送　　　　　　Ⅱ.利益冲突　　　　　　Ⅲ.利益分离

　　A.Ⅰ、Ⅱ　　　　　　　B.Ⅱ、Ⅲ　　　　　　　C.Ⅰ、Ⅲ　　　　　　　D.Ⅰ、Ⅱ、Ⅲ

第九章 行政监管

本章从三个部分介绍了行政监管的内容。第一部分介绍了行政监管的法律依据和股权投资基金的监管框架。第二部分介绍了行政监管的主要内容、形式与手段,考生可结合《证券法》《证券投资基金法》《私募投资基金监督管理办法》进行学习。第三部分介绍了行政监管的其他相关法规制度,包括《合伙企业法》《公司法》以及相关刑事法律规范。本章属于重点章节,需要考生重点掌握的知识点有很多,考生在学习时要多下工夫。

考点概览

考试大纲	考点内容	学习要求
行政监管概述	行政监管的法律依据	理解
	股权投资基金的监管框架	理解
行政监管的主要内容、形式与手段	适度监管原则	理解
	合格投资者要求	掌握
	单只基金的投资者人数限制	掌握
	基金份额转让对受让人的基本要求	掌握
	股权投资基金宣传推介的方式	理解
	不得向投资者承诺本金不受损失或者承诺最低收益	掌握
	不得非法汇集他人资金投资私募投资基金	掌握
	专业化管理原则	理解
	禁止性行为	掌握
	对创业投资基金的差异化管理	理解
	违反监管的法律责任	了解
其他相关法规制度	公司股东的责任承担方式	了解
	公司增减资的条件和程序	掌握
	有限公司股权和股份公司股份的转让规则	掌握
	公司的利润分配和清算规则	掌握
	公司的税收制度	掌握
	有限合伙企业各类合伙人的责任承担方式	了解
	不得成为普通合伙人的主体	掌握
	合伙企业的税收制度	掌握
	有限合伙企业合伙事务的执行方式	掌握
	有限合伙企业的利润分配、份额转让规则	掌握
	股权投资基金合规运营与非法集资的界限	掌握

第一节 行政监管概述

本节导读

本节要求考生理解行政监管的法律依据和股权投资基金的监管框架,内容比较简单。

一、行政监管的法律依据

中国证监会是我国股权投资基金的监管机构。

2013年6月1日,新修订的《证券投资基金法》施行,该法第十章对非公开募集基金作了原则性的规定,并授权中国证监会进行细化监管。

2013年6月27日,中央编制办公室印发《关于私募股权基金管理职责分工的通知》,明确股权投资基金的监督管理由中国证监会负责,实行适度监管,保护投资者权益。

【例题·单选题】(   )是我国股权投资基金的监管机构。

A. 中国证监会
B. 中国银监会
C. 中国证券业协会
D. 中国基金业协会

【答案】A

【解析】2013年6月27日,中央编制办公室印发《关于私募股权基金管理职责分工的通知》,明确股权投资基金的监督管理由中国证监会负责,实行适度监管,保护投资者权益。

二、股权投资基金的监管框架

中国证监会及其派出组织依照《证券投资基金法》《私募投资基金监督管理暂行办法》和中国证监会的其他有关规定,对股权投资基金业务活动实施监督管理。

第二节 行政监管的主要内容、形式与手段

本节导读

本节介绍了行政监管的主要内容、形式与手段,考生需要重点掌握的是合格投资者的要求、单只基金的投资者人数、不得向投资者承诺本金不受损失或者承诺最低收益、投资者不得非法汇集他人资金投资私募投资基金以及从事私募投资基金业务禁止的行为等。本节内容相对较多,考生在学习时注意各个知识点之间的联系。

一、适度监管原则

市场失灵要求政府干预,但现代市场经济的政府干预应当是"适度"的干预,即政府监管应适度。对于基金而言,政府监管不应直接干预基金机构内部的经营管理,监管范围应严格限定在基金市场失灵的领域。应完善基金行业自律机制、健全基金机构内控机制和培育社会力量监督机制,充分发挥基金行业自律、基金机构内控和社会力量监督在基金监管方面的积极作用,形成以政府监管为核心、行业自律为纽带、机构内控为基础、社会监督为补充的"四位一体"的监管格局。

股权投资基金实行适度监管原则。具体体现如表 9 – 1 所示。

表 9 – 1　　　　　　　　　　　　适度监管原则的体现

项目	内容
市场准入	不对基金管理人和基金进行前置审批,而是基于中国证券投资基金业协会的登记备案信息,进行事后行业信息统计、风险监测和必要的检查
基金托管	除基金合同另有约定外,应当由基金托管人托管
信息披露	对需要向投资者进行的定期披露和重大事项的即时披露作了规定,其他事项由相关当事人在基金合同、公司章程或者合伙协议中自行约定
行业自律	充分发挥基金行业协会作用,进行统计监测和纠纷调解等,并通过制定行业自律规则实现会员的自我管理

二、合格投资者要求

股权投资基金应当向合格投资者募集。基金管理人、基金销售机构应该对投资者的风险识别能力和风险承担能力进行评估,并由投资者书面承诺符合合格投资者的条件。

(一)合格投资者的标准

股权投资基金的合格投资者是指具备相应风险识别能力和风险承担能力,投资于单只股权投资基金的金额不低于 100 万元且符合下列相关标准的单位和个人:

(1)净资产不低于 1000 万元的单位;

(2)金融资产不低于 300 万元或者最近 3 年个人年均收入不低于 50 万元的个人。

> **注意:**金融资产包括银行存款、股票、债券、基金份额、资产管理计划、银行理财产品、信托计划、保险产品、期货权益等。

(二)视为合格投资者的情形

下列投资者视为当然合格投资者:

(1)社会保障基金、企业年金等养老基金,慈善基金等社会公益基金;

(2)依法设立并在中国证券投资基金业协会备案的投资计划;

(3)投资于所管理股权投资基金的股权投资基金管理人及其从业人员;

(4)中国证监会规定的其他投资者。

以合伙企业、契约等非法人形式,通过汇集多数投资者的资金直接或者间接投资于股权投资基金的,股权投资基金管理人或者股权投资基金销售机构应当穿透核查最终投资者是否为合格投资者,并合并计算投资者人数。但是,符合前述第(1)、第(2)、第(4)项规定的投资者投资股权投资基金的,不再穿透核查最终投资者是否为合格投资者和合并计算投资者人数。

三、单只基金的投资者人数限制

单只股权投资基金的投资者人数累计不得超过《证券投资基金法》《公司法》《合伙企业法》等法律规定的特定数量,具体限制如表 9 – 2 所示。

表 9-2 单只基金的投资者人数限制

基金	内容
公司型股权投资基金	公司型股权投资基金根据《公司法》的规定,采取有限责任公司形式的股权投资基金,投资者人数不得超过 50 人,采取股份有限公司形式的股权投资基金,投资者人数不得超过 200 人
合伙型股权投资基金	合伙型股权投资基金根据《合伙企业法》的规定,投资者人数不得超过 50 人(含普通合伙人)
契约型股权投资基金	契约型股权投资基金根据《证券投资基金法》的规定,投资者人数不得超过 200 人

【例题·单选题】合伙型股权投资基金的投资者人数不得超过(   )。

A. 10   B. 50   C. 100   D. 200

【答案】B

【解析】合伙型股权投资基金根据《合伙企业法》的规定,投资者人数不得超过 50 人(含普通合伙人)。

四、基金份额转让对受让人的基本要求

投资者转让基金份额的,受让人应当为合格投资者且基金份额受让后投资者人数应当符合对单只基金的投资者人数的限制规定。

五、股权投资基金宣传推介的方式

目前,我国的股权投资基金采取非公开方式募集(私募),基金管理人、基金销售机构不得通过报刊、电台、电视、互联网等公众传播媒体或者讲座、报告会、分析会和布告、传单、手机短信、微信、博客和电子邮件等方式,向不特定对象宣传推介。

注意:不得通过讲座、报告会等方式向不特定对象宣传推介的要求,是为了限制采取上述方式向"不特定对象"宣传推介,以切实防范变相公募。但不禁止通过讲座、报告会、分析会、手机短信、微信、电子邮件等能够有效控制宣传推介对象和数量的方式,向事先已了解其风险识别能力和承担能力的"特定对象"宣传推介。

六、不得向投资者承诺本金不受损失或者承诺最低收益

股权投资基金管理人、股权投资基金销售机构不得向投资者承诺投资本金不受损失或者承诺最低收益。

七、不得非法汇集他人资金投资私募投资基金

投资者应当确保投资资金来源合法,不得非法汇集他人资金投资私募投资基金。任何机构和个人不得为规避合格投资者标准,募集以股权投资基金份额或其收益权为投资标的的金融产品。

八、专业化管理原则

同一基金管理人管理不同类别基金的,应当坚持专业化管理原则。管理可能导致利益输送或者利益冲突的不同基金的,应当建立防范利益输送和利益冲突的机制。股权投资基金管

理人不得兼营可能与投资基金业务存在冲突的业务,不得兼营与"投资管理"的买方业务存在冲突的业务,尽量避免兼营其他非金融业务。

九、禁止性行为

根据《私募投资基金监督管理暂行办法》第二十三条的规定,股权投资基金管理人、托管人、销售机构及其他服务机构及其从业人员从事股权投资基金业务,不得有以下行为:

(1)将其固有财产或者他人财产混同于基金财产从事投资活动。

(2)不公平地对待其管理的不同基金财产。

(3)利用基金财产或者职务之便,为本人或者投资者以外的人牟取利益,进行利益输送。

(4)侵占、挪用基金财产。

(5)泄露因职务便利获取的未公开信息,利用该信息从事或者明示、暗示他人从事相关的交易活动。

(6)从事损害基金财产和投资者利益的投资活动。

(7)玩忽职守,不按照规定履行职责。

(8)从事内幕交易、操纵交易价格及其他不正当交易活动。

(9)法律、行政法规和中国证监会规定禁止的其他行为。

十、对创业投资基金的差异化监管

创业投资基金是指主要投资于未上市创业企业普通股或者依法可转换为普通股的优先股、可转换债券等权益的股权投资基金。《私募投资基金监督管理暂行办法》对创业投资基金的差异化监管的规定如下:

(1)鼓励和引导创业投资基金投资创业早期的小微企业。国家对符合条件的创业投资基金给予财政税收扶持。享受国家财政税收扶持政策的创业投资基金,其投资范围应当符合国家相关规定。

(2)中国证券投资基金业协会在基金管理人登记、基金备案、投资情况报告要求和会员管理等环节,对创业投资基金采取区别于其他私募基金的差异化行业自律,并提供差异化会员服务。

(3)中国证监会及其派出机构对创业投资基金在投资方向检查等环节,采取区别于其他私募基金的差异化监督管理;在账户开立、发行交易和投资退出等方面,为创业投资基金提供便利服务。

十一、违反监管的法律责任

股权投资基金管理人、托管人、销售机构及其他服务机构及其从业人员违反法律、行政法规及部门规章规定,中国证监会及其派出机构可以对其采取行政处罚、行政监管、市场禁入等措施;构成犯罪的,依法移交司法机关追究刑事责任。

【例题·单选题】股权投资基金管理人、托管人、销售机构及其他服务机构及其从业人员违反法律、行政法规及部门规章规定,中国证监会及其派出机构可以对其采取( )措施。

Ⅰ.行政处罚　　　　　Ⅱ.行政监管　　　　　Ⅲ.市场禁入

A.Ⅰ、Ⅱ　　　　　B.Ⅱ、Ⅲ　　　　　C.Ⅰ、Ⅲ　　　　　D.Ⅰ、Ⅱ、Ⅲ

【答案】D

【解析】股权投资基金管理人、托管人、销售机构及其他服务机构及其从业人员违反法律、行政法规及部门规章规定,中国证监会及其派出机构可以对其采取行政处罚、行政监管、市场禁入等措施;构成犯罪的,依法移交司法机关追究刑事责任。

第三节　其他相关法规制度

>> **本节导读** <<

本节介绍了行政监管的其他相关法规制度,本节内容知识点很多,考生需了解公司股东的责任承担方式和有限合伙企业各类合伙人的责任承担方式,其他的内容要求考生全部掌握。考生可以结合《合伙企业法》《公司法》以及相关刑事法律规范进行理解掌握。

一、公司股东的责任承担方式

公司是企业法人,有独立的法人财产,享有法人财产权。公司以其全部财产对公司的债务承担责任。有限责任公司的股东以其认缴的出资额为限对公司承担责任。股份有限公司的股东以其认购的股份为限对公司承担责任。公司股东依法享有资产收益、参与重大决策和选择管理者等权利。

【例题·单选题】(　　)的股东以其认缴的出资额为限对公司承担责任;(　　)的股东以其认购的股份为限对公司承担责任。

A. 无限责任公司;股份有限公司　　　　B. 有限责任公司;股份有限公司

C. 股份有限公司;有限责任公司　　　　D. 有限责任公司;无限责任公司

【答案】B

【解析】有限责任公司的股东以其认缴的出资额为限对公司承担责任。股份有限公司的股东以其认购的股份为限对公司承担责任。

二、公司增减资的条件和程序

(一)公司增减资的条件

公司增加或者减少注册资本,应当依法向公司登记机关办理变更登记。具体的条件如表9-3所示。

表9-3　　　　　　　　　　　　公司增减资的条件

项目	内容
增加注册资本	①有限责任公司新增资本时,股东有权优先按照实缴的出资比例认缴出资。但是,全体股东约定不按照出资比例优先认缴出资的除外 ②股份有限公司为增加注册资本发行新股时,股东认购新股,依照《公司法》设立股份有限公司缴纳股款的有关规定执行
减少注册资本	公司需要减少注册资本时,必须编制资产负债表及财产清单。公司应当自作出减少注册资本决议之日起10日内通知债权人,并于30日内在报纸上公告。债权人自接到通知书之日起30日内,未接到通知书的自公告之日起45日内,有权要求公司清偿债务或者提供相应的担保

【例题·单选题】公司需要减少注册资本时,必须编制(　　)及财产清单。

A. 现金流量表　　　　B. 利润表　　　　C. 资产负债表　　　　D. 财务报表

【答案】C

【解析】公司需要减少注册资本时,必须编制资产负债表及财产清单。

(二)公司增减资的程序

1. 公司增加注册资本的程序(如表9-4所示)

表9-4　　　　　　　　　　　公司增加注册资本的程序

项目	内容
由股东会表决通过	①有限责任公司股东会对增加公司资本作出决议,必须经代表2/3以上表决权的股东通过 【提示】股东会会议由股东按照出资比例行使表决权;但是,公司章程另有规定的除外。股东以书面形式一致表示同意的,可以不召开股东会会议,直接作出决定,并由全体股东在决定文件上签名、盖章 ②股份有限公司增加资本必须由股东大会作出决议。股东大会作出决议,必须经出席会议的股东所持表决权的2/3以上通过 【提示】股东出席股东大会会议,所持每一股份有一表决权。但是,股份有限公司持有的本公司股份没有表决权
股东缴纳新增资本的出资	①有限责任公司增加注册资本时,股东认缴新增资本的出资,按照公司法设立有限责任公司缴纳出资的有关规定执行 ②股份有限公司为增加注册资本发行新股时,股东认购新股应当按照公司法设立股份有限公司缴纳股款的有关规定执行
向公司登记机关办理变更登记手续	公司增加注册资本,应当依法向公司登记机关办理变更登记手续

2. 公司减少注册资本的程序(如表9-5所示)

表9-5　　　　　　　　　　　公司减少注册资本的程序

项目	内容
公司权力机构作出决议或决定	①公司减少注册资本,在有限责任公司,须经代表2/3以上表决权的股东决议通过;在国有独资公司,必须由国有资产监督管理机构决定,其中,重要的国有独资公司的减资,由国有资产监督管理机构审核后,报本级人民政府批准 ②在股份有限公司,须经代表2/3以上表决权的股东决议通过
编制表册	公司决议减少注册资本时,董事会必须编制资产负债表和财产清单
通知和公告	公司应当自作出减少注册资本决议之日起10日内通知债权人,并于30日内在报纸上公告。债权人自接到通知书之日起30日内,未接到通知书的自公告之日起45日内,有权要求公司清偿债务或者提供相应的担保
进行变更登记	公司减少注册资本时,公司章程原定的注册资本发生变化,须向原公司登记机关办理变更登记

三、有限公司股权和股份公司股份的转让规则

(一)有限公司股权的转让规则

有限责任公司股东转让股权,包括股东自愿转让、法院强制转让和请求转让三种情形,具体内容如表9-6所示。

表9-6 有限公司股权的转让规则

项目	内容
股东自愿转让	①有限责任公司的股东之间可以相互转让其全部或者部分股权 ②股东向股东以外的人转让股权,应当经其他股东过半数同意。股东应就其股权转让事项书面通知其他股东征求同意,其他股东自接到书面通知之日起满30日未答复的,视为同意转让。其他股东半数以上不同意转让的,不同意的股东应当购买该转让的股权;不购买的,视为同意转让 【提示】经股东同意转让的股权,在同等条件下,其他股东有优先购买权。2个以上股东主张行使优先购买权的,协商确定各自的购买比例;协商不成的,按照转让时各自的出资比例行使优先购买权
法院强制转让	人民法院依照法律规定的强制执行程序转让股东的股权时,应当通知公司及全体股东,其他股东在同等条件下有优先购买权。其他股东自人民法院通知之日起满20日不行使优先购买权的,视为放弃优先购买权
请求转让	有下列情形之一的,对股东会该项决议投反对票的股东可以请求公司按照合理的价格收购其股权: ①公司连续5年不向股东分配利润,而公司该5年连续盈利,并且符合《公司法》规定的分配利润条件的 ②公司合并、分立、转让主要财产的 ③公司章程规定的营业期限届满或者章程规定的其他解散事由出现,股东会会议通过决议修改章程使公司存续的 【提示】自股东会会议决议通过之日起60日内,股东与公司不能达成股权收购协议的,股东可以自股东会会议决议通过之日起90日内向人民法院提起诉讼。

【例题·单选题】人民法院依照法律规定的强制执行程序转让股东的股权时,应当通知公司及全体股东,其他股东在同等条件下有优先购买权。其他股东自人民法院通知之日起满(　　)日不行使优先购买权,视为放弃优先购买权。

A. 10　　　　　　　　B. 15　　　　　　　　C. 20　　　　　　　　D. 30

【答案】C

【解析】根据《中华人民共和国公司法》的规定,人民法院依照法律规定的强制执行程序转让股东的股权时,应当通知公司及全体股东,其他股东在同等条件下有优先购买权。其他股东自人民法院通知之日起满20日不行使优先购买权的,视为放弃优先购买权。

(二)股份公司股份的转让规则

股份转让是指股份有限公司的股份持有人依法自愿将自己所拥有的股份转让给他人,使他人取得股份成为股东或增加股份数额的法律行为。股东持有的股份可以依法转让。

1. 股份转让的法律规定

《公司法》对股份有限公司的股份转让做出了具体的规定,主要包括以下内容,如表9-7所示。

表9-7 股份转让的法律规定

项目	内容
股份转让的地点	股东转让其股份,应当在依法设立的证券交易场所进行或者按照国务院规定的其他方式进行
股份转让的方式	记名股票,由股东以背书方式或者法律、行政法规规定的其他方式转让,转让后由公司将受让人的姓名或者名称及住所记载于股东名册。无记名股票的转让,由股东将该股票交付给受让人后即发生转让的效力 【提示】股东大会召开前20日内或者公司决定分配股利的基准日前5日内,不得进行前款规定的股东名册的变更登记。但是,法律对上市公司股东名册变更登记另有规定的,从其规定

2. 股份转让的限制(如表9-8所示)

表9-8 股份转让限制

项目	内容
对发起人转让股份的限制	根据《公司法》的规定,发起人持有的本公司股份,自公司成立之日起1年内不得转让。公司公开发行股份前已发行的股份,自公司股票在证券交易所上市交易之日起1年内不得转让
对公司董事、监事、高级管理人员转让股份的限制	根据《公司法》的规定,公司董事、监事、高级管理人员应当向公司申报所持有的本公司的股份及其变动情况,在任职期间每年转让的股份不得超过其所持有本公司股份总数的25%;所持本公司股份自公司股票上市交易之日起1年内不得转让。上述人员离职后半年内,不得转让其所持有的本公司股份。公司章程可以对公司董事、监事、高级管理人员转让其所持有的本公司股份作出其他限制性规定
对公司收购自身股票的限制	根据《公司法》的规定,公司不得收购本公司股份。但是,有下列情形之一的除外: ①减少公司注册资本 ②与持有本公司股份的其他公司合并 ③将股份奖励给本公司职工 ④股东因对股东大会做出的公司合并、分立决议持异议,要求公司收购其股份的 公司因前款第①项至第③项的原因收购本公司股份的,应当经股东大会决议。公司依照前款规定收购本公司股份后,属于第①项情形的,应当自收购之日起10日内注销;属于第②项、第④项情形的,应当在6个月内转让或者注销
对公司股票质押的限制	根据《公司法》的规定,公司不得接受本公司的股票作为质押权的标的

四、公司的利润分配和清算规则

(一)公司的利润分配

公司的年度分配,应当依照法律规定及股东会的决议,将公司利润用于缴纳税款、提取公积金和公益金以及进行红利分配。具体包括以下几个方面：

(1)公司分配当年税后利润时,应当提取利润的10%列入公司法定公积金。公司法定公积金累计额为公司注册资本的50%以上的,可以不再提取。

(2)公司的法定公积金不足以弥补以前年度亏损的,在依照前款规定提取法定公积金之前,应当先用当年利润弥补亏损。公司从税后利润中提取法定公积金后,经股东会或者股东大会决议,还可以从税后利润中提取任意公积金。

(3)公司弥补亏损和提取公积金后所余税后利润,有限责任公司股东按照实缴的比例分取红利,全体股东约定不按照出资比例分取红利的除外;股份有限公司按照股东持有的股份比例分配,但股份有限公司章程规定不按持股比例分配的除外。

【提示】股东会、股东大会或者董事会违反前款规定,在公司弥补亏损和提取法定公积金之前向股东分配利润的,股东必须将违反规定分配的利润退还公司。公司持有的本公司股份不得分配利润。

(4)股份有限公司以超过股票票面金额的发行价格发行股份所得的溢价款以及国务院财政部门规定列入资本公积金的其他收入,应当列为公司资本公积金。

(5)公司的公积金用于弥补公司的亏损、扩大公司生产经营或者转为增加公司资本。但是,资本公积金不得用于弥补公司的亏损。

(6)法定公积金转为资本时,所留存的该项公积金不得少于转增前公司注册资本的25%。

【例题·单选题】《中华人民共和国公司法》规定,股份有限公司将法定公积金转为股本时,留存的该项公积金不得少于转增前公司注册资本的(   )。

A.10%   B.15%   C.20%   D.25%

【答案】D

【解析】《中华人民共和国公司法》规定,公司的公积金用于弥补公司的亏损、扩大公司生产经营或者转为增加公司资本。但是,资本公积金不得用于弥补公司的亏损。法定公积金转为资本时,所留存的该项公积金不得少于转增前公司注册资本的25%。

(二)公司的解散和清算

公司的解散和清算规则如表9-9所示。

表9-9 公司的解散和清算规则

项目	内容
解散	公司因下列原因解散: ①公司章程规定的营业期限届满或者公司章程规定的其他解散事由出现 ②股东会或者股东大会决议解散 ③因公司合并或者分立需要解散 ④依法被吊销营业执照、责令关闭或者被撤销 ⑤人民法院依照《公司法》第一百八十二条的规定予以解散。公司经营管理发生严重困难,继续存续会使股东利益受到重大损失,通过其他途径不能解决的,持有公司全部股东表决权10%以上的股东,可以请求人民法院解散公司

续表

项目	内容
清算	(1)公司解散的,应当在解散事由出现之日起15日内成立清算组,开始清算。有限责任公司的清算组由股东组成,股份有限公司的清算组由董事或者股东大会确定的人员组成。逾期不成立清算组进行清算的,债权人可以申请人民法院指定有关人员组成清算组进行清算。人民法院应当受理该申请,并及时组织清算组进行清算 (2)清算组在清算期间行使下列职权:①清理公司财产,分别编制资产负债表和财产清单;②通知、公告债权人;③处理与清算有关的公司未了结的业务;④清缴所欠税款以及清算过程中产生的税款;⑤清理债权、债务;⑥处理公司清偿债务后的剩余财产;⑦代表公司参与民事诉讼活动 (3)清算组应当自成立之日起10日内通知债权人,并于60日内在报纸上公告。债权人应当自接到通知书之日起30日内,未接到通知书的自公告之日起45日内,向清算组申报其债权 【提示】①债权人申报债权,应当说明债权的有关事项,并提供证明材料。清算组应当对债权进行登记;②在申报债权期间,清算组不得对债权人进行清偿。 (4)清算组在清理公司财产、编制资产负债表和财产清单后,应当制定清算方案,并报股东会、股东大会或者人民法院确认。公司财产在分别支付清算费用、职工的工资、社会保险费用和法定补偿金,缴纳所欠税款,清偿公司债务后的剩余财产,有限责任公司按照股东的出资比例分配,股份有限公司按照股东持有的股份比例分配 【提示】清算期间,公司存续,但不得开展与清算无关的经营活动。公司财产在未依照前款规定清偿前,不得分配给股东。 (5)清算组在清理公司财产、编制资产负债表和财产清单后,发现公司财产不足清偿债务的,应当依法向人民法院申请宣告破产。公司经人民法院裁定宣告破产后,清算组应当将清算事务移交给人民法院 (6)公司清算结束后,清算组应当制作清算报告,报股东会、股东大会或者人民法院确认,并报送公司登记机关,申请注销公司登记,公告公司终止 (7)清算组成员应当忠于职守,依法履行清算义务。清算组成员不得利用职权收受贿赂或者其他非法收入,不得侵占公司财产。清算组成员因故意或者重大过失给公司或者债权人造成损失的,应当承担赔偿责任

【例题·单选题】有限责任公司的清算组由(   )组成,股份有限公司的清算组由(   )组成。

    A. 股东;董事或者股东大会确定的人员

    B. 股东;证监会确定的人员

    C. 董事;证券业协会确定的人员

    D. 董事;基金业协会确定的人员

【答案】A

【解析】有限责任公司的清算组由股东组成,股份有限公司的清算组由董事或者股东大会确定的人员组成。

五、公司的税收制度

(一)应纳税所得额和应纳税额的一般规定

公司每一纳税年度的收入总额,减除不征税收入、免税收入、各项扣除以及允许弥补的以前年度亏损后的余额,为应纳税所得额。其计算公式如下:

$$应纳税所得额 = 收入总额 - 不征税收入 - 免税收入$$
$$- 扣除额 - 允许弥补的以前年度亏损$$

企业所得税的应纳税额是指应纳税所得额乘以适用税率,减除依照《企业所得税法》关于税收优惠的规定减免和抵免的税额后的余额,为应纳税额。其计算公式如下:

$$应纳税额 = 应纳税所得额 × 适用税率 - 减免税额 - 抵免税额$$

> **注意:**目前企业所得税税率一般为25%。

(二)收入总额概述

公司以货币形式和非货币形式从各种来源取得的收入,为收入总额,包括:①销售货物收入;②提供劳务收入;③转让财产收入;④股息、红利等权益性投资收益;⑤利息收入;⑥租金收入;⑦特许权使用费收入;⑧接受捐赠收入;⑨其他收入。具体内容如表9-10所示。

表9-10　　　　　　　　　　　　　　　收入总额概述

项目	内容
销售货物收入	销售货物收入是指企业销售商品、产品、原材料、包装物、低值易耗品以及其他存货取得的收入。除法律法规另有规定外,企业销售货物收入的确认,必须遵循权责发生制原则和实质重于形式原则
提供劳务收入	提供劳务收入是指企业从事建筑安装、修理修配、交通运输、仓储租赁、金融保险、邮电通信、咨询经纪、文化体育、科学研究、技术服务、教育培训、餐饮住宿、中介代理、卫生保健、社区服务、旅游、娱乐、加工以及其他劳务服务活动取得的收入
转让财产收入	转让财产收入是指企业转让固定资产、生物资产、无形资产、股权、债权等财产取得的收入
股息、红利等权益性投资收益	股息、红利等权益性投资收益是指企业因权益性投资从被投资方取得的收入
利息收入	利息收入是指企业将资金提供他人使用但不构成权益性投资,或者因他人占用本企业资金取得的收入,包括存款利息、贷款利息、债券利息、欠款利息等收入
租金收入	租金收入是指企业提供固定资产、包装物或者其他有形资产的使用权取得的收入
特许权使用费收入	特许权使用费收入是指企业提供专利权、非专利技术、商标权、著作权以及其他特许权的使用权取得的收入
接受捐赠收入	接受捐赠收入是指企业接受的来自其他企业、组织或者个人无偿给予的货币性资产、非货币性资产

项目	内容
其他收入	①其他收入是指企业取得《企业所得税法》具体列举的收入外的其他收入,包括企业资产溢余收入、逾期未退包装物押金收入、确实无法偿付的应付款项、已作坏账损失处理后又收回的应收款项、债务重组收入、补贴收入、违约金收入、汇兑收益等 ②对公司型基金而言,"转让财产收入""股息、红利等权益性投资收益"为主要收入来源,其中"转让财产收入"即公司型基金转让标的企业股权获得的收入。当以债转股或债加股等方式投资时,还可能存在利息收入。三类收入中,符合条件的居民企业之间的股息、红利等权益性投资收益为免税收入,可以在计算应纳税所得额时减除。从基金投资人层面看,对来自公司型基金分配的股息、红利所得,投资人是企业时,为免税收入;投资人是个人时,应按"股息、红利"所得缴纳个人所得税,适用税率一般为 20%

【例题·单选题】( )是指企业提供固定资产、包装物或者其他有形资产的使用权取得的收入。

A. 转让财产收入   B. 利息收入   C. 租金收入   D. 接受捐赠收入

【答案】C

【解析】租金收入是指企业提供固定资产、包装物或者其他有形资产的使用权取得的收入。

(三)投资抵免优惠

创业投资企业是指依照《创业投资企业管理暂行办法》和《外商投资创业投资企业管理规定》,在中国境内设立的专门从事创业投资活动的企业或其他经济组织。其税收优惠如下:

(1)国家税务总局《关于实施创业投资企业所得税优惠问题的通知》(国税发〔2009〕87号)规定:创业投资企业采取股权投资方式投资于未上市的中小高新技术企业 2 年(24 个月)以上,符合条件的,可以按照其对中小高新技术企业投资额的 70%,在股权持有满 2 年的当年抵扣该创业投资企业的应纳税所得额;当年不足抵扣的,可以在以后纳税年度结转抵扣。

(2)《企业所得税法》第三十一条规定,创业投资企业从事国家需要重点扶持和鼓励的创业投资,可以按投资额的一定比例抵扣应纳税所得额。

(3)《企业所得税法实施条例》第九十七条规定,创业投资企业采取股权投资方式投资于未上市的中小高新技术企业 2 年以上的,可以按照其投资额的 70% 在股权持有满 2 年的当年,抵扣该创业投资企业的应纳税所得额。当年不足抵扣的,可以在以后纳税年度结转抵扣。

六、有限合伙企业各类合伙人的责任承担方式

合伙企业是指自然人、法人和其他组织依照本法在中国境内设立的普通合伙企业和有限合伙企业。

(1)普通合伙企业由普通合伙人组成,合伙人对合伙企业债务承担无限连带责任。对普通合伙人承担责任的形式有特别规定的,从其规定。

(2)有限合伙企业由普通合伙人和有限合伙人组成,普通合伙人对合伙企业债务承担无限连带责任,有限合伙人以其认缴的出资额为限对合伙企业债务承担责任。

有限合伙企业亏损分担方式由普通合伙人、有限合伙人在合伙协议中约定。

七、不得成为普通合伙人的主体

国有独资公司、国有企业、上市公司以及公益性的事业单位、社会团体不得成为普通合伙人。

【例题·单选题】根据《合伙企业法》的规定，下列主体中可以成为合伙企业的普通合伙人的是(　　)。

A. 国有企业

B. 公益性的事业单位、社会团体

C. 有限责任公司

D. 上市公司

【答案】C

【解析】国有独资公司、国有企业、上市公司以及公益性的事业单位、社会团体不得成为普通合伙人。

八、合伙企业的税收制度

从所得税层面看，合伙企业以每一个合伙人为纳税义务人，合伙企业层面不缴纳所得税。合伙企业合伙人是自然人的，缴纳个人所得税；合伙人是法人和其他组织的，缴纳企业所得税。合伙企业的税收规定如表 9 – 11 所示。

表 9 – 11　　　　　　　　　　　　合伙企业的税收规定

项目	内容
《财政部、国家税务总局关于合伙企业合伙人所得税问题的通知》	(1)合伙企业的合伙人按照下列原则确定应纳税所得额 ①合伙企业的合伙人以合伙企业的生产经营所得和其他所得，按照合伙协议约定的分配比例确定应纳税所得额 ②合伙协议未约定或者约定不明确的，以全部生产经营所得和其他所得，按照合伙人协商决定的分配比例确定应纳税所得额 ③协商不成的，以全部生产经营所得和其他所得，按照合伙人实缴出资比例确定应纳税所得额 ④无法确定出资比例的，以全部生产经营所得和其他所得，按照合伙人数量平均计算每个合伙人的应纳税所得额 (2)合伙企业以每一个合伙人为纳税义务人。合伙企业合伙人是自然人的，缴纳个人所得税；合伙人是法人和其他组织的，缴纳企业所得税 (3)合伙企业生产经营所得和其他所得采取"先分后税"的原则。具体应纳税所得额的计算按照《关于个人独资企业和合伙企业投资者征收个人所得税的规定》(财税〔2000〕91 号)及《财政部、国家税务总局关于调整个体工商户个人独资企业和合伙企业个人所得税税前扣除标准有关问题的通知》(财税〔2008〕65 号)的有关规定执行，即合伙人按"分得"的应纳税所得额，计算并缴纳个人所得税或企业所得税。合伙人为个人时，比照个人所得税法的"个体工商户的生产经营所得"应税项目，适用 5% ~35% 的五级超额累进税率，计算征收个人所得税；合伙人为企业时，适用企业所得税税率，计征企业所得税 (4)合伙企业的合伙人是法人和其他组织的，合伙人在计算其缴纳企业所得税时，不得用合伙企业的亏损抵减其盈利

项目	内容
《国家税务总局关于有限合伙制创业投资企业法人合伙人企业所得税有关问题的公告》	(1)有限合伙制创业投资企业采取股权投资方式投资于未上市的中小高新技术企业满2年(24个月)的,其法人合伙人可按照对未上市中小高新技术企业投资额的70%抵扣该法人合伙人从该有限合伙制创业投资企业分得的应纳税所得额,当年不足抵扣的,可以在以后纳税年度结转抵扣 (2)如果法人合伙人投资于多个符合条件的有限合伙制创业投资企业,可合并计算其可抵扣的投资额和应分得的应纳税所得额。当年不足抵扣的,可结转以后纳税年度继续抵扣;当年抵扣后有结余的,按照企业所得税法的规定,计算缴纳企业所得税

注意:所称满2年是指自2015年10月1日起,有限合伙制创业投资企业投资于未上市中小高新技术企业的实缴投资满2年,同时,法人合伙人对该有限合伙制创业投资企业的实缴出资也应满2年。

【例题·单选题】合伙企业以( )为纳税义务人。

A. 整个企业

B. 每一个合伙人

C. 每一个普通合伙人

D. 每一个有限合伙人

【答案】B

【解析】合伙企业以每一个合伙人为纳税义务人。

九、有限合伙企业合伙事务的执行方式

有限合伙企业由普通合伙人执行合伙事务。执行事务合伙人可以要求在合伙协议中确定执行事务的报酬及报酬提取方式。

(一)不视为执行合伙事务的情形

有限合伙人不执行合伙事务,不得对外代表有限合伙企业。有限合伙人的下列行为,不视为执行合伙事务:

(1)参与决定普通合伙人入伙、退伙。

(2)对企业的经营管理提出建议。

(3)参与选择承办有限合伙企业审计业务的会计师事务所。

(4)获取经审计的有限合伙企业财务会计报告。

(5)对涉及自身利益的情况,查阅有限合伙企业财务会计账簿等财务资料。

(6)在有限合伙企业中的利益受到侵害时,向有责任的合伙人主张权利或者提起诉讼。

(7)执行事务合伙人怠于行使权利时,督促其行使权利或者为了本企业的利益以自己的名义提起诉讼。

(8)依法为本企业提供担保。

(二)执行合伙事务的具体规定

(1)有限合伙人可以同本有限合伙企业进行交易;但是,合伙协议另有约定的除外。

（2）有限合伙人可以自营或者同他人合作经营与本有限合伙企业相竞争的业务；但是，合伙协议另有约定的除外。

（3）第三人有理由相信有限合伙人为普通合伙人并与其交易的，该有限合伙人对该笔交易承担与普通合伙人同样的责任。有限合伙人未经授权以有限合伙企业名义与他人进行交易，给有限合伙企业或者其他合伙人造成损失的，该有限合伙人应当承担赔偿责任。

（4）有限合伙人的自有财产不足清偿其与合伙企业无关的债务的，该合伙人可以以其从有限合伙企业中分取的收益用于清偿；债权人也可以依法请求人民法院强制执行该合伙人在有限合伙企业中的财产份额用于清偿。人民法院强制执行有限合伙人的财产份额时，应当通知全体合伙人。在同等条件下，其他合伙人有优先购买权。

十、有限合伙企业的利润分配、份额转让规则

（一）利润分配的规则

（1）有限合伙企业的利润分配、亏损分担，按照合伙协议的约定办理；有限合伙协议未约定或者约定不明确的，由合伙人协商决定；协商不成的，由合伙人按照实缴出资比例分配、分担；无法确定出资比例的，由合伙人平均分配、分担。

（2）有限合伙企业不得将全部利润分配给部分合伙人；但是，合伙协议另有约定的除外。

【例题·单选题】下列关于有限合伙企业的利润分配与亏损分担，说法错误的是（　　）。

A. 按照合伙协议的约定办理

B. 有限合伙协议未约定或者约定不明确的，由合伙人协商决定

C. 协商不成的，由合伙人平均分配、分担

D. 无法确定出资比例的，由合伙人平均分配、分担

【答案】C

【解析】有限合伙协议未约定或者约定不明确的，由合伙人协商决定；协商不成的，由合伙人按照实缴出资比例分配、分担。故选项 C 说法错误。

（二）份额转让的规则

（1）有限合伙人可以将其在有限合伙企业中的财产份额出质；但是，合伙协议另有约定的除外。

（2）有限合伙人可以按照合伙协议的约定向合伙人以外的人转让其在有限合伙企业中的财产份额，但应当提前 30 日通知其他合伙人。

十一、股权投资基金合规运营与非法集资的界限

开展股权投资基金业务，必须严格遵守以非公开方式向特定的合格投资者募集的原则，严禁保底保收益，否则容易触犯非法吸收公众存款罪、集资诈骗罪等刑事责任。

（一）非法吸收公众存款罪

非法吸收公众存款罪是指违反国家金融管理法规非法吸收公众存款或变相吸收公众存款，扰乱金融秩序的行为。具体内容如表 9 - 12 所示。

表9-12   **非法吸收公众存款罪**

项目	内容
成立条件	通常,同时具备下列4个条件,除刑法另有规定的以外,即构成"非法吸收公众存款或者变相吸收公众存款" ①未经有关部门依法批准或者借用合法经营的形式吸收资金 ②通过媒体、推介会、传单、手机短信等途径向社会公开宣传 ③承诺在一定期限内以货币、实物、股权等方式还本付息或者给付回报 ④向社会公众即社会不特定对象吸收资金 【提示】未向社会公开宣传,在亲友或者单位内部针对特定对象吸收资金的,不属于非法吸收或者变相吸收公众存款
追究刑事责任的情形	非法吸收或者变相吸收公众存款,具有下列情形之一的,应当依法追究刑事责任 ①个人非法吸收或者变相吸收公众存款,数额在20万元以上的;单位非法吸收或者变相吸收公众存款,数额在100万元以上的 ②个人非法吸收或者变相吸收公众存款对象30人以上的,单位非法吸收或者变相吸收公众存款对象150人以上的 ③个人非法吸收或者变相吸收公众存款,给存款人造成直接经济损失数额在10万元以上的,单位非法吸收或者变相吸收公众存款,给存款人造成直接经济损失数额在50万元以上的 ④造成恶劣社会影响或者其他严重后果的
定罪处罚的条件	实施下列行为之一,并符合前述4个成立条件的,以非法吸收公众存款罪定罪处罚: ①不具有房产销售的真实内容或者不以房产销售为主要目的,以返本销售、售后包租、约定回购、销售房产份额等方式非法吸收资金的 ②以转让林权并代为管护等方式非法吸收资金的 ③以代种植(养殖)、租种植(养殖)、联合种植(养殖)等方式非法吸收资金的 ④不具有销售商品、提供服务的真实内容或者不以销售商品、提供服务为主要目的,以商品回购、寄存代售等方式非法吸收资金的 ⑤不具有发行股票、债券的真实内容,以虚假转让股权、发售虚构债券等方式非法吸收资金的 ⑥不具有募集基金的真实内容,以假借境外基金、发售虚构基金等方式非法吸收资金的 ⑦不具有销售保险的真实内容,以假冒保险公司、伪造保险单据等方式非法吸收资金的 ⑧以投资入股的方式非法吸收资金的 ⑨以委托理财的方式非法吸收资金的 ⑩利用民间"会""社"等组织非法吸收资金的 ⑪其他非法吸收资金的行为

(二)集资诈骗罪

集资诈骗罪是指以非法占有为目的,违反有关金融法律、法规的规定,使用诈骗方法进行非法集资,扰乱国家正常金融秩序,侵犯公私财产所有权,且数额较大的行为。使用诈骗方法非法集资,具有下列情形之一的,可以认定为"以非法占有为目的":

（1）集资后不用于生产经营活动或者用于生产经营活动与筹集资金规模明显不成比例，致使集资款不能返还的。

（2）肆意挥霍集资款，致使集资款不能返还的。

（3）携带集资款逃匿的。

（4）将集资款用于违法犯罪活动的。

（5）抽逃、转移资金，隐匿财产，逃避返还资金的。

（6）隐匿、销毁账目，或者搞假破产、假倒闭，逃避返还资金的。

（7）拒不交代资金去向，逃避返还资金的。

（8）其他可以认定非法占有目的的情形。

> **注意：** 集资诈骗罪中的非法占有目的，应当区分情形进行具体认定。行为人部分非法集资行为具有非法占有目的的，对该部分非法集资行为所涉集资款以集资诈骗罪定罪处罚；非法集资共同犯罪中部分行为人具有非法占有目的，其他行为人没有非法占有集资款的共同故意和行为的，对具有非法占有目的的行为人以集资诈骗罪定罪处罚。集资诈骗罪的处罚：
>
> （1）个人进行集资诈骗，数额在10万元以上的，应当认定为"数额较大"；数额在30万元以上的，应当认定为"数额巨大"；数额在100万元以上的，应当认定为"数额特别巨大"。
>
> （2）单位进行集资诈骗，数额在50万元以上的，应当认定为"数额较大"；数额在150万元以上的，应当认定为"数额巨大"；数额在500万元以上的，应当认定为"数额特别巨大"。

（三）避免非法集资的有效方式

综合来看，严守行业底线，坚守私募原则，向合格投资者募集资金，杜绝保底保收益，勤勉尽责、诚信信披是避免非法集资的有效方式。

真题自测

（所有题型均为单选题，每题只有1个正确答案）

1. (　　)，新修订的《证券投资基金法》施行，该法对非公开募集基金作了原则性的规定，并授权中国证监会进行细化监管。

   A. 2005年2月7日　　　　　　　　　　　B. 2013年6月1日

   C. 2011年12月1日　　　　　　　　　　D. 2015年8月1日

2. 中国证券投资基金业协会在基金管理人登记、基金备案、投资情况报告要求和会员管理等环节，对(　　)采取区别于其他私募基金的差异化行业自律，并提供差异化会员服务。

   A. 创业投资基金　　　　　　　　　　　B. 股权投资基金

   C. 大型投资基金　　　　　　　　　　　D. 内资投资基金

3. 有限责任公司增加或减少注册资本，由股东会决议，必须经代表(　　)表决权的股东通过。

   A. 1/3以上　　　　　　B. 半数以上　　　　　　C. 2/3以上　　　　　　D. 全部

4. 有限责任公司的股东之间可以相互转让其(　　)股权。

   A. 全部或者部分　　　　B. 只能全部　　　　　　C. 只能部分　　　　　　D. 少量

5.公司因将股份奖励给本公司职工而收购的本公司股份,不得超过本公司已发行股份总额的( )。

A.5%   B.10%   C.15%   D.20%

6.公司每一纳税年度的收入总额,减除不征税收入、免税收入、各项扣除以及允许弥补的以前年度亏损后的余额,为( )。

A.当前利润   B.净收入

C.应纳税额   D.应纳税所得额

7.目前企业所得税税率一般为( )。

A.3%   B.17%   C.25%   D.30%

8.《企业所得税法实施条例》第九十七条规定,创业投资企业采取股权投资方式投资于未上市的中小高新技术企业( )年以上的,可以按照其投资额的( )在股权持有满( )年的当年,抵扣该创业投资企业的应纳税所得额。当年不足抵扣的,可以在以后纳税年度结转抵扣。

A.1;70%;1   B.2;70%;2

C.1;80%;1   D.2;80%;2

9.( )不执行合伙事务,不得对外代表有限合伙企业。

A.有限合伙人   B.普通合伙人

C.无限合伙人   D.法人合伙人

10.未向社会公开宣传,在亲友或者单位内部针对特定对象吸收资金的,( )非法吸收或者变相吸收公众存款。

A.属于   B.不属于

C.视情况而定   D.部分属于

11.个人非法吸收或者变相吸收公众存款对象( )人以上的,单位非法吸收或者变相吸收公众存款对象( )人以上的,应当依法追究刑事责任。

A.20;100   B.30;150   C.40;200   D.50;250

第十章　行业自律管理

本章主要介绍了行业自律管理的相关内容,考生需重点掌握的是登记备案管理、募集管理办法和从业人员管理。信息披露管理办法、内控指引、合同指引的内容了解即可。本章内容比较多,考生在学习时注意把握重点。

考点概览

考试大纲	考点内容	学习要求
行业自律概述	行业自律管理的法律依据	理解
	中国证券投资基金业协会的法律地位及职责	掌握
	自律性规范文件颁布的背景与过程	了解
登记备案管理	基金管理人备案股权投资基金的时间要求	掌握
	因未备案首只私募基金产品而被注销管理人登记的后果	理解
	基金管理人的信息报送义务	掌握
	基金管理人提交年度财务报告的要求	掌握
	法律意见书要求出台的背景	了解
	基金管理人登记法律意见书的内容	掌握
	基金管理人登记法律意见书的律师及律师事务所资质问题	理解
	未登记备案对股权投资基金开展投资业务的影响	掌握
	登记备案的流程、所需文件及注意事项	了解
募集管理办法	募集管理办法出台的背景	了解
	募集行为主要自律管理的内容	掌握
	风险揭示的内容	理解
信息披露管理办法	出台的背景	了解
	信息披露的基本要求	了解
	违反信息披露要求的后果	了解
内控指引	——	了解
合同指引	——	了解
外包和托管	基金业务外包	了解
	基金业务托管	了解
从业人员管理	对从业人员从业资格的基本要求	掌握
	从业资格的取得方式及维持有效性的条件	掌握
	从业人员资格认定的条件	掌握

第一节　行业自律概述

>> **本节导读** <<

本节要求考生理解行业自律管理的法律依据,了解自律性规范文件颁布的背景与过程,学习重点是基金业协会的法律地位和职责。

一、行业自律管理的法律依据

中国证券投资基金业协会是我国股权投资基金行业的自律机构。

2013 年 6 月 1 日,新修订的《证券投资基金法》增设了第十二章"基金行业协会",为中国证券投资基金业协会的地位和职责权限提供了基本的法律依据。

2014 年 8 月 21 日,中国证监会颁布的《私募投资基金监督管理暂行办法》,明确中国证券投资基金业协会对股权投资开展行业自律,协调行业关系,提供行业服务,促进行业发展。

【例题·单选题】(　　　)是我国股权投资基金行业的自律机构。

A. 中国证券投资基金业协会　　　　　B. 中国证券业协会

C. 中国证监会　　　　　　　　　　　D. 中国银监会

【答案】A

【解析】中国证券投资基金业协会是我国股权投资基金行业的自律机构。

二、中国证券投资基金业协会的法律地位及职责

(一)我国基金业协会的发展

(1)2001 年 8 月,中国证券业协会基金公会成立。

(2)2004 年 12 月,中国证券业协会证券投资基金业委员会成立。承接了原基金公会的职能和任务,在中国证券业协会的领导下开展工作。

(3)2007 年,中国证券业协会设立了基金公司会员部,负责基金管理公司和基金托管银行特别会员的自律管理。

(4)2012 年 6 月,中国证券投资基金业协会正式成立,原中国证券业协会基金公司会员部的行业自律职责转入中国证券投资基金业协会。

(5)2013 年,《证券投资基金法》专门增设"基金行业协会"一章,详细规定了基金业协会的性质、组成以及主要职责等内容。

(二)基金业协会的法律地位

中国证券投资基金业协会是证券投资基金行业的自律性组织,是社会团体法人。基金管理人、基金托管人和基金服务机构,应当依法成立基金业协会,进行行业自律,协调行业关系,提供行业服务,促进行业发展。

(三)基金业协会的组成

基金管理人、基金托管人应当加入基金业协会,基金服务机构可以加入基金业协会。会员分为三类:普通会员、联席会员、特别会员。基金管理人和基金托管人加入协会的,为普通会

员;基金服务机构加入协会的,为联席会员;证券期货交易所、登记结算机构、指数公司、地方基金业协会及其他资产管理相关机构加入协会的,为特别会员。

基金业协会的权力机构为全体会员组成的会员大会,协会章程由会员大会制定,并报中国证监会备案。基金业协会设理事会,理事会是基金业协会的执行机构。理事会成员依章程的规定由会员大会选举产生。在会员大会闭会期间,理事会依据章程的规定执行会员大会决议,组织和领导基金业协会开展日常工作,其会议机制、决议程序、具体职权等由协会章程规定。

（四）基金业协会的职责

中国证券投资基金业协会履行下列职责:

(1)教育和组织会员遵守有关证券投资的法律、行政法规,维护投资人合法权益。

(2)依法维护会员的合法权益,反映会员的建议和要求。

(3)制定和实施行业自律规则,监督、检查会员及其从业人员的执业行为,对违反自律规则和协会章程的,按照规定给予纪律处分。

(4)制定行业执业标准和业务规范,组织基金从业人员的从业考试、资质管理和业务培训。

(5)提供会员服务,组织行业交流,推动行业创新,开展行业宣传和投资人教育活动。

(6)对会员之间、会员与客户之间发生的基金业务纠纷进行调解。

(7)依法办理非公开募集基金的登记、备案。

(8)协会章程规定的其他职责。

【例题·单选题】关于中国证券投资基金业协会的职责,以下表述错误的是（　　　）。

A.办理非公开募集基金的登记、备案

B.对会员与客户之间发生的基金业务纠纷进行调解

C.教育和组织会员遵守相关法律及行政法规

D.有权对会员进行行政处罚

【答案】D

【解析】选项D不属于中国证券投资基金业协会的职责。

三、自律性规范文件颁布的背景与过程

为保护投资者合法权益,促进私募基金行业规范健康发展,发挥行业自律的基础性作用,不断完善私募基金行业自律管理的规则体制,营造规范、诚信、创新的私募行业发展环境,推动我国各类私募基金持续健康发展,为国民经济发展作出积极贡献,中国证券投资基金业协会根据《证券投资基金法》《私募投资基金监督管理暂行办法》颁布了一系列自律性规范文件。

第二节　登记备案管理

≫ **本节导读** ≪

本节内容比较重要,考生在学习时要重点掌握基金管理人备案股权投资基金的时间要求、基金管理人及时履行信息报送义务及违反时的处罚、基金管理人提交年度财务报告的要求、基金管理人登记法律意见书需逐项发表意见的内容和未登记备案对开展投资业务的影响。

一、基金管理人备案股权投资基金的时间要求

（1）私募基金管理人应当在私募基金募集完毕后20个工作日内，通过私募基金登记备案系统进行备案，并根据私募基金的主要投资方向注明基金类别，如实填报基金名称、资本规模、投资者、基金合同（基金公司章程或者合伙协议，以下统称基金合同）等基本信息。

（2）私募基金管理人提供的登记申请材料完备的，基金业协会应当自收齐登记材料之日起20个工作日内，以通过网站公示私募基金管理人基本情况的方式，为私募基金管理人办结登记手续。网站公示的私募基金管理人基本情况包括私募基金管理人的名称、成立时间、登记时间、住所、联系方式、主要负责人等基本信息以及基本诚信信息。

（3）自《关于进一步规范私募基金管理人登记若干事项的公告》发布之日起，新登记的股权投资基金管理人在办结登记手续之日起6个月内仍未备案首只私募基金产品的，中国证券投资基金业协会将注销该基金管理人登记。

（4）公司型基金自聘管理团队管理基金资产的，该公司型基金在作为基金履行备案手续的同时，还需作为基金管理人履行登记手续。

【例题·单选题】私募基金管理人应当在私募基金募集完毕后（　　）个工作日内，通过私募基金登记备案系统进行备案。

A. 5 　　　　　　　B. 10 　　　　　　　C. 15 　　　　　　　D. 20

【答案】D

【解析】私募基金管理人应当在私募基金募集完毕后20个工作日内，通过私募基金登记备案系统进行备案。

二、因未备案首只私募基金产品而被注销管理人登记的后果

被注销登记的私募基金管理人若因真实业务需要，可按要求重新申请私募基金管理人登记。对符合要求的申请机构，中国证券投资基金业协会将以在官方网站公示私募基金管理人基本情况的方式，为该申请机构再次办结登记手续。

三、基金管理人的信息报送义务

（一）及时履行信息报送义务

基金管理人通过私募基金登记备案系统持续报送信息是实现行业自律监管的重要基础性措施之一。股权投资基金管理人应当通过私募基金登记备案系统及时履行股权投资基金管理人及其管理的股权投资基金的季度、年度和重大事项信息报送更新等信息报送义务。具体规定如下：

（1）私募基金管理人应当在每月结束之日起5个工作日内，更新所管理的私募证券投资基金相关信息，包括基金规模、单位净值、投资者数量等。

（2）私募基金管理人应当在每季度结束之日起10个工作日内，更新所管理的私募股权投资基金等非证券类私募基金的相关信息，包括认缴规模、实缴规模、投资者数量、主要投资方向等。

（3）私募基金管理人应当于每年度结束之日起20个工作日内，更新私募基金管理人、股东或合伙人、高级管理人员及其他从业人员、所管理的私募基金等基本信息。

（4）私募基金管理人发生以下重大事项的，应当在10个工作日内向基金业协会报告：①私募基金管理人的名称、高级管理人员发生变更；②私募基金管理人的控股股东、实际控制

人或者执行事务合伙人发生变更;③私募基金管理人分立或者合并;④私募基金管理人或高级管理人员存在重大违法违规行为;⑤依法解散、被依法撤销或者被依法宣告破产;⑥可能损害投资者利益的其他重大事项。

(5)私募基金运行期间,发生以下重大事项的,私募基金管理人应当在5个工作日内向基金业协会报告:①基金合同发生重大变化;②投资者数量超过法律法规规定;③基金发生清盘或清算;④私募基金管理人、基金托管人发生变更;⑤对基金持续运行、投资者利益、资产净值产生重大影响的其他事件。

(二)违反信息报送义务的处罚

(1)自"登记公告"发布之日起,在基金管理人完成季度、年度及财务报告、重大事项报告等相应信息报送整改要求之前,中国证券投资基金业协会将暂停受理该机构的私募基金产品备案申请。

(2)已登记的基金管理人存在如下情况之一的,中国证券投资基金业协会将其列入异常机构名单,通过基金管理人公示平台对外公示,并暂停受理该机构的私募基金产品备案申请:①基金管理人未按时履行季度、年度和重大事项信息报送更新义务累计达2次的;②已登记的基金管理人因违反《企业信息公示暂行条例》相关规定,被列入企业信用信息公示系统严重违法企业公示名单的;③已登记的基金管理人未按要求提交经审计的年度财务报告的。

(3)新申请基金管理人登记的机构存在如下情况之一的,中国证券投资基金业协会将不予登记:①新申请基金管理人登记的机构被列入企业信用信息公示系统严重违法企业公示名单的;②成立满1年但未提交经审计的年度财务报告的。

拓展课堂:管理人被列为异常机构的后果:一旦私募基金管理人作为异常机构公示,即使整改完毕,至少6个月后才能恢复正常机构公示状态。

四、基金管理人提交年度财务报告的要求

(一)按时提交经审计的年度财务报告

股权投资基金管理人应当于每年度4月底之前,通过私募基金登记备案系统填报经会计师事务所审计的年度财务报告。

(二)违反财务报告提交义务的处罚

(1)已登记的管理人未按要求提交的,完成整改之前,协会暂停受理该机构的产品备案,并列入异常机构名单。

(2)异常机构整改完毕后至少6个月才能恢复正常机构公示状态。

(3)新申请登记的管理人成立满1年未提交经审计的年度财务报告的,协会将不予登记。

五、法律意见书要求出台的背景

中国基金业协会要求私募基金管理人提交法律意见书,引入法律中介机构的尽职调查,是对私募基金登记备案制度的进一步完善和发展,有利于保护投资者利益,规范私募基金行业守法合规经营,防止登记申请机构的道德风险外溢。

(1)目前大量申请私募基金管理人登记的机构欠缺诚信约束,提交申请材料不真实、不准确、不完整,中国基金业协会办理登记面临较高道德风险。

（2）引入法律中介机构的监督和约束，本身就是私募基金行业自律和社会监督的重要力量。律师事务所是持牌的专业法律服务提供者，独立性高，法律合规意识强。请专业律师事务所对私募基金管理人登记申请进行第三方尽职调查，提供法律意见书，可提高申请机构的违规登记成本和社会诚信约束，有助提升申请材料信息质量和合规性，提高协会登记办理工作效能。

【例题·单选题】目前大量申请私募基金管理人登记的机构欠缺诚信约束，提交申请材料不真实、不准确、不完整，中国证券投资基金业协会办理登记面临较高（   ）。

A.系统风险　　　　B.操作风险　　　　C.道德风险　　　　D.政策风险

【答案】C

【解析】目前大量申请私募基金管理人登记的机构欠缺诚信约束，提交申请材料不真实、不准确、不完整，中国证券投资基金业协会办理登记面临较高道德风险。

六、基金管理人登记法律意见书的内容

新申请股权投资基金管理人登记、已登记的股权投资基金管理人发生部分重大事项变更，需通过私募基金登记备案系统提交中国律师事务所出具的法律意见书。法律意见书应当对下列内容逐项发表法律意见：

(1)申请机构是否依法在中国境内设立并有效存续。

(2)申请机构的工商登记文件所记载的经营范围是否符合国家相关法律法规的规定。申请机构的名称和经营范围中是否含有"基金管理""投资管理""资产管理""股权投资""创业投资"等与私募基金管理人业务属性密切相关字样；以及私募基金管理人名称中是否含有"私募"相关字样。

(3)申请机构是否符合《私募投资基金监督管理暂行办法》第二十二条专业化经营原则，说明申请机构主营业务是否为私募基金管理业务；申请机构的工商经营范围或实际经营业务中，是否兼营可能与私募投资基金业务存在冲突的业务、是否兼营与"投资管理"的买方业务存在冲突的业务、是否兼营其他非金融业务。

(4)申请机构股东的股权结构情况。申请机构是否有直接或间接控股或参股的境外股东；若有，请说明穿透后其境外股东是否符合现行法律法规的要求和中国证券投资基金业协会的规定。

(5)申请机构是否具有实际控制人；若有，请说明实际控制人的身份或工商注册信息，以及实际控制人与申请机构的控制关系，并说明实际控制人能够对机构起到的实际支配作用。

(6)申请机构是否存在子公司(持股5%以上的金融企业、上市公司及持股20%以上的其他企业)、分支机构和其他关联方(受同一控股股东/实际控制人控制的金融企业、资产管理机构或相关服务机构)；若有，请说明情况及其子公司、关联方是否已登记为私募基金管理人。

(7)申请机构是否按规定具有开展私募基金管理业务所需的从业人员、营业场所、资本金等企业运营基本设施和条件。

(8)申请机构是否已制定风险管理和内部控制制度。是否已经根据其拟申请的私募基金管理业务类型建立了与之相适应的制度，包括(视具体业务类型而定)运营风险控制制度、信息披露制度、机构内部交易记录制度、防范内幕交易、利益冲突的投资交易制度、合格投资者风险揭示制度、合格投资者内部审核流程及相关制度、私募基金宣传推介、募集相关规范制度以及(适

用于私募证券投资基金业务的)公平交易制度、从业人员买卖证券申报制度等配套管理制度。

（9）申请机构是否与其他机构签署基金外包服务协议，说明其外包服务协议情况及是否存在潜在风险。

（10）申请机构的高管人员是否具备基金从业资格，高管岗位设置是否符合中国证券投资基金业协会的要求。高管人员包括法定代表人/执行事务合伙人委派代表、总经理、副总经理（如有）和合规/风控负责人等。

（11）申请机构是否受到刑事处罚、金融监管部门行政处罚或者被采取行政监管措施；申请机构及其高管人员是否受到行业协会的纪律处分；是否在资本市场诚信数据库中存在负面信息；是否被列入失信被执行人名单；是否被列入全国企业信用信息公示系统的经营异常名录或严重违法企业名录；是否在"信用中国"网站上存在不良信用记录等。

（12）申请机构最近3年涉诉或仲裁的情况。

（13）申请机构向中国证券投资基金业协会提交的登记申请材料是否真实、准确、完整。

（14）经办执业律师及律师事务所认为需要说明的其他事项。

七、基金管理人登记法律意见书的律师及律师事务所资质问题

中国证券投资基金业协会对出具意见书的律师事务所无特殊的资质要求，在中国境内设立、可就中国法律事项发表专业意见的律师事务所和中国执业律师，均可受聘出具法律意见书。具体规定如下：

（1）中国基金业协会鼓励私募基金管理人选择具备下列条件的中国律师事务所出具法律意见书：

①内部管理规范，风险控制制度健全，执业水准高，社会信誉良好；

②有20名以上执业律师，其中5名以上曾从事过证券法律业务；

③已经办理有效的执业责任保险；

④最近2年未因违法执业行为受到行政处罚。

（2）中国基金业协会鼓励具备下列条件之一，并且最近2年未因违法执业行为受到行政处罚的律师参与出具法律意见书：

①最近3年从事过证券法律业务；

②最近3年连续执业，且拟与其共同承办业务的律师最近3年从事过证券法律业务；

③最近3年连续从事证券法律领域的教学、研究工作，或者接受过证券法律业务的行业培训。

> **注意**：作为基金服务机构的律师事务所可以申请成为中国证券投资基金业协会会员，但中国证券投资基金业协会未就律师事务所入会作出强制性要求。

【例题·单选题】中国证券投资基金业协会对出具意见书的律师事务所的资质（　　　）。

A. 无特殊要求　　　　　　　　　B. 至少开立3年以上

C. 从业人员有数量限制　　　　　D. 应出具过类似意见书

【答案】A

【解析】中国证券投资基金业协会对出具意见书的律师事务所无特殊的资质要求，在中国境内设立、可就中国法律事项发表专业意见的律师事务所和中国执业律师，均可受聘出具法律意见书。

八、未登记备案对股权投资基金开展投资业务的影响

基金管理人未经登记不得开展股权投资基金管理、募集业务。中介机构需对股权投资基金是否按规定履行备案程序进行核查并发表专项意见,未登记备案的股权投资基金所投资项目,在新三板挂牌、定增、并购重组、首次公开发行时将会受到限制。

九、登记备案的流程、所需文件及注意事项

基金管理人可以根据需要申请成为中国证券投资基金业协会会员单位,但加入会员并不是登记备案的必备前置程序,基金管理人登记和基金备案需通过私募基金登记备案系统提交相关材料。

(一)登记备案的一般流程

经登记的基金管理人,应当在私募基金募集完毕后 20 个工作日内,在本系统进行备案。备案流程如图 10-1 所示。

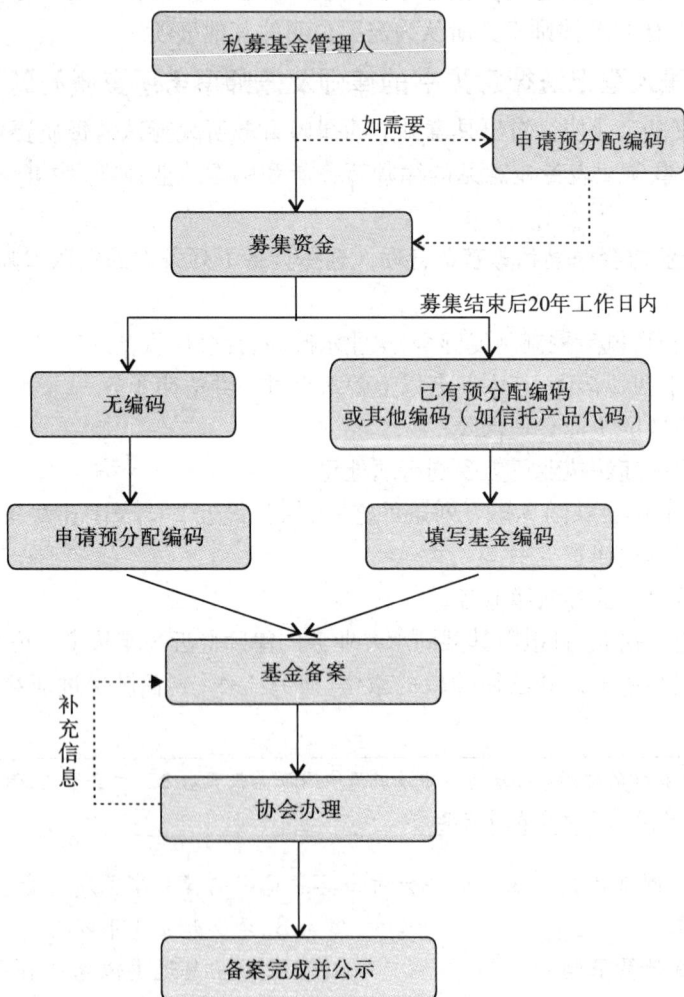

图 10-1　登记备案的流程

(二)需要提交的资料

基金管理人申请私募基金管理人登记的,应当通过私募基金登记备案系统,提交以下信息:

(1)工商登记和营业执照正副本复印件。

(2)公司章程或者合伙协议。

(3)主要股东或者合伙人名单。

(4)高级管理人员的基本信息。

(5)中国证券投资基金业协会规定的其他信息。

(三)需要报送的信息

基金管理人应当通过私募基金登记备案系统向中国证券投资基金业协会报送以下基本信息:

(1)主要投资方向及根据主要投资方向注明的基金类别。

(2)基金合同、公司章程或者合伙协议。资金募集过程中向投资者提供基金招募说明书的,应当报送基金招募说明书。以公司、合伙等企业形式设立的私募基金,还应当报送工商登记和营业执照正副本复印件。

(3)采取委托管理方式的,应当报送委托管理协议。委托托管机构托管基金财产的,还应当报送托管协议。

(4)中国证券投资基金业协会规定的其他信息。

(四)注意事项

(1)私募基金管理人应当向基金业协会履行基金管理人登记手续并申请成为基金业协会会员。

(2)私募基金管理人申请登记,应当通过私募基金登记备案系统,如实填报基金管理人基本信息、高级管理人员及其他从业人员基本信息、股东或合伙人基本信息、管理基金基本信息。

(3)登记申请材料不完备或不符合规定的,私募基金管理人应当根据基金业协会的要求及时补正。

第三节 募集管理办法

>> **本节导读** <<

本节介绍了募集管理办法的主要内容,考生需重点掌握的是募集行为主要自律管理的内容,包括募集主体、方式、对象、各方责任、募集行为的主要流程、主要法律文件和禁止行为。理解风险揭示的内容,其他内容了解即可。

一、募集管理办法出台的背景

私募基金行业的发展日益壮大,与此同时,风险不断积聚,风险事件陆续暴露,出现了大量涉嫌违规的私募案件,案件涉及的主要违法违规类型表现为公开宣传、虚假宣传、保本保收益、向非合格投资者募集资金、非法集资、非法吸收公众存款等,其中多数为发生在募集环节的问题。

为加强保护私募基金投资者的合法权益,进一步规范私募基金的募集市场,中国证券投资基金业协会在对近年来私募基金在募集过程中的各种现象、问题研究和总结的基础上,制定了《私募投资基金募集行为管理办法》。

【例题·单选题】私募基金行业的发展日益壮大,与此同时,风险不断积聚,风险事件陆续暴露,出现了大量涉嫌违规的私募案件,其中多数为发生在( )的问题。

A.登记环节　　　　　B.募集环节　　　　　C.托管环节　　　　　D.退出环节

【答案】B

【解析】私募基金行业的发展日益壮大,与此同时,风险不断积聚,风险事件陆续暴露,出现了大量涉嫌违规的私募案件,案件涉及的主要违法违规类型表现为公开宣传、虚假宣传、保本保收益、向非合格投资者募集资金、非法集资、非法吸收公众存款等,其中多数为发生在募集环节的问题。

二、募集行为主要自律管理的内容

(一)募集主体、方式、对象、各方责任(如表10-1所示)

表10-1　　　　　　　　　　　募集主体、方式、对象、各方责任

项目	内容
募集主体	在中国证券投资基金业协会办理私募基金管理人登记的机构,在中国证监会注册取得基金销售业务资格且成为中国证券投资基金业协会会员的机构可以从事股权投资基金的募集活动,其他任何机构和个人不得从事股权投资基金的募集活动
募集行为	包括推介基金,发售基金份额(权益),办理基金份额(权益)认缴、退出等活动
募集方式	基金管理人自行募集、委托基金销售机构募集
募集对象	特定的合格投资者
各方责任	①募集机构应当履行说明义务、反洗钱义务等相关义务,承担特定对象确定、投资者适当性审查、私募基金推介及合格投资者确认等相关责任 ②基金管理人委托基金销售机构募集的,不得因委托募集免除私募基金管理人依法承担的责任

(二)募集行为的主要流程

募集行为的主要流程包括:特定对象确定;投资者适当性匹配;基金风险提示;合格投资者确认;投资冷静期;回访确认。具体内容如表10-2所示。

表10-2　　　　　　　　　　　　　募集行为的主要流程

项目	内容
特定对象确定	募集机构应当向特定对象宣传推介私募基金。未经特定对象确定程序,不得向任何人宣传推介私募基金。在向投资者推介私募基金之前,募集机构应当采取问卷调查等方式履行特定对象确定程序,对投资者风险识别能力和风险承担能力进行评估。投资者应当以书面形式承诺其符合合格投资者标准

项目	内容
投资者适当性匹配	募集机构应当自行或者委托第三方机构对私募基金进行风险评级,建立科学有效的私募基金风险评级标准和方法。募集机构应当根据私募基金的风险类型和评级结果,向投资者推介与其风险识别能力和风险承担能力相匹配的私募基金
基金风险提示	在投资者签署基金合同之前,募集机构应当向投资者说明有关法律法规,说明投资冷静期、回访确认等程序性安排以及投资者的相关权利,重点揭示私募基金风险,并与投资者签署风险揭示书
合格投资者确认	私募基金的合格投资者是指具备相应风险识别能力和风险承担能力,投资于单只私募基金的金额不低于100万元且符合下列相关标准的机构和个人: ①净资产不低于1000万元的机构 ②金融资产不低于300万元或者最近3年个人年均收入不低于50万元的个人 【提示】金融资产包括银行存款、股票、债券、基金份额、资产管理计划、银行理财产品、信托计划、保险产品、期货权益等
投资冷静期	基金合同应当约定给投资者设置不少于24小时的投资冷静期,募集机构在投资冷静期内不得主动联系投资者。具体规定如下: ①私募证券投资基金合同应当约定,投资冷静期自基金合同签署完毕且投资者交纳认购基金的款项后起算 ②私募股权投资基金、创业投资基金等其他私募基金合同关于投资冷静期的约定可以参照前款对私募证券投资基金的相关要求,也可以自行约定
回访确认	募集机构应当在投资冷静期满后,指令本机构从事基金销售推介业务以外的人员以录音电话、电邮、信函等适当方式进行投资回访。回访过程不得出现诱导性陈述。募集机构在投资冷静期内进行的回访确认无效。回访应当包括但不限于以下内容: ①确认受访人是否为投资者本人或机构 ②确认投资者是否为自己购买了该基金产品以及投资者是否按照要求亲笔签名或盖章 ③确认投资者是否已经阅读并理解基金合同和风险揭示的内容 ④确认投资者的风险识别能力及风险承担能力是否与所投资的私募基金产品相匹配 ⑤确认投资者是否知悉投资者承担的主要费用及费率,投资者的重要权利、私募基金信息披露的内容、方式及频率 ⑥确认投资者是否知悉未来可能承担投资损失 ⑦确认投资者是否知悉投资冷静期的起算时间、期间以及享有的权利 ⑧确认投资者是否知悉纠纷解决安排 【提示】基金合同应当约定,投资者在募集机构回访确认成功前有权解除基金合同。未经回访确认成功,投资者交纳的认购基金款项不得由募集账户划转到基金财产账户或托管资金账户,私募基金管理人不得运作投资者交纳的认购基金款项

(三)主要法律文件及禁止行为

1. 主要法律文件

私募基金募集过程中涉及的主要法律文件包括募集说明书、合格投资者调查问卷、合格投资者承诺、风险揭示书、基金合同、账户监督协议。

2. 禁止行为

(1)募集机构及其从业人员推介私募基金时,禁止有以下行为:

①公开推介或者变相公开推介;

②推介材料虚假记载、误导性陈述或者重大遗漏;

③以任何方式承诺投资者资金不受损失,或者以任何方式承诺投资者最低收益,包括宣传"预期收益""预计收益""预测投资业绩"等相关内容;

④夸大或者片面推介基金,违规使用"安全""保证""承诺""保险""避险""有保障""高收益""无风险"等可能误导投资人进行风险判断的措辞;

⑤使用"欲购从速""申购良机"等片面强调集中营销时间限制的措辞;

⑥推介或片面节选少于6个月的过往整体业绩或过往基金产品业绩;

⑦登载个人、法人或者其他组织的祝贺性、恭维性或推荐性的文字;

⑧采用不具有可比性、公平性、准确性、权威性的数据来源和方法进行业绩比较,任意使用"业绩最佳""规模最大"等相关措辞;

⑨恶意贬低同行;

⑩允许非本机构雇佣的人员进行私募基金推介;

⑪推介非本机构设立或负责募集的私募基金;

⑫法律、行政法规、中国证监会和中国基金业协会禁止的其他行为。

(2)募集机构不得通过下列媒介渠道推介私募基金:

①公开出版资料;

②面向社会公众的宣传单、布告、手册、信函、传真;

③海报、户外广告;

④电视、电影、电台及其他音像等公共传播媒体;

⑤公共、门户网站链接广告、博客等;

⑥未设置特定对象确定程序的募集机构官方网站、微信朋友圈等互联网媒介;

⑦未设置特定对象确定程序的讲座、报告会、分析会;

⑧未设置特定对象确定程序的电话、短信和电子邮件等通讯媒介;

⑨法律、行政法规、中国证监会规定和中国基金业协会自律规则禁止的其他行为。

三、风险揭示的内容

在投资者签署基金合同之前,募集机构应当向投资者说明有关法律法规,说明投资冷静期、回访确认等程序性安排以及投资者的相关权利,重点揭示私募基金风险,并与投资者签署风险揭示书。风险揭示书的内容包括但不限于:

(1)私募基金的特殊风险,包括基金合同与中国基金业协会合同指引不一致所涉风险、基金未托管所涉风险、基金委托募集所涉风险、外包事项所涉风险、聘请投资顾问所涉风险、未在中国基金业协会登记备案的风险等。

（2）私募基金的一般风险，包括资金损失风险、基金运营风险、流动性风险、募集失败风险、投资标的的风险、税收风险等。

（3）投资者对基金合同中投资者权益相关重要条款的逐项确认，包括当事人权利义务、费用及税收、纠纷解决方式等。

第四节　信息披露管理办法

>> **本节导读** <<

本节要求考生了解信息披露管理办法出台的背景、信息披露的基本要求及违反信息披露要求的后果。考生需注意季度披露与年度披露内容的区别。

一、出台的背景

加强私募基金信息披露的制度建设，规范私募基金信息披露义务人向投资者进行披露的内容和方式，有利于保障私募基金投资者的知情权，从而保护私募基金投资者的合法权益，促进市场资源的合理配置。基于此，中国证券投资基金业协会出台了《私募投资基金信息披露管理办法》。

二、信息披露的基本要求

(一)基金募集期间的信息披露

私募基金的宣传推介材料（如招募说明书）内容应当如实披露基金产品的基本信息，与基金合同保持一致。如有不一致，应当向投资者特别说明。基金募集期间，应当在宣传推介材料中向投资者披露以下信息：

（1）基金的基本信息：基金名称、基金架构（是否为母子基金、是否有平行基金）、基金类型、基金注册地（如有）、基金募集规模、最低认缴出资额、基金运作方式（封闭式、开放式或者其他方式）、基金的存续期限、基金联系人和联系信息、基金托管人（如有）。

（2）基金管理人基本信息：基金管理人名称、注册地/主要经营地址、成立时间、组织形式、基金管理人在中国基金业协会的登记备案情况。

（3）基金的投资信息：基金的投资目标、投资策略、投资方向、业绩比较基准（如有）、风险收益特征等。

（4）基金的募集期限：应载明基金首轮交割日以及最后交割日事项（如有）。

（5）基金估值政策、程序和定价模式。

（6）基金合同的主要条款：出资方式、收益分配和亏损分担方式、管理费标准及计提方式、基金费用承担方式、基金业务报告和财务报告提交制度等。

（7）基金的申购与赎回安排。

（8）基金管理人最近 3 年的诚信情况说明。

（9）其他事项。

(二)基金运作期间的信息披露

基金合同中应当明确信息披露义务人向投资者进行信息披露的内容、披露频度、披露方式、披露责任以及信息披露渠道等事项。具体如表10-3所示。

表10-3　　　　　　　　　　　基金运作期间的信息披露

项目	信息披露的要求
季度披露	信息披露义务人应当在每季度结束之日起10个工作日以内向投资者披露基金净值、主要财务指标以及投资组合情况等信息
年度披露	信息披露义务人应当在每年结束之日起4个月以内向投资者披露报告期末基金净值和基金份额总额、基金的财务情况、基金投资运作情况和运用杠杆情况、投资者账户信息、投资收益分配和损失承担情况、基金管理人取得的管理费和业绩报酬
发生重大事项的	信息披露义务人应当按照基金合同的约定及时向投资者披露： ①基金名称、注册地址、组织形式发生变更的 ②投资范围和投资策略发生重大变化的 ③变更基金管理人或托管人的 ④管理人的法定代表人、执行事务合伙人（委派代表）、实际控制人发生变更的； ⑤触及基金止损线或预警线的 ⑥管理费率、托管费率发生变化的 ⑦基金收益分配事项发生变更的 ⑧基金触发巨额赎回的 ⑨基金存续期变更或展期的 ⑩基金发生清盘或清算的 ⑪发生重大关联交易事项的 ⑫基金管理人、实际控制人、高管人员涉嫌重大违法违规行为或正在接受监管部门或自律管理部门调查的 ⑬涉及私募基金管理业务、基金财产、基金托管业务的重大诉讼、仲裁 ⑭基金合同约定的影响投资者利益的其他重大事项

三、违反信息披露要求的后果

中国证券投资基金业协会可以视情节轻重对信息披露义务人及主要负责人采取谈话提醒、书面警示、要求参加强制培训、行业内谴责、加入黑名单等纪律处分。

第五节　内控指引

微信扫描

≫ 本节导读 ≪

本节介绍了各项内控制度要求及其有效运行，内容不多，考生了解即可。

各项内控制度要求及其有效运行的具体内容如表10-4所示。

表10-4　　　　　　　　　　　各项内控制度要求及其有效运行

项目	内容
专业化原则	私募基金管理人应当遵循专业化运营原则，主营业务清晰，不得兼营与私募基金管理无关或存在利益冲突的其他业务

项目	内容
高管资质	管理人应具备至少2名高级管理人员,其中应当包括1名负责合规风控的高级管理人员。负责合规风控的高级管理人员,应当独立地履行对内部控制监督、检查、评价、报告和建议的职能,对因失职渎职导致内部控制失效造成重大损失的,应承担相关责任
投资者管理	管理人应建立合格投资者适当性制度
募集遴选	①私募基金管理人自行募集私募基金的,应设置有效机制,切实保障募集结算资金安全;私募基金管理人应当建立合格投资者适当性制度 ②私募基金管理人委托募集的,应当委托获得中国证监会基金销售业务资格且成为中国证券投资基金业协会会员的机构募集私募基金,并制定募集机构遴选制度,切实保障募集结算资金安全;确保私募基金向合格投资者募集以及不变相进行公募
财产独立性	私募基金管理人应当建立完善的财产分离制度,私募基金财产与私募基金管理人固有财产之间、不同私募基金财产之间、私募基金财产和其他财产之间要实行独立运作,分别核算
托管	除基金合同另有约定外,私募基金应当由基金托管人托管,私募基金管理人应建立健全私募基金托管人遴选制度,切实保障资金安全。基金合同约定私募基金不进行托管的,私募基金管理人应建立保障私募基金财产安全的制度措施和纠纷解决机制
外包业务	①私募基金管理人开展业务外包应制定相应的风险管理框架及制度。私募基金管理人根据审慎经营原则制定其业务外包实施规划,确定与其经营水平相适宜的外包活动范围 ②私募基金管理人应建立健全外包业务控制,并至少每年开展1次全面的外包业务风险评估。在开展业务外包的各个阶段,关注外包机构是否存在与外包服务相冲突的业务,以及外包机构是否采取有效的隔离措施

【例题·单选题】私募基金的管理人应具备至少( )名高级管理人员,其中应当包括( )名负责合规风控的高级管理人员。

A. 2;1　　　　　B. 3;1　　　　　C. 3;2　　　　　D. 4;2

【答案】A

【解析】私募基金的管理人应具备至少2名高级管理人员,其中应当包括1名负责合规风控的高级管理人员。

第六节　合同指引

>> **本节导读** <<

本节介绍了私募投资基金合同指引的主要内容,考生了解即可。

私募投资基金合同指引,根据私募基金的组织形式不同,分为1号《契约型私募投资基金合同内容与格式指引》、2号《公司章程必备条款指引》以及3号《合伙协议必备条款指引》。其中,《契约型私募投资基金合同内容与格式指引》适用于契约型基金,《公司章程必备条款指引》适用于公司型基金,《合伙协议必备条款指引》适用于合伙型基金。

因为篇幅所限,本书不做合同指引法律条文具体内容展示,考生可扫描节名旁边的二维码查看电子内容。

第七节　外包和托管

>> **本节导读** <<

本节介绍了基金外包和托管的基本要求,考生了解即可。

一、基金业务外包

外包服务是指基金业务外包服务机构(以下简称外包机构)为基金管理人提供销售、销售支付、份额登记、估值核算、信息技术系统等业务的服务。具体规定如下:

(1)外包机构应到中国证券投资基金业协会备案,并加入基金业协会成为会员。基金业协会为外包机构办理备案不构成对外包机构营运资质、持续合规情况的认可,不作为对基金财产安全的保证。

(2)基金管理人开展业务外包应制定相应的风险管理框架及制度,并根据审慎经营原则制定其业务外包实施规划,确定与其经营水平相适宜的外包活动范围。

(3)基金管理人委托外包机构开展外包活动前,应对外包机构开展尽职调查,了解其人员储备、业务隔离措施、软硬件设施、专业能力、诚信状况、过往业绩等情况;并与外包机构签订书面外包服务合同或协议,明确双方的权利义务及违约责任。未经基金管理人同意,外包机构不得将已承诺的基金业务外包服务转包或变相转包。

(4)基金管理人委托外包机构提供基金业务外包服务的,基金管理人应依法承担的责任不因外包而免除。

(5)外包机构应具备开展外包业务的营运能力和风险承受能力,审慎评估外包服务的潜在风险与利益冲突,建立严格的防火墙制度与业务隔离制度,有效执行信息隔离等内部控制制度,切实防范利益输送。

(6)在开展业务外包的各个阶段,基金管理人应关注外包机构是否存在与外包服务相冲突的业务,以及外包机构是否采取有效的隔离措施。

(7)外包服务所涉及的基金资产和客户资产应独立于外包机构的自有财产。外包机构破产或者清算时,外包服务所涉及的基金资产和客户资产不属于其破产财产或清算财产。

> **拓展课堂**：外包机构应对提供外包业务所涉及的基金资产和客户资产实行严格的分账管理,保证提供外包业务的不同基金资产和客户资产之间、外包业务所涉基金资产和客户资产与外包机构其他业务之间的账户设置相互独立,确保基金资产和客户资产的安全、独立,任何单位或者个人不得以任何形式挪用基金资产和客户资产。

(8)外包机构在开展外包业务的同时,提供托管服务的,应设立专门的团队与业务系统,外包业务与基金托管业务团队之间建立必要的业务隔离,有效防范潜在的利益冲突。

(9)外包机构及其从业人员,应当遵守法律法规及合同或协议的规定,诚实信用、勤勉尽责、恪尽职守,防止利益冲突,不得从事侵占基金资产和客户资产、利用基金未公开信息进行交易等违法违规活动。

(10)基金管理人可以自行办理其募集的基金产品的销售业务或委托外包机构从事基金销售业务。办理基金销售、销售支付业务的机构应设置有效机制,切实保障销售结算资金安全。

> **注意**：办理私募基金销售、销售支付业务的机构开立销售结算资金归集账户的,应由监督机构负责实施有效监督,在监督协议中明确保障投资者资金安全的连带责任条款。开展基金销售业务的各参与方应签署书面协议明确各方权责。协议内容应包括对基金持有人的持续服务责任、反洗钱义务履职及责任划分、基金销售信息交换及资金交收权利义务等。

(11)基金管理人可委托外包机构办理基金份额(权益)登记。办理基金份额登记业务的机构应保证登记数据的真实、准确和完整,可开立注册登记账户,用于基金投资人认(申)购资金、赎回资金和分红资金的归集、存放与交收,并设置有效机制,切实保障投资人资金安全。

> **拓展课堂**：办理私募投资基金份额(权益)登记业务的外包机构为依法开展公开募集证券投资基金份额登记的机构或其绝对控股子公司、获得公开募集证券投资基金销售业务资格的证券公司(或其绝对控股子公司)及商业银行。
>
> 私募投资基金管理人自行办理基金份额(权益)登记,并以自身名义开立注册登记账户的,应由监督机构负责实施有效监督,在监督协议中明确保障投资者资金安全的连带责任条款。

(12)基金管理人可委托外包机构办理基金估值核算。办理估值核算业务的机构应按照合同或协议的要求,保证估值核算的准确性和及时性。

(13)外包机构应在每个季度结束之日起15个工作日内向基金业协会报送外包业务情况表,每个年度结束之日起3个月内向基金业协会报送外包运营情况报告。

二、基金业务托管

(一)私募基金的托管

《证券投资基金法》允许私募基金的当事人对于设置基金托管人做例外约定,即私募基金应当由基金托管人托管,但是基金合同另有约定除外。

《私募投资基金监督管理暂行办法》规定,除基金合同另有约定外,基金应当由基金托管人托管。基金合同约定基金不进行托管的,应当在基金合同中明确保障基金财产安全的制度措施和纠纷解决机制。

(二)私募基金的投资运作规范

《私募投资基金监督管理暂行办法》规定,同一私募基金管理人管理不同类别私募基金的,应当坚持专业化管理原则;管理可能导致利益输送或者利益冲突的不同私募基金的,应当建立防范利益输送和利益冲突的机制。私募基金管理人、私募基金托管人、私募基金销售机构及其他私募服务机构及其从业人员从事私募基金业务,不得有以下行为:

(1)将其固有财产或者他人财产混同于基金财产从事投资活动。

(2)不公平地对待其管理的不同基金财产。

(3)利用基金财产或者职务之便,为本人或者投资者以外的人牟取利益,进行利益输送。

(4)侵占、挪用基金财产。

(5)泄露因职务便利获取的未公开信息,利用该信息从事或者明示、暗示他人从事相关的交易活动。

(6)从事损害基金财产和投资者利益的投资活动。

(7)玩忽职守,不按照规定履行职责。

(8)从事内幕交易、操纵交易价格及其他不正当交易活动。

(9)法律、行政法规和中国证监会规定禁止的其他行为。

(三)私募基金的信息披露

《私募投资基金监督管理暂行办法》规定,私募基金管理人、私募基金托管人应当按照合同约定,如实向投资者披露基金投资、资产负债、投资收益分配、基金承担的费用和业绩报酬、可能存在的利益冲突情况以及可能影响投资者合法权益的其他重大信息,不得隐瞒或者提供虚假信息。信息披露规则由基金业协会另行规定。

【例题·单选题】除基金合同另有约定外,基金应当由(　　)托管。

A.基金托管人　　　　　　　　　　　B.基金管理人

C.会计事务所　　　　　　　　　　　D.外包机构

【答案】A

【解析】除基金合同另有约定外,基金应当由基金托管人托管。

第八节　从业人员管理

>> **本节导读** <<

本节要求考生掌握从业人员从业资格的基本要求、从业资格的取得方式、维持有效性的条件和私募基金管理人的高级管理人员资格认定的条件。考生可联系实际理解掌握。

一、对从业人员从业资格的基本要求

股权投资基金管理人,至少2名高管人员应当取得基金从业资格,其法定代表人/执行事务合伙人(委派代表)、合规/风控负责人应当取得基金从业资格。股权投资基金管理人的合规/风控负责人不得从事投资业务。

二、从业资格的取得方式及维持有效性的条件

(一)从业资格的取得方式

(1)通过考试,通过科目一《基金法律法规、职业道德与业务规范》和科目二《证券投资基金基础知识》考试,或通过科目一《基金法律法规、职业道德与业务规范》和科目三《股权投资基金基础知识》考试成绩合格的,均可申请注册基金从业资格。

(2)已于2015年12月份之前通过中国证券业协会组织的《证券市场基础》和《证券投资基金》考试,或通过《证券市场基础》和《证券发行与承销》考试的,均可直接向中国证券投资基金业协会申请注册基金从业资格。

(3)通过资格认定,根据中国证券投资基金业协会2016年2月5日发布的《关于进一步规范私募基金管理人登记若干事项的公告》及《私募基金登记备案相关问题解答(九)》,符合条件的股权投资基金管理人(含创业投资基金管理人)的高级管理人员可以通过资格认定委员会认定基金从业资格。

(二)从业资格维持有效性的条件

已取得基金从业资格的人员,应每年度完成15学时的后续培训方可维持其基金从业资格。

【例题·单选题】基金从业资格的科目包括( )。

Ⅰ.《基金法律法规、职业道德与业务规范》

Ⅱ.《证券投资基金基础知识》

Ⅲ.《股权投资基金基础知识》

A. Ⅰ、Ⅱ　　　　　B. Ⅱ、Ⅲ　　　　　C. Ⅰ、Ⅲ　　　　　D. Ⅰ、Ⅱ、Ⅲ

【答案】D

【解析】基金从业资格的包括:科目一《基金法律法规、职业道德与业务规范》、科目二《证券投资基金基础知识》和科目三《股权投资基金基础知识》。

三、从业人员资格认定的条件

(一)私募基金管理人的认定

符合下列条件之一的私募基金管理人的高级管理人员,并通过科目一考试的,可以申请认定基金从业资格:

(1)最近3年从事资产管理相关业务,且管理资产年均规模1000万元以上。

(2)已通过证券从业资格(不含《证券投资基金》和《证券发行与承销》科目)、期货从业资格、银行从业资格、特许金融分析师(CFA)等金融相关资格考试,或取得注册会计师资格、法律职业资格、资产评估师资格,或担任上市公司董事、监事及高级管理人员等。

符合上述条件之一的,由所在机构或个人向中国证券投资基金业协会提交基金托管人(的托管部门)或基金服务机构出具的最近3年的资产管理规模证明,或相关资格证书或证明。

(二)股权投资基金管理人的认定

符合下列条件之一的股权投资基金管理人(含创业投资基金管理人)的高级管理人员,可以向中国证券投资基金业协会资格认定委员会申请认定基金从业资格:

（1）从事私募股权投资（含创业投资）6年及以上，且参与并成功退出至少2个项目：符合本条件的，需提交参与项目成功退出证明和2份行业知名人士署名的推荐信，推荐信中应附有推荐人职务及联系方式。

（2）担任过上市公司或实收资本不低于10亿元人民币的大中型企业高级管理人员，且从业12年及以上：符合本条件的，需提交企业和个人的相关证明和2份行业知名人士署名的推荐信，推荐信中应附有推荐人职务及联系方式。

（3）从事经济社会管理工作12年及以上的高级管理人员：符合本条件的，需提交有关组织部门出具的任职证明。

（4）在大专院校、研究机构从事经济、金融等相关专业教学研究12年及以上，并获得教授或研究员职称的：符合本条件的，需要提交相关资格证书和2份行业知名人士署名的推荐信，推荐信中应附有推荐人职务及联系方式。

符合上述条件之一的，由所在机构或个人向中国证券投资基金业协会提交以下材料：个人资格认定申请书；个人基本情况登记表；相关证明材料。

参与资格认定的表决人、推荐人及资格认定结果将通过中国证券投资基金业协会网站的从业人员信息公示平台向社会公示。

【例题·单选题】最近（　　）年从事资产管理相关业务，且管理资产年均规模（　　）万元以上，并通过科目一考试的，可以申请认定基金从业资格。

A. 2；1000　　　　　　B. 3；1000　　　　　　C. 2；1500　　　　　　D. 3；1500

【答案】B

【解析】最近3年从事资产管理相关业务，且管理资产年均规模1000万元以上，并通过科目一考试的，可以申请认定基金从业资格。

真题自测

（所有题型均为单选题，每题只有1个正确答案）

1. 一旦私募基金管理人作为异常机构公示，即使整改完毕，至少（　　）个月后才能恢复正常机构公示状态。

A. 3　　　　　　　　　B. 6　　　　　　　　　C. 9　　　　　　　　　D. 12

2. 股权投资基金管理人应当于每年度（　　）月底之前，通过私募基金登记备案系统填报经会计师事务所审计的年度财务报告。

A. 1　　　　　　　　　B. 2　　　　　　　　　C. 3　　　　　　　　　D. 4

3. 引入（　　）的监督和约束，本身就是股权投资基金行业自律和社会监督的重要力量。

A. 法律中介机构　　　　　　　　　　B. 会计中介机构

C. 信息中介机构　　　　　　　　　　D. 第三方中介机构

4. 基金管理人未经登记不得开展股权投资基金（　　）业务。

Ⅰ. 管理　　　　　　　　Ⅱ. 募集

A. Ⅰ　　　　　　　　　B. Ⅱ　　　　　　　　　C. Ⅰ和Ⅱ　　　　　　　D. Ⅰ、Ⅱ都不是

5. 基金管理人申请私募基金管理人登记的,应提交的信息不包括(　　　)。

　　A. 工商登记和营业执照正副本复印件

　　B. 公司章程或者合伙协议

　　C. 主要股东或者合伙人名单及高级管理人员的基本信息

　　D. 近2年的财务报告

6. 为了加强私募基金信息披露的制度建设,规范私募基金信息披露义务人向投资者进行披露的内容和方式,中国证券投资基金业协会出台了(　　　)。

　　A.《私募投资基金募集行为管理办法》　　　　B.《私募投资基金信息披露管理办法》

　　C.《证券投资基金法》　　　　　　　　　　D.《私募投资基金监督管理暂行办法》

7. 私募投资基金合同指引,根据私募基金的组织形式不同,分为(　　　)。

　　Ⅰ.《契约型私募投资基金合同内容与格式指引》

　　Ⅱ.《公司章程必备条款指引》

　　Ⅲ.《合伙协议必备条款指引》

　　A. Ⅰ、Ⅱ　　　　　　B. Ⅱ、Ⅲ　　　　　　C. Ⅰ、Ⅲ　　　　　　D. Ⅰ、Ⅱ、Ⅲ

8. 下列不属于获得从业资格的途径是(　　　)。

　　A. 通过科目一和科目二的考试　　　　　　B. 通过科目一和科目三的考试

　　C. 通过科目二和科目三的考试　　　　　　D. 通过资格认定

9. 已取得基金从业资格的人员,应每年度完成(　　　)学时的后续培训方可维持其基金从业资格。

　　A. 5　　　　　　　　　B. 10　　　　　　　　C. 15　　　　　　　　D. 20

附录一　法律法规汇编

一、国家法律

股权投资基金涉及的国家法律主要有四部:《中华人民共和国证券投资基金法》《中华人民共和国公司法》《中华人民共和国合伙企业法》《中华人民共和国信托法》。

二、证监会部门规章

股权投资基金涉及的证监会部门规章主要是《私募投资基金监督管理暂行办法》。

三、协会自律规则

股权投资基金涉及的协会自律规则主要包括:《私募投资基金管理人登记和基金备案办法(试行)》《私募投资基金管理人内部控制指引》《私募投资基金信息披露管理办法》《私募投资基金信息披露内容与格式指引 1 号》《私募投资基金合同指引 1 号(契约型私募基金合同内容与格式指引)》《私募投资基金合同指引 2 号(公司章程必备条款指引)》《私募投资基金合同指引 3 号(合伙协议必备条款指引)》《私募投资基金募集行为管理办法》《关于进一步规范私募基金管理人登记若干事项的公告》等。

本书因为篇幅所限,故不在此一一列举具体法律条文内容,考生可扫描对应标题旁的二维码,查看具体内容,或者登录网址 http://www.weilaitiku.com/jjflfghb 下载文件查看具体内容。

附录二　参考答案及解析

第一章

1. B【解析】私人股权包括未上市企业和上市企业非公开发行和交易的普通股、依法可转换为普通股的优先股和可转换债券。

2. C【解析】基金的存续期限可以进行一次或数次延长,通常每次延长不超过1年。

3. B【解析】探索与起步阶段主要沿着两条主线进行:①科技系统对创业投资基金的最早探索;②国家财经部门对产业投资基金的探索。

4. D【解析】D项错误,应为直接融资。

5. C【解析】股权投资基金现金流模式关键要素包括:①缴款安排;②未投资资本;③收益分配约定。

6. C【解析】与货币市场基金、固定收益证券等"低风险、低期望收益"资产相比,股权投资基金这一资产类别在投资者的资产配置中通常具有"高风险、高期望收益"的特点。

7. A【解析】股权投资基金起源于美国。

8. C【解析】我国私募股权投资基金从2013年进入统一监管下的制度化发展阶段。

9. B【解析】经过多年探索,我国的股权投资基金行业获得了长足的发展,主要体现为三个方面:①市场规模增长迅速,当前我国已成为全球第二大股权投资市场;②市场主体丰富,行业从发展初期阶段的政府和国有企业主导逐步转变为市场化主体主导;③有力地促进了创新创业和经济结构转型升级,股权投资基金行业有力地推动了直接融资和资本市场在我国的发展,为互联网等新兴产业在我国的发展发挥了重大作用。

10. D【解析】相对于证券投资基金,股权投资基金的特点包括:①投资期限长、流动性较差;②投后管理投入资源较多;③专业性较强;④投资收益波动性较大。

11. D【解析】私募股权投资基金生命周期的关键要素包括:基金期限、投资期与管理退出期、项目投资周期和滚动投资。

第二章

1. A【解析】股权投资基金管理人是基金产品的募集者和管理者,并负责基金资产的投资运作。

2. D【解析】股权投资基金的投资者主要包括个人投资者、工商企业、金融机构、社会保障基金、企业年金、社会公益基金、政府引导基金、母基金等。

3. D【解析】股权投资基金可以由基金管理人自行募集,也可委托基金销售机构募集。

4. A【解析】中国证监会及其派出机构是我国股权投资基金的监管机构,依法对股权投资基金业务活动实施监督管理。

5. B【解析】股权投资基金管理人有权获得业绩报酬。业绩报酬按投资收益的一定比例计付。

第三章

1. B【解析】根据组织形式的不同,股权投资基金可以分为公司型基金、合伙型基金和契约型基金。

2. C【解析】公司型基金可以由公司管理团队自行管理,或者委托专业的基金机构担任基金管理人,故选项 C 表述错误。

3. D【解析】外资人民币股权投资基金,是指外国投资者(外国投资者指外国公司、企业和其他经济组织或者个人)或外国投资者与根据中国法律注册成立的公司、企业或其他经济组织依据中国法律在中国境内发起设立的主要以人民币对中国境内非公开交易股权进行投资的股权基金。

4. D【解析】合伙型基金的参与主体主要为普通合伙人、有限合伙人及基金管理人。

5. D【解析】私募股权投资母基金的运作模式包括一级投资、二级投资和直接投资。

6. A【解析】股权投资母基金(基金中的基金)是以股权投资基金为主要投资对象的基金。

7. D【解析】基金托管人负责保管基金资产,执行管理人的有关指令,办理基金名下的资金往来。

8. A【解析】公司型基金是指投资者依据公司法,通过出资形成一个独立的公司法人实体,由公司法人实体自行或委托专业基金管理人进行管理的股权投资基金。

9. B【解析】合伙型基金是指投资者依据合伙企业法成立有限合伙企业,由普通合伙人对合伙债务承担无限连带责任,由基金管理人具体负责投资运作的股权投资基金。

10. A【解析】公司型基金的参与主体主要为投资者和基金管理人。

11. D【解析】合伙型基金的参与主体主要为普通合伙人、有限合伙人及基金管理人。

12. D【解析】契约型基金的参与主体主要为基金投资者、基金管理人及基金托管人。

13. B【解析】基金托管人负责保管基金资产,执行管理人的有关指令,办理基金名下的资金往来。

14. D【解析】合伙型基金的有限合伙人不参与投资决策。

15. A【解析】人民币股权投资基金,是指依据中国法律在中国境内设立的主要以人民币对中国境内非公开交易股权进行投资的股权基金。

16. D【解析】外币股权投资基金无法在国内以基金名义注册法人实体。

17. C【解析】股权投资母基金的特点包括:分散风险、专业管理、投资机会、规模优势、富有经验和资产规模。

18. D【解析】政府引导基金是由政府财政出资设立并按市场化方式运作的、在投资方向上具有一定导向性的政策性基金,通常通过投资于创业投资基金,引导社会资金进入早期创业投资领域。

19. D【解析】政府引导基金对创业投资基金的支持方式包括参股、融资担保和跟进投资。

第四章

1. D【解析】募集行为包括推介基金、发售基金份额、办理投资者认/申购(认缴)、份额登记、赎回(退出)等活动。

2. D【解析】销售机构参与股权投资基金募集活动,需满足以下三个条件:①在中国证监会注册取得基金销售业务资格;②成为中国证券投资基金业协会会员;③接受基金管理人委托(签署销售协议)。

3. A【解析】根据中国证监会的规定,股权投资基金的合格投资者应具备相应风险识别能力和风险承担能力,投资于单只股权投资基金的金额不低于 100 万元。

4. B【解析】公司型基金投资人数限制条件:有限公司不超过 50 人、股份公司不超过 200 人,故选项 B 表述错误。

5. D【解析】题干中的描述均为视为当然合格投资者的情形。

6. A【解析】公司型基金的最高权力机构是股东大会(股东会),在公司型基金中投资者权利较大,可以通过参与董事会直接参与基金的运营决策,或者在股东大会(股东会)层面对交由决策的重大事项或重大投资进行决策。故选项 A 正确。

7. A【解析】有限合伙企业由 2 个以上 50 个以下合伙人设立,但是法律法规另有规定的除外,有限合伙企业至少应当有 1 个普通合伙人。

8. D【解析】项目上市后通过二级市场退出的退出收入,需按税务机关的要求,计缴增值税。

9. C【解析】如果有限合伙人为自然人,两类收入均按照投资者个人的"生产、经营得",适用 5% ~35% 的超额累进税率,计缴个人所得税。

10. B【解析】在推介基金时,不得宣传"预期收益""预计收益""预测投资业绩"等相关内容,故选项 B 表述错误。

第五章

1. D【解析】尽职调查的目的有三个方面,即价值发现、风险发现和投资可行性分析。

2. A【解析】业务尽职调查是整个尽职调查工作的核心,财务、法律、资源、资产以及人事方面的尽职调查都是围绕业务尽职调查展开。

3. D【解析】法律尽职调查重点关注的问题包括历史沿革问题、主要股东情况、高级管理人员、债务及对外担保情况、重大合同、诉讼及仲裁、税收及政府优惠政策等。

4. B【解析】股权投资基金投资环节通常设立独立的风险控制体系,风险控制组织、业务流程相对独立。风险控制一般包括风险识别、风险评估以及风险应对三个步骤。

5. A【解析】用相对估值法来评估目标企业价值的工作程序包括:①选定相当数量的可比案例或参照企业;②分析目标企业及参照企业的财务和业务特征,选择最接近目标企业的几家参照企业;③在参照企业的相对估值基础上,根据目标企业的特征调整指标,计算其定价区间。

6. B【解析】动态市盈率反映的信息要比静态市盈率更加贴近当前实际。

7. D【解析】回购条款中,事先设定的触发条件通常包括目标企业未达到事先设定的业绩目标、目标企业在一段时间内未能成功实现 IPO、目标企业出现了导致实际控制权发生转移的重大事项等。

8. C【解析】竞业禁止条款是指在投资协议中,股权投资基金为了确保公司的良好发展和利益,要求目标公司通过保密协议或其他方式,确保其董事、高管和其他关键员工不得兼职与本公司业务有竞争的职位,同时不得在离职后一段时期内加入与本公司有竞争关系的公司。本条款的目的是为了保证目标公司的利益不受损害,从而保障投资人的利益。

9. C【解析】市盈率等于企业股权价值与净利润的比值(每股价格/每股净利润)。

10. A【解析】自由现金流量(FCFF) =(税后净营业利润 + 折旧及摊销) − (资本支出 + 营运资本增加)。

11. A【解析】账面价值法是指公司资产负债的净值,但要评估标的公司的真正价值,还必须对资产负债表的各个项目作出必要的调整,在此基础上,得出双方都可以接受的公司价值。

12. B【解析】重置成本法的计算公式为:待评估资产价值 = 重置全价 − 综合贬值或待评估资产价值 = 重置全价 × 综合成新率。

13. B【解析】对于股权投资机构而言,清算很难获得很好的投资回报,在企业正常可持续经营的情况下,不会采用清算价值法。

14. A【解析】经济增加值法的基本理念是:资本获得的收益至少要能补偿投资者承担的风险,即股东必须赚取至少等于资本市场上类似风险投资回报的收益率,产生剩余收入或经济利润。

15. B【解析】EVA 的基本计算方法为:EVA = 税后净营业利润 − 资本成本 = (R − C) × A = R × A − C × A。

16. C【解析】通常的估值调整方法是,在投资协议中约定未来的企业业绩目标,并根据企业未来实际业绩与业绩目标的偏离情况,相应调整企业的估值。

17. B【解析】回购条款,是指当满足事先设定的条件时,股权投资基金有权要求目标企业大股东按事先约定的定价机制,买回股权投资基金所持有的全部或部分目标企业的股权。

18. C【解析】董事会席位条款约定目标企业董事会的席位数量、初始分配方案和后续调整规则,是目标企业控制权分配的重要条款。

19. A【解析】保护性条款是为保护股权投资基金利益而进行的安排,根据该条款,目标企业在执行某些可能损害投资人利益或对投资人利益有重大影响的行为或交易前,应事先获得投资人的同意。

20. A【解析】竞业禁止条款是指在投资协议中,股权投资基金为了确保公司的良好发展和利益,要求目标公司通过保密协议或其他方式,确保其董事、高管和其他关键员工不得兼职与本公司业务有竞争的职位,同时不得在离职后一段时期内加入与本公司有竞争关系的公司。

第六章

1. B【解析】投资后管理是指股权投资基金与被投资企业签署正式投资协议之后,基金管理人积极参与被投资企业的重大经营决策,为被投资企业实施风险监控,并提供各项增值服务等一系列活动,故选项 B 表述正确。

2. A【解析】股东大会(股东会)是公司的最高权力机构,由全体股东组成,负责修改公司章程,聘任和解聘公司董事,公司上市、增资、减资、利润分配,审批重大关联交易等重大事项的决策。

3. A【解析】经营指标对于业务和市场已经相对成熟稳定的企业,侧重于业绩指标,如净利润,对于尚在积极开拓市场的企业,侧重成长指标,如销售额增长、网点建设、新市场进入等。

4. C【解析】股权投资基金对被投资企业的监控通常采取的方式有:①跟踪协议条款执行情况;②监控被投资企业财务状况;③参与被投资企业重大经营决策。故选项 C 表述错误。

5. B【解析】增值服务的价值包括提高投资回报、降低投资风险。

6. D【解析】投资后管理是指股权投资基金与被投资企业签署正式投资协议之后,基金管理人积极参与被投资企业的重大经营决策,为被投资企业实施风险监控,并提供各项增值服务等一系列活动。

7. D【解析】对于股权投资基金而言,投资后的项目监控有利于及时了解被投资企业经营运作情况,并根据不同情况及时采取必要措施,保证资金安全;投资后的增值服务则有利于提升被投资企业自身价值,增加投资收益。此外,投资后管理对股权投资基金参与企业后续融资时的决策也起到重要的决策支撑作用。

8. D【解析】投资后阶段信息获取的主要渠道包括:①参与被投资企业股东大会(股东会)、董事会、监事会;②关注被投资企业经营状况;③日常联络和沟通工作。

9. D【解析】股权投资基金为被投资企业提供的增值服务通常包括以下六个方面的内容:①完善公司治理结构;②规范财务管理系统;③为企业提供管理咨询服务;④提供再融资服务;⑤提供外部关系网络;⑥上市辅导及并购整合。

10. D【解析】股权投资基金为被投资企业带来许多战略性资源并将其融入企业之中,使其成为被投资企业的竞争优势。一是为被投资企业引入重要的战略合作伙伴和外部专家,二是为被投资企业寻找关键人才。

第七章

1. D【解析】对我国企业来说,海外 IPO 市场主要以香港主板、美国纳斯达克证券交易所(NAS-DAQ)、纽约证券交易所(NYSE)等市场为主。

2. C【解析】创业板上市基本要求发行人应当主要经营一种业务,其生产经营活动符合法律、行政法规和公司章程的规定,符合国家产业政策及环境保护政策。

3. B【解析】竞价交易制度又称委托驱动制度,其主要内容是:开市价格由集合竞价形成,随后交易系统对不断进入的投资者交易指令,按价格优先与时间优先原则排序,将买卖指令配对竞价成交。

4. D【解析】股份有限公司申请股票在新三板挂牌,不受股东所有制性质的限制,不限于高新技术企业,但应当符合下列条件:①依法设立且存续满 2 年,有限责任公司按原账面净资产值折股整体变更为股份有限公司的,存续时间可以从有限责任公司成立之日起计算;②业务明确,具有持续经营能力;③公司治理机制健全,合法规范经营;④股权明晰,股票发行和转让行为合法合规;⑤主办券商推荐并持续督导;⑥全国股份转让系统公司要求的其他条件。

5. A【解析】新三板现行交易规则中,以机构投资者为主,合格的自然人也可以投资。

6. D【解析】外部转让一般需要征得其他股东过半数同意,且其他股东放弃优先购买权。

7. B【解析】区域性股权交易市场是多层次资本市场的重要组成部分,对于促进企业特别是中小微企业股权交易和融资,鼓励科技创新和激活民间资本,加强对实体经济薄弱环节的支持,具有积极作用。

8. B【解析】国有股权非上市转让的特殊要求具体如下:①国资监管机构负责审核国有企业的股权转让事项;②股权转让事项经批准后,由转让方委托会计师事务所对转让标的企业进行审计;③股权转让原则上通过产权市场公开进行;④交易价款原则上应当自合同生效之日起5个工作日内一次付清。金额较大、一次付清确有困难的,可以采取分期付款方式;⑤由于国有股权非上市转让须履行特定的审批程序,在涉及国有股权转让协议的效力时,并非签订就生效,需要附加生效条件,在前期的审批、评估各项工作完成后,获得各部门批准后方能生效。

9. A【解析】股权回购是指通常由被投资企业大股东或创始股东出资购买股权投资基金持有的企业股份,从而使股权投资基金实现退出的行为。

10. A【解析】清算是指企业结束经营活动,处置资产并进行分配的行为。

第八章

1. D【解析】基金投资者关系管理具有以下意义:①有利于促进基金管理人与基金投资者之间的良性关系,增进投资者对基金管理人及基金的进一步了解和熟悉。②有利于基金管理人建立稳定和优质的投资者基础,获得长期的市场支持。③能有效增加基金信息披露透明度,有利于实现基金管理人与投资者之间的信息对称。

2. B【解析】公司型股权投资基金设立,应向工商管理机关办理注册登记手续,并向中国证券投资基金业协会备案;公司型股权投资基金增资、减资,以及终止清算的,应向工商管理机关办理变更登记、注销手续。

3. C【解析】封闭式运作的契约型股权投资基金,存续期内不能申购和赎回;开放式运作的契约型股权投资基金,存续期内可以按照基金合同的约定开放申购和赎回。

4. B【解析】基金清算是指基金遇有合同规定或法定事由终止时对基金财产进行清理处理的善后行为。

5. D【解析】股权投资基金清算的原因有以下几种:①基金存续期届满;②基金份额持有人大会(股东大会或者全体合伙人)决定进行基金清算;③全部投资项目都已经清算退出的;④符合合同约定的清算条款。

6. C【解析】股权投资基金一般采用以下的基金收益分配原则:首先向投资者返还投资本金;其次向投资者支付约定的优先收益;剩余收益按照约定的比例在管理人和投资者之间进行分配。

7. A【解析】按单一项目分配,是指每个投资项目投后退出的每一笔资金都按照一定的顺序在基金投资者和管理人之间分配,而不是首先满足基金投资者的全部本金出资和优先收益。

8. D【解析】股权投资基金的信息披露应当包含以下内容:基金合同;招募说明书等宣传推介文件;基金销售协议中的主要权利义务条款;基金的投资情况;基金的资产负债情况;基金的投资收益分配情况;基金承担的费用和业绩报酬安排;可能存在的利益冲突;涉及私募基金管理业务、基金财产、基金托管业务的重大诉讼、仲裁;中国证监会以及中国证券投资基金业协会规定的影响投资者合法权益的其他重大信息。

9. C【解析】股权投资基金募集期间,信息披露义务人应当披露基金管理人近3年的诚信情况说明。

10. B【解析】股权投资基金运行期间,信息披露义务人应当及时进行日常经营信息的定期信息披露和重大事项的即时披露。定期信息披露:包括季度信息披露、年度信息披露。

11. C【解析】基金托管人应当履行下列职责:①安全保管基金财产;②按照规定开设基金财产

的资金账户和证券账户;③对所托管的不同基金财产分别设置账户,确保基金财产的完整与独立;④保存基金托管业务活动的记录、账册、报表和其他相关资料;⑤按照基金合同的约定,根据基金管理人的投资指令,及时办理清算、交割事宜;⑥办理与基金托管业务活动有关的信息披露事项;⑦对基金财务会计报告、中期和年度基金报告出具意见;⑧复核、审查基金管理人计算的基金资产净值和基金份额申购、赎回价格;⑨按照规定召集基金份额持有人大会;⑩按照规定监督基金管理人的投资运作;⑪国务院证券监督管理机构规定的其他职责。

12. A【解析】基金外包服务是指基金业务外包服务机构为基金管理人提供销售、销售支付、份额登记、估值核算、信息技术系统等业务的服务。

13. A【解析】外包机构应具备开展外包业务的营运能力和风险承受能力。

14. A【解析】GIRR 为仅计算基金项目投资组合的内部收益率,NIRR 为包含基金各项费用支出及项目投资组合的内部收益率。由于基金费用一般为负现金流,因此 GIRR > NIRR。

15. A【解析】股权投资基金管理人应建立健全相关机制,防范管理的各股权投资基金之间的利益输送和利益冲突,公平对待管理的各股权投资基金,保护投资者利益。

第九章

1. B【解析】2013 年 6 月 1 日,新修订的《证券投资基金法》施行,该法第十章对非公开募集基金作了原则性的规定,并授权中国证监会进行细化监管。

2. A【解析】中国证券投资基金业协会在基金管理人登记、基金备案、投资情况报告要求和会员管理等环节,对创业投资基金采取区别于其他私募基金的差异化行业自律,并提供差异化会员服务。

3. C【解析】有限责任公司增加或减少注册资本,由股东会决议,必须经代表 2/3 以上表决权的股东通过。

4. A【解析】有限责任公司的股东之间可以相互转让其全部或者部分股权。

5. A【解析】公司因将股份奖励给本公司职工而收购的本公司股份,不得超过本公司已发行股份总额的 5%。

6. D【解析】公司每一纳税年度的收入总额,减除不征税收入、免税收入、各项扣除以及允许弥补的以前年度亏损后的余额,为应纳税所得额。

7. C【解析】目前企业所得税税率一般为 25%。

8. B【解析】《企业所得税法实施条例》第九十七条规定,创业投资企业采取股权投资方式投资于未上市的中小高新技术企业 2 年以上的,可以按照其投资额的 70% 在股权持有满 2 年的当年,抵扣该创业投资企业的应纳税所得额。当年不足抵扣的,可以在以后纳税年度结转抵扣。

9. A【解析】有限合伙人不执行合伙事务,不得对外代表有限合伙企业。

10. B【解析】未向社会公开宣传,在亲友或者单位内部针对特定对象吸收资金的,不属于非法吸收或者变相吸收公众存款。

11. B【解析】非法吸收或者变相吸收公众存款,具有下列情形之一的,应当依法追究刑事责任:①个人非法吸收或者变相吸收公众存款,数额在 20 万元以上的;单位非法吸收或者变相吸收公众存款,数额在 100 万元以上的。②个人非法吸收或者变相吸收公众存款对象 30 人以上的,单位非法吸收或者变相吸收公众存款对象 150 人以上的。③个人非法吸收或者变相吸收公众存款,给存款人造成直接经济损失数额在 10 万元以上的,单位非法吸收或者变相吸收公众存款,给存款人造成直接经济损失数额在 50 万元以上的。④造成恶劣社会影响或者其他严重后果的。

第十章

1. B【解析】一旦私募基金管理人作为异常机构公示,即使整改完毕,至少 6 个月后才能恢复正常机构公示状态。

2. D【解析】股权投资基金管理人应当于每年度 4 月底之前,通过私募基金登记备案系统填报经会计师事务所审计的年度财务报告。

3. A【解析】引入法律中介机构的监督和约束,本身就是股权投资基金行业自律和社会监督的重要力量。

4. C【解析】基金管理人未经登记不得开展股权投资基金管理、募集业务。

5. D【解析】基金管理人申请私募基金管理人登记的,应当通过私募基金登记备案系统,提交以下信息:①工商登记和营业执照正副本复印件;②公司章程或者合伙协议;③主要股东或者合伙人名单;④高级管理人员的基本信息;⑤中国证券投资基金业协会规定的其他信息。

6. B【解析】为了加强私募基金信息披露的制度建设,规范私募基金信息披露义务人向投资者进行披露的内容和方式,中国证券投资基金业协会出台了《私募投资基金信息披露管理办法》。

7. D【解析】私募投资基金合同指引,根据私募基金的组织形式不同,分为 1 号《契约型私募投资基金合同内容与格式指引》、2 号《公司章程必备条款指引》以及 3 号《合伙协议必备条款指引》。

8. C【解析】获得从业资格的途径有 3 个:①通过考试,通过科目一《基金法律法规、职业道德与业务规范》和科目二《证券投资基金基础知识》考试,或通过科目一《基金法律法规、职业道德与业务规范》和科目三《股权投资基金基础知识》考试成绩合格的,均可申请注册基金从业资格;②通过资格认定,根据中国证券投资基金业协会 2016 年 2 月 5 日发布的《关于进一步规范私募基金管理人登记若干事项的公告》及《私募基金登记备案相关问题解答(九)》,符合条件的私募股权投资基金管理人(含创业投资基金管理人)的高级管理人员可以通过资格认定委员会认定基金从业资格;③已于 2015 年 12 月之前通过中国证券业协会组织的《证券市场基础》和《证券投资基金》考试,或通过《证券市场基础》和《证券发行与承销》考试的,均可直接向中国证券投资基金业协会申请注册基金从业资格。

9. C【解析】已取得基金从业资格的人员,应每年度完成 15 学时的后续培训方可维持其基金从业资格。